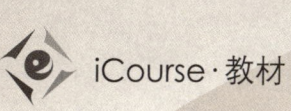

《教师教育课程标准（试行）》教材大系

教师教育国家级精品资源共享课配套教材

U0771605

# 小学科学课程标准
# 与教材研究

主　　编　林长春　黄　晓

编写人员　林长春　曹书梅　黄　晓
　　　　　喻伯军　段戴平

高等教育出版社·北京

内容提要

　　本教材是教师教育国家级精品资源共享课"小学科学课程标准与教材研究"的配套教材。全书分为三部分:(1)基础知识模块,主要是小学科学课程标准与教材概述、小学科学课程标准简析;(2)原理方法与应用模块,主要包括小学科学教材分析的一般原理、基本方法及应用案例;(3)拓展模块,主要是中外小学科学课程标准与教材比较研究。教材力求提升职前小学科学教师准确理解小学科学课程标准及分析与处理教材的能力,为开展小学科学教学设计奠定基础,并增强专业情感。

　　本教材凸显新形态教材的编写特色,一方面,设置了"交流与讨论""思考与实践"等体现研究性、合作性、实践性等学习特点的栏目;另一方面,将纸质文本与数字资源相结合,设置了二维码链接的文献阅读、视频浏览等。学习者还可以登录"爱课程"网的"资源共享课"进行在线课程的同步学习。

　　本教材可作为高等院校科学教育专业或小学教育专业科学方向本科、专科教材,也可作为相关专业硕士研究生的学习参考书,还可作为小学科学教师培训教材和科学教研员的教研读本。

## 图书在版编目(CIP)数据

小学科学课程标准与教材研究 / 林长春,黄晓主编
. -- 北京 : 高等教育出版社,2020.6(2025.6重印)
　ISBN 978-7-04-052668-4

　Ⅰ. ①小… Ⅱ. ①林… ②黄… Ⅲ. ①科学知识-课程标准-研究-小学②科学知识-教材-研究-小学
Ⅳ. ①G623.62

中国版本图书馆CIP数据核字(2019)第187979号

Xiaoxue Kexue Kecheng Biaozhun yu Jiaocai Yanjiu

| | | | | | | | | |
|---|---|---|---|---|---|---|---|---|
| 策划编辑 | 肖冬民　张舒萍 | 责任编辑 | 张舒萍 | 封面设计 | 李小璐 | 版式设计 | 张　杰 |
| 插图绘制 | 于　博 | 责任校对 | 马鑫蕊 | 责任印制 | 刘思涵 | | |

| | | | |
|---|---|---|---|
| 出版发行 | 高等教育出版社 | 网　　址 | http://www.hep.edu.cn |
| 社　　址 | 北京市西城区德外大街4号 | | http://www.hep.com.cn |
| 邮政编码 | 100120 | 网上订购 | http://www.hepmall.com.cn |
| 印　　刷 | 三河市骏杰印刷有限公司 | | http://www.hepmall.com |
| 开　　本 | 787mm×1092mm　1/16 | | http://www.hepmall.cn |
| 印　　张 | 16.5 | | |
| 字　　数 | 350千字 | 版　　次 | 2020年6月第1版 |
| 购书热线 | 010-58581118 | 印　　次 | 2025年6月第5次印刷 |
| 咨询电话 | 400-810-0598 | 定　　价 | 35.00元 |

　　"小学科学课程标准与教材研究"是我国《教师教育课程标准（试行）》（2011）设置的教师教育类必修课程模块。2013 年 4 月，重庆师范大学林长春教授主持的"小学科学课程标准与教材研究"入选教育部"教师教育国家级精品资源共享课"立项建设项目，2017 年 1 月该课程经过专家评审验收后正式获得"教师教育国家级精品资源共享课"荣誉称号，并在"爱课程"网上线供学习者免费使用。本书是该课程的配套教材。

　　本教材以《小学教师专业标准（试行）》和《教师教育课程标准（试行）》为指南，依据《义务教育小学科学课程标准》，结合国内外小学科学课程与教材改革发展的新成果，为培养职前小学科学教师准确理解小学科学课程标准的能力，提高其分析与处理教材的能力，促进职前小学科学教师专业化发展的需要而编写。本教材以义务教育小学科学课程标准解析、小学科学教材分析为主线，注重理论学习与案例研究相结合。

　　本教材具有如下几个特色：

　　（1）体现了教学内容改革的先进水平。课程内容充分反映了近年来国内外小学科学课程与教材改革发展的新成果、新理念、新实践、新趋势。比如，教材对国际小学科学课程与教学内容研究中的核心概念、大概念、学习进阶、STSE 教育、STEM 教育、课程与教材评价模型等进行了介绍；将美国、英国、加拿大、澳大利亚、日本等发达国家最新小学科学课程标准的课程目标、内容、评价改革与我国 2017 年版义务教育小学科学课程标准进行了比较。这些都体现了教材内容的现代化与国际化。

　　（2）有利于支持学习者的研究性学习和教师的立体化课堂教学。教材设置了学习目标、核心概念、知识导图、交流与讨论、拓展阅读、思考与实践等栏目，以及（二维码）微视频观看、教材分析、案例解析等内容，有利于学习者开展自主学习、研究性学习，教师可以采用讲解式、讨论式、问题解决式、研究式等多种教学方式相结合的立体化课堂教学方式，增强教学的有效性。

　　（3）突出教学过程的问题解决与实践取向。本教材十分关注职前小学科学教师在小学科学课程标准与教材分析学习中的问题解决，凸显教学内容的针对性和适应性，把原理方法学习与案例分析、思考与实践结合起来，提高职前小学科学教师对小学科学课程标准与教材分析的实践能力。

（4）充分体现了新形态的教材编写模式。教材实现了纸质资源与数字资源的有效整合。学习者在阅读纸质教材的同时，可以在网络环境下使用手机或者平板电脑扫描二维码观看与本教材内容相关的课堂教学微视频，或者查看相关的拓展阅读资料，还可以登录"爱课程"网的"资源共享课"共享学习资源，包括课堂教学视频、教学课件、案例素材、中外阅读文献等。

（5）有利于促进学习者的专业发展。本教材充分把握小学科学教师教育发展方向，充分考虑小学科学课程与教材改革发展对小学科学教师的素质要求，引导学习者开展研究性学习，开展教材分析训练，开阔课程与教材研究的视野，为学习者提供持续、有效的专业化发展网络资源平台，提高职前小学科学教师对课程标准与教材的研究能力。

全书共9章，分工如下：林长春（重庆师范大学）编写绪论、第2章、第3章、第8章；曹书梅（重庆师范大学）编写第1章；黄晓（浙江师范大学）编写第4章、第5章；喻伯军（浙江省教育厅教研室）编写第6章；段戴平（兰州大学高等教育研究院）编写第7章。本教材由林长春、黄晓担任主编，负责全书的结构设计与统稿工作。

作为教师教育国家级精品资源共享课"小学科学课程标准与教材研究"的配套教材，本教材使用的课堂教学微视频分别来自课程建设团队的林长春、曹书梅、郑修林（重庆师范大学）、曹雷（重庆市教育科学研究院）、陈维礼（重庆朝阳小学）主讲的教学视频。该精品资源共享课的建设得到了重庆师范大学的李明、汪崇渝、李明勇三位老师以及科学教育专业硕士研究生周蓉、夏雅兰的大力支持，教材编写的部分资料收集与整理工作得到重庆师范大学科学教育学、科学与技术教育专业的硕士研究生樊霞、刘蕊、王晓宇、任璐、杨情玲、孙菲、陈丽丽、杨许超、唐田的帮助。在此一并表示诚挚的谢意！

本书在编写过程中，参考了大量的中外文著作、教材和研究论文，特此向相关作者致以衷心的感谢！

本书能够正式出版，与高等教育出版社肖冬民编辑的悉心指导，尤其是在编写过程中的积极鼓励、支持与理解分不开，在此致以特别感谢！同时，也要感谢高等教育出版社张舒萍编辑在定稿过程中的辛勤付出。最后，还要对重庆师范大学、重庆市儿童发展与教师教育研究中心对本门精品资源共享课建设与本教材编写给予的大力支持表示真诚的感谢！

限于编写水平，书中难免有疏漏之处，恳请专家、学者以及使用本教材的广大师生提出宝贵意见，以便我们今后修订完善。

林长春、黄晓

2019 年 7 月

# 目　录

# 绪论

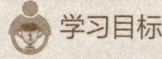 学习目标

1. 了解本课程的性质、设置的意义。

2. 理解本课程的目标、内容体系。

3. 理解本课程的学习特点和学习策略。

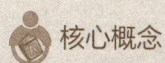 核心概念

课程性质；课程目标；内容体系；学习策略；学习评价

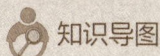 知识导图

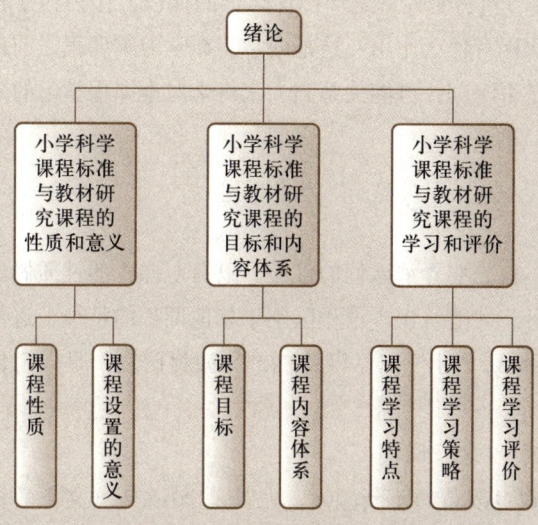

作为一名未来的小学科学教师，要成功地走上小学科学课堂，首先要认识小学科学教育的价值，具有良好的职业情感和师德规范，在此基础上，形成良好的专业素养与教学理论素养，包括掌握扎实的自然科学基础知识和技能，教育学、心理学等教育基础知识与技能，以及小学科学教学基础知识与技能，同时，通过一定的科学教学实践环节培养初步的小学科学教学能力。就小学科学教学基础知识与技能方面而言，小学科学教师必须明确为什么教（科学教学目标）、教什么（科学教学内容）、怎样教（科学教学策略与方法）、怎样学（学生的学习策略与方法）、教得怎么样和学得怎么样（科学教学评价）等根本性的问题及其解决途径。"小学科学课程标准与教材研究"这门课程重点解决小学科学教师为什么教、教什么的问题，同时从方向上明确怎样教与学等问题。

### 交流与讨论

要成功走上小学科学课堂，科学教师需要具备哪些知识和能力？

## 第一节　小学科学课程标准与教材研究课程的性质和意义

"小学科学课程标准与教材研究"是一门什么样的课程？作为科学教育专业或方向的师范生学习这门课程有什么作用？这是同学们在学习本课程之前最关心的问题，对这些问题的认识是否深刻，可能关系到大家将来对本课程学习的效果。

### 一、课程性质

学习任何一门课程，首先要弄清课程的性质。只有对课程的性质做出界定，才能确定课程的目标、内容，才能认识本课程区别于其他课程的特征，进而明确本课程的学习方法与策略。那么，"小学科学课程标准与教材研究"是一门什么样的课程呢？

（一）是一门教师教育类必修课程

随着我国小学科学教育改革的不断深入，尤其是 2017 年《义务教育小学科学课程标准》（以下简称《小学科学课程标准》）的颁布，小学科学课程与教学的改革和实践向小学科学教师提出了全新的要求和挑战，要求小学科学教师不仅要掌握自然科学的基础理论和实验的基本技能，具备整合科学、技术、工程、数学的能力，还要掌握小学科学教学的基本原理和方法，准确理解和把握小学科学课程标准与教材内容，具备小学科学教学设计的初步能力。只有这样，小学科学教师才能适应我国新时代小学科学课程改革发展的需要，成为高素质的小学科学教师。《教师教育课程标准（试行）》明确规定了小学职前教师教育课程目标与课程设置，其中，"小学科学课程标准与教材研究"为建议课程模块。这样，"小学科学课程标准与教材研究"成为科学教育专业或方向的教师教育类必修课程。

（二）是一门实践性课程

本课程在学习有关小学科学课程标准和教材的基础知识，以及学习小学科学教材分析的一般原理和方法的基础上，十分关注小学职前科学教师在课程标准与教材分析课程学习中的问题解决能力，坚持实践性价值取向，将小学科学优质课堂教学观摩、小学科学教学名师现场指导和小学科学教材分析实践结合起来，为师范生提供参与小学科学教学实践的广泛途径，提高师范生对小学科学课程标准与教材分析的教学实践能力。在整个课程的学习过程中，师范生要开展自主学习、合作学习、体验式学习，从这一角度看，"小学科学课程标准与教材研究"是一门实践性较强的教师教育类必修课程。

（三）是一门研究性课程

本课程要力求反映近年来我国在小学科学课程标准、小学科学教材研究方面取得的最新成果，反映国际小学科学课程标准制订与教材编写的新理念、新动态、新趋势。比如，核心概念、大概念、学习进阶、STEM、STSE（科学、技术、社会、环境）等科学课程与教学改革的国内外新理念及其应用。此外，本课程还提供了大量的拓展阅读文献，涉及近年来国内外研究者发表的有关小学科学课程标准、小学科学教材等方面的学术论文，以开阔学生的学习视野，促进深度学习和研究。本课程还强调学习过程的研究性，要求同学们课前充分利用图书、期刊、数据库等学习资源，针对课程的基本概念、原理与方法以及国内外研究动态等开展研究性学习；课堂上要开展丰富多彩的讨论与交流活动，达成对一些重要观念、知识、方法的深层次理解。总之，本课程要充分采用研究性学习方式。

## 二、课程设置的意义

科学教育专业或方向的师范生通过本门课程的学习，要理解现代科学教育观念，熟悉小学科学课程标准与教材的主要内容，学会小学科学教材分析的基本方法，形成初步对小学科学教材进行分析、处理的能力，为开展有效的小学科学教学设计、从事小学科学教学及研究工作奠定必要的知识与实践基础。本课程设置具有以下几点意义。

（一）有利于师范生理解小学科学教学系统

从系统论的角度看，小学科学教学是一个系统，由学生、教学内容、教师、教学手段、教学方法等要素组成。要提高小学科学教学质量，必须实现小学科学教学的最优化，也就是说，要使小学科学教学系统的各个要素有机结合，形成良好的结构，发挥整体功能。这里，学生是主体，教师是主导，教学内容是根本，教学手段与方法是抓手。因此，小学科学教师要正确处理好各个要素之间的关系。其中，小学科学课程标准与教材是组织小学科学教学的重要载体。小学科学课程标准是编写教材的依据，小学科学教材是课程标准的具体化。教师只有准确理解小学科学课程标准的精神实质，熟悉和把握小学科学教材内容，才能在分析学生实际的基础上，确定教学目标，选择适当的教学手段和方法，优化小学科学教学方案。因此，设置本课程有利于师范生更好地理解小学科学教学系统。

（二）有利于师范生提高教学素养

我国小学科学课程改革，尤其是《小学科学课程标准》的颁布和相应的小学科学新教材的编写与出版，对小学科学教师的专业素养，特别是教学素养提出了前所未有的挑战。小学科学教师一方面要具备扎实的专业基础，主要包括自然科学基础知识和基本技能，具备工程与技术的基本观念和设计与制作能力，具备 STEM 课程的整合与实施能力；另一方面要具备小学科学教学设计与实施的基本能力，要在掌握一般教育学原理和方法、儿童心理发展规律的基础上，理解小学科学课程标准与小学科学教材的关系，把握小学科学教材的编写意图，掌握小学科学教材分析的原理和方法，培养分析与处理小学科学教材的能力，学会选择小学科学教学策略与方法，最终设计好小学科学教学方案。这些都是小学科学教师的教学素养，都离不开对小学科学课程标准与教材的研究。因此，设置本门课程有利于师范生提高教学素养。

（三）有利于师范生增强专业情感

科学教育专业或方向的培养目标是培养具有良好的思想道德品质、扎实的自然科学知识和较强的科学教育能力，能在中小学从事"科学"或者"综合实践活动"课程教学与研究工作，以及在教育科研部门和公共事业单位从事基础科学教学研究与科学普及教育和管理的复合型人才。[1] 提高对培养目标的理解和认识，进而增强专业情感，是大学四年期间经过专业教育、专业规划、课程学习、教育见习、教育研习、教育实习逐渐实现的。师范生通过本课程的学习，需要在理论上研究小学科学课程标准、小学科学教材，在实践上观摩小学科学优质课教学、学习一线优秀科学教师分析教材的经验、体验小学科学教材分析的过程和方法等，把现在的课程学习与将来的科学教学工作紧密结合起来，以便明确自己的努力方向，与此同时，更明确自己的责任，从而增强自己的专业情感。

## 第二节　小学科学课程标准与教材研究课程的目标和内容体系

在认识本课程的性质和设置意义的基础上，同学们可能会对本课程的学习产生一种积极的心向。在正式学习本课程之前，大家还要从宏观上明确本课程的目标，了解本课程的内容体系，为今后的学习确定一个大致的框架。

---

[1] 中华人民共和国教育部高等教育司. 普通高等学校本科专业目录和专业介绍（2012 年）[M]. 北京：高等教育出版社，2012.

## 一、课程目标

课程目标是指课程本身要力图最终达到的预期结果或标准。本课程的目标规定了师范生通过学习本课程，在发展知识、能力、情感态度与价值观等方面要实现的程度，它是确定课程内容、教学目标和教学方法的基础。通过对本课程的学习，师范生应该达到以下几个方面的目标。

### （一）课程总目标

本课程的总目标是培养科学教育专业或方向的师范生的教学素养和准确理解小学科学课程标准，分析和处理小学科学教材的能力，为开展小学科学教学设计与实施奠定基础，增强专业情感。

### （二）课程分目标

**1. 知识目标**

理解小学科学课程标准与教材的基础知识；理解《小学科学课程标准》提出的课程性质、基本理念、课程目标、课程内容；掌握小学科学教材的分析原理和方法；了解国内外小学科学课程标准与教材改革的现状，理解其特点和发展趋势，开阔小学科学教学的视野。

**2. 能力目标**

学会小学科学课程标准与教材研究的中外文献资料的搜集、整理及研究成果的表达与交流；能够运用小学科学课程的基本理念、课程目标及其实施策略等去分析和研究小学科学教学现象；能够运用小学科学教材分析模式和基本方法分析小学科学教材单元、主题，同时写出教材分析报告；学会小学科学课程标准与教材的国际比较研究方法，能够对中外小学科学课程标准与教材的主要内容进行比较和分析。

**3. 情感态度与价值观目标**

能够按照要求开展基于小组合作的研究性学习，愿意倾听他人的观点和分享自己的观点，与他人达成共识；对课程产生积极的学习动机和兴趣；能够大胆质疑，创新思维，从不同视角研究问题；树立对小学科学教学工作的积极情感；逐步形成小学科学教师的光荣感、责任感和使命感；进一步坚定为小学科学教育事业献身的信心。

## 二、课程内容体系

### （一）课程设计思路

本课程以《教师教育课程标准（试行）》为依据，在学习现代教育学、教育心理学、科学哲学等有关课程的基础上，注意吸收我国小学科学课程改革实践中的优秀经验，帮助师范生提升小学科学课程标准的理解水平，提高分析和处理教材的能力，促进专业发展，围绕小学科学课程标准内容学习与教材分析，注重理论学习与案例研究相结合，按照"认识—方法—实践—拓展"模式组织课程内容。

（二）课程内容模块

（1）基础知识模块：主要包括小学科学课程标准与教材概述；小学科学课程标准简析。

（2）原理方法应用模块：主要包括小学科学教材分析的一般原理、基本方法及应用案例。

（3）视野拓展模块：主要包括中外小学科学课程标准与教材的比较研究。

# 第三节　小学科学课程标准与教材研究课程的学习和评价

如前所述，"小学科学课程标准与教材研究"这门课程对于职前小学科学教师的专业成长具有重要意义。那么，如何才能学好这门课程？怎样来评价学习效果呢？要想学好一门课程，学习者必须先弄清楚该课程的学习特点，明白不同课程学习的共性与个性，在此基础上，进一步明确和掌握学习策略与方法，才可能收到事半功倍的效果，否则达不到预期的学习目标；与此同时，还要明确通过什么方式与途径来评价该课程的学习效果，从而改进和反思课程学习。

## 一、课程学习特点

### （一）突出研究性

本课程不仅仅是学习有关小学科学课程标准和教材的基础知识，训练小学科学教材分析和处理的能力，还强调在学习过程中充分利用图书、期刊、数据库等学习资源，对小学科学课程标准与教材的基本概念、教材分析的原理和方法、国内外改革动态等开展研究性学习。课前同学们需要学会聚焦问题、搜集资料、分析与处理信息、制作 PPT；课堂上需要开展讨论与交流、主题演讲、录像观摩与分析、评价与反思等活动；课后要进一步查阅资料，或者开展新的问题探索。这些都要求同学们不能以传统的"教师讲、学生记"的接受性方式来学习本课程，而应该开展研究性学习。

### （二）注重实践性

本课程在强调小学科学课程标准与教材的相关概念、原理、方法等理论知识学习的同时，也非常注重课程的实践价值取向。首先，本教材在介绍基础知识的同时，穿插了丰富的一线小学科学教学案例，实现了理论联系实际的目的。其次，本课程强调通过观摩小学科学课堂教学、一线优秀小学科学教师到大学课堂教学、师范生开展小学科学教材分析的实践训练以及说课训练等方式，让师范生体验理论知识与方法的应用过程，进行实践反思，训练应用能力，最终提高师范生的教材分析和处理能力。

### （三）关注国际性

"他山之石，可以攻玉。"进入 21 世纪以来，世界上一些发达国家，比如美国、英国、加拿大、澳大利亚、日本、新加坡等在包括小学科学教育在内的基础科学教育开展了大量的研究，都先后发布了新的小学科学课程标准（大纲），出版了新的小学科学教材，对我国的小学科学课程改革产生了巨大的影响。比如《小学科学课程标准》就借鉴了 2011 年美国的《K—12 科学教育框架：实践、跨学科概念和核心概念》、2013 年美国的《新一代科学标准》（NGSS）等科学课程改革的新理念、新思路与新方法。本教材引用、推荐了许多国际科学教育、小学科学课程与教材改革研究的最新文献，进行国际比较，对于师范生如何在国际小学科学教育大背景下来反思我国今天的小学科学课程改革具有重要的启示。

交流与讨论

根据本课程的目标，你认为提高本课程学习效果的策略有哪些？

## 二、课程学习策略

### （一）转变角色，主动参与

与其他基础课程的学习不同，本课程的学习者既是师范生，更是小学职前科学教师。同学们要以小学科学准教师的身份去学习、去思考、去实践，只有做好学习者角色的转变，才能更加有目的地学习，更加主动地学习，更加积极地参与实践，充分发挥学习的主观能动性，收到良好的学习效果。

### （二）领会方法，大胆实践

一方面，在学习过程中要学会基本的研究方法，比如，文献研究、量化研究、质性研究、比较研究等。只有这样，才能开展研究性学习，为今后毕业论文写作或者教学工作开展奠定基础。另一方面，要学会小学科学教材分析的模式和基本方法，能够运用这些模式和方法去分析不同类型的小学科学教材，写出规范的教材分析报告。同时，要掌握和运用这些方法，必须深入小学科学课堂教学实际，应用所学知识和方法去分析与解决实际问题，而不能纸上谈兵，停留在知识的记忆层面。

### （三）加强合作，积极交流

本课程无论是研究性学习，还是实践性训练，都需要同学之间的相互合作。小组合作学习是当今学校学习的基本学习方式之一。无论是资料信息的搜集、整理，还是 PPT 的制作，都离不开集体的智慧与努力。在课堂上进行小组合作学习，同学之间可以逐渐形成相互尊重、相互倾听、相互分享的学习态度，这既有利于形成良好的班级学习文化，也有利于形成团结向上的和谐学风。

### （四）充分利用资源，促进专业发展

教材是一种教学资源，但不是唯一的教学资源。教学资源指可以给学习者使

用，帮助和促进他们学习的信息、技术和环境。[1] 教学资源是教学信息的来源，或者指一切对教学有用的物质和人力。[2] 教学资源十分丰富，按照不同的标准有不同的分类，比如，按照载体来分，有人力资源、物质资源；按照空间来分，有校内教学资源和校外教学资源。本课程学习要充分利用各种资源，比如图书、期刊、网络、数据库、录像、微博、微信、QQ、小学课堂、实验室等物质资源，还要充分利用大学专家、优秀的一线小学科学教研员和教师、教学名师等对课程学习的多方面指导，这样才能不断促进自己专业成长。

### 三、课程学习评价

本课程学习的效果如何，涉及学习评价问题。学习评价要发挥其导向功能、激励功能、反馈功能、矫正功能和发展功能，不能过分强调甄别功能。学习评价要注意形成性评价与总结性评价相结合、教师评价与学生评价相结合，倡导多元化评价方式；在开展纸笔测验的同时，注意采用表现性评价、档案袋评价方式。纸笔测验要反对简单的记忆性水平考核，而要着力考核分析教材、处理教材的能力。既要考核师范生对小学科学课程标准与教材基础知识的掌握情况，更要考核师范生分析、处理小学科学教材的能力。具体的课程成绩考核建议为：课程成绩＝课堂学习表现（课堂讨论、回答提问、听课考勤等）15%＋作业完成情况25%＋说课实践10%＋期末书面考试（小学科学课程与教材基础知识、小学课程标准与小学科学教材分析知识、小学科学教材分析和处理能力等）50%。

**交流与讨论**

除了以上介绍的学习特点和学习策略，你觉得本课程还有哪些学习特点和学习策略？

**思考与实践** ‖‖‖‖‖‖‖‖‖‖‖‖‖‖‖‖‖‖‖‖‖‖‖‖‖‖‖‖‖‖‖‖‖‖‖‖‖‖‖‖‖‖‖‖‖‖‖‖

（1）结合《小学教师专业标准（试行）》提出的专业素质要求，谈一谈学习本课程的重要性。

（2）本课程学习十分强调实践，请举例说明有哪些实践途径。

（3）通过互联网搜索有关小学科学课程标准与教材研究的网站，分析各个网站介绍的相关内容及其特点。

拓展阅读：
参考文献

---

① 余武. 信息化教学资源的开发和建设 [J]. 中国电化教育，2001（7）：15-17.
② 林培英. 论地理教学资源 [J]. 课程·教材·教法，2002（5）：44-47.

第 1 章　　　　　　小学科学课程标准与教材概述

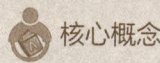 学习目标

1. 了解小学科学课程标准与教材的含义。
2. 能辨析课程、课程标准、教材、教科书的含义和相互关系。
3. 理解小学科学课程标准与教材的结构和功能。
4. 初步学会分析小学科学教材的结构。
5. 了解我国小学科学课程与教材的演变及其特点。

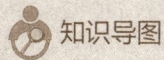 核心概念

课程；小学科学课程标准；小学科学教材；教材结构

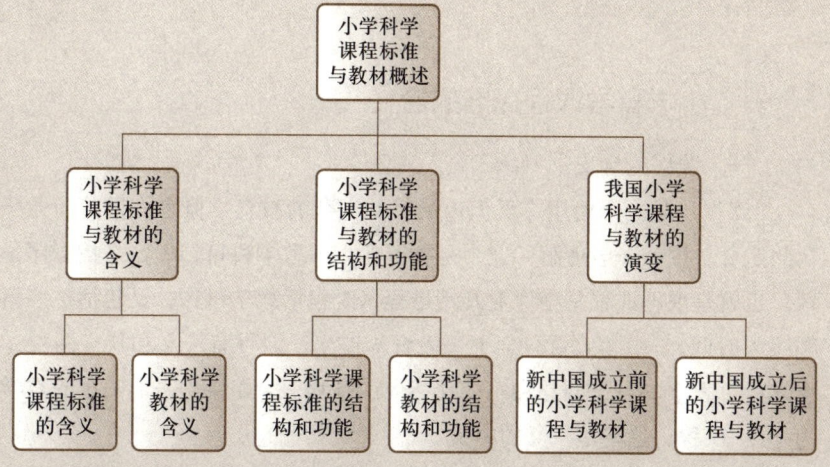 知识导图

课程、课程标准、教材、教科书是教育教学领域出现频率极高的几个名词，它们之间既相互关联又存在区别。在学习分析小学科学课程标准与教材之前，我们有必要先理解小学科学课程及课程标准的内涵，了解课程标准为什么能作为教育教学和课程管理的指导文件，它有哪些重要的功能和价值，我国当前小学科学课程标准由哪些内容构成；当然，也需要理解小学科学教材和教科书的含义，明确教材和教科书是不是同一概念，认识我国现行小学科学教材的结构和功能是怎样的。本章将着重对这些基本问题进行探讨。

## 第一节    小学科学课程标准与教材的含义

科学课程是小学教育的重要组成部分，科学教育是培养小学生科学素养的重要途径，而小学科学课程标准与教材是小学科学课程的具体化。小学科学课程标准与教材是课程论与小学科学学科结合的产物，是课程论在小学科学教学中的具体体现。在小学科学教育过程中，科学教师或科学教育工作者首先需要从课程论的层面充分认识小学科学课程标准与教材的基本含义。

**交流与讨论**

从小学到大学，学习了不少课程。你能不能根据自己的理解给"课程"下一个定义？

### 一、小学科学课程标准的含义

#### （一）课程的含义

视频：
课程的含义

"课程"是一个使用广泛但内涵极其复杂的教育学概念，目前尚无严格的、公认的定义。按照一般理解：课，是指课业，即教学科目；程，是指程序，即教学进程。也就是说，课程是指课业及其进程，既包括教学科目，又包括这些科目的教学顺序和时间。《中国大百科全书·教育》提出，课程有广义和狭义两种：广义指所有学科（教学科目）的总和；狭义指一门学科。[1] 如课程表上安排的教学科目常称为××课程，这就是狭义的定义。

拓展阅读：
九种有代表性的
课程定义

在国外，关于"课程"的含义最早可追溯到英国教育学家斯宾塞的论文《什么知识最有价值》，他认为，"教育内容的系统组织"就是 curriculum。其实，不同的学者由于所站的角度或研究侧重点不同，对"课程"的界定也不完全一致。《简明国际教育百科全书·课程》就列出了国际上比较有代表性的九种课程定义。

在我国，教育领域对课程的界说也各式各样。著名课程与教学论专家王策三

---

[1]  中国大百科全书出版社编辑部.中国大百科全书·教育 [M].北京：中国大百科全书出版社，1985.

认为，课程是指学校教育的教学内容和设置的各种具体教学科目，即课程"概括了多种含义：教学的内容（学科、活动等），安排，进程，时限，也包括大纲和教材"。[①]而著名课程论专家施良方却认为"课程"具有多元性，必须从多个视角来透视它的本质含义，并概括了"课程"含义的6个基本方面：（1）课程即教学科目；（2）课程即有计划的教学活动；（3）课程即预期的学习结果；（4）课程即学习经验；（5）课程即社会文化的再生产；（6）课程即社会改造。[②]著名课程论专家钟启泉认为，课程是作为实现学校教育的课题与目标的手段而存在的，反映了学校教育有目的的计划及其展开过程。他综合国内外课程定义总结：如果从课程的意义理解，课程就是旨在遵照教育目的指导学生的学习活动，由学校有计划、有组织地编制的教育内容；如果从课程的复杂性分析，课程存在许多层次，课程至少涵盖国家、学校、教师三个层面，还应涉及课程政策、课程目标、学习科目、学习领域、教材等。[③]我国港、澳、台的课程论学者对课程概念也进行了相关界说，如台湾黄正杰（1985）、香港李子建与黄显华（1996）从学科、经验、目标和计划四个维度对课程进行了界定。

上述对课程含义的界说中，有的学者是从教育者角度给课程下定义，而有的学者是从学习者角度给课程下定义；有的强调课程的过程，有的强调课程的内容。这一方面说明了课程含义具有多样性，另一方面也反映了课程概念的复杂性。不同学者有不同的教育背景和研究视角，从不同角度界说课程的某些方面。因此，要全面理解课程的含义，我们应从以下三个维度来认识。

从课程的形式构成上定义，在学校教育中设立的各种教学科目统称为课程，既可以泛指理科、文科等教育科目，也可以具体指数学、语文、物理、化学等某一类具体的学习科目。

从课程的逻辑构成上定义，课程就是与实施教育相关的那些教育教学材料，如教学计划、课程标准、教科书、教学参考资料、教学指导书籍等。

从课程的功能构成上定义，在学校教育过程中授予学习者作为学习结果的经验、学校所设置的种种教育活动统称为课程。

不同时期的课程概念的差异说明人们对"课程"的认识在不断发展，我们在教育实践过程中，需要从多个角度、多个层面去认识和理解课程的含义，既要注意从表现形式上去考察课程的特征，也需要注意从课程的功能上关注课程的价值，还要探究课程涵盖的内容。

（二）小学科学课程的含义

对于科学课程的认识，目前也有广义和狭义两种理解。广义的观点认为，凡是以科学技术为教育基础的教学科目及教育资源都可统称为"科学课程"。这一含义包含以下理解：一种理解是概指学校中设立的以自然科学（包括技术）教育为主

① 王策三. 教学论稿 [M]. 北京：人民教育出版社，1985.
② 施良方. 课程理论：课程的基础、原理与问题 [M]. 北京：教育科学出版社，1996.
③ 钟启泉. 现代课程论 [M]. 上海：上海教育出版社，2003.

的各类科目，如物理、化学、生物、地球科学、科学等。另一种理解是概指科学教材的类型，如分科科学课程、综合科学课程、环境教育课程等，以及科技实践活动、科学探究课题研究等活动课程。还有一种理解是概指实施科学教育活动所使用的教学资源的统称。而狭义的"科学课程"则专指在学校教育中所设置的综合科学科目——"科学"课程及其实施（学习）的计划和资源。[①]

与之对应，小学科学课程就是指在学校教育中所设置的综合性科学学科，即"科学"课程，以及实施的教学计划和教学资源。小学科学课程从表现形态来看，是由多个学科领域按照知识的逻辑顺序构成的一门学科；从课程逻辑构成来看，涉及小学科学课程计划、小学科学课程标准、小学科学教材、小学科学课程资源等；从课程内容范围来看，是一门融合物质科学、生命科学、地球与宇宙科学等多个内容领域的综合课程；从课程的功能和目的来看，是一门完整认识自然、提高小学生科学素养的课程。

（三）小学科学课程标准的含义

所谓"课程标准"（curriculum standard），一般指国家颁发的关于学校课程建设和实施的纲领性指导文件，它确定一定学段的课程水平及课程结构。在我国，以"课程标准"作为教育指导性文件，缘起于 1912 年 1 月南京临时政府教育部公布的《普通教育暂行课程标准》，此后沿用了 40 年。新中国成立后，为了适应社会制度的变化和教育改革的需要，1952 年教育部把原先采用的"课程标准"改成了"教学大纲"（teaching program）。2000 年年初，我国在新一轮基础教育的课程改革中，根据新的课程改革要求，取消了各学科的教学大纲，成立了各学科课程标准研制组。2001 年 7 月，在研制组的工作基础上，教育部颁发了《全日制义务教育科学（3~6 年级）课程标准（实验稿）》（以下简称《小学科学课程标准实验稿》），从而经历了从课程标准到教学大纲，再到新的课程标准的演变过程。

从名称上，课程标准与教学大纲无法简单地说哪一个好，学界也没有统一的说法。教学大纲是我国学习苏联教育模式的重要表现，但是在使用过程中，它暴露出了规定太细太死、弹性不够、变化余地较小等问题。考虑到理论背景的转型、教育政策的变化、改革的推广和改革成果的传播，以及教师的理解和接受等多方面的原因，21 世纪之交的课程改革统一采用"课程标准"代替原来的"教学大纲"作为课程教学指导文件。这更多是因为"课程标准"与"教学大纲"的内涵存在诸多差异。

在实践中，课程标准往往有两种编制形式：一种是以科目为界的学科课程标准。另一种则是立足更大范围内、具有统揽全局性质的总体性教育标准，常称为国家教育标准，如美国制定的《国家科学教育标准》（1996），英国制定的《国家科学课程》（1999），荷兰制定的《国家科学教育标准》，以及我国教育部颁布的《基础教育课程改革纲要（试行）》，都具有这样的性质。这些具有统揽全局功能的教

拓展阅读：
课程标准与教学
大纲的区别

---

① 彭蜀晋，林长春. 科学课程与教学论［M］. 北京：高等教育出版社，2005.

育标准，起着为科学教育的创新发展勾画蓝图和提供行动指南的作用。

小学科学课程标准是具体的学科课程标准，是指国家颁发的关于小学科学课程建设和实施的纲领性指导文件，它确定了小学学段的科学课程水平。小学科学课程标准是国家对小学生在科学素养方面规定的基本要求，这个基本要求可以有两层理解：一方面绝大多数小学生都必须达到课程标准所规定的科学素养要求；另一方面只要求每一位小学生基本达到就可以，并不要求每一位小学生都达到优秀水平。

## 二、小学科学教材的含义

关于教材（teaching material）的含义，学界并未形成统一的认识。《中国大百科全书·教育》对教材的定义是：根据一定学科的任务选编和组织的具有一定范围和深度的知识技能体系，一般以教科书的形式体现，也泛指教师指导学生学习的一切教学材料，包括教科书、讲义、讲授提纲、参考书、辅导材料以及辅助教材等。[1] 钟启泉认为，教材是教师在教授行为中所利用的一切素材和手段，包括标准的教科书，也包括形形色色的图书教材、视听教材、电子教材等，其中教科书是最具有代表性的核心教材。[2] 廖哲勋认为，教材是由一定育人目标、学习内容和学习活动方式分门别类组成的可供学生阅读、视听和借以操作的材料。[3] 范印哲认为，教材是根据一定的教学任务而选择组织的具有一定深度和广度的教学体系。[4]

关于教材，目前比较公认的观点是教材有广义和狭义之分。广义的教材泛指在课程实施过程中教师和学生使用的所有教学材料，包括教科书、教学参考书、学生活动手册、复印材料、报纸杂志、幻灯片、实物模型等。广义的教材不一定是指装订成册或正式出版的书本，既可以是纸质的，也可以是电子的；既可以是文字、图片的，也可以是音视频的。总之，凡是有利于学生全面发展的材料均可称为教材。

狭义的教材就是指教科书（textbook）。《中国大百科全书·教育》对教科书的定义为：教科书是根据教学大纲（或课程标准）编订的、系统地反映学科内容的教学用书。[5] 钟启泉认为，教科书是指学校或是任何学习集团在学习一定领域的知识时所运用的教材，以便于学习方式编辑的图书，是教师和学生倚重的一种教学媒体。[6]

一般来讲，教科书就是根据课程标准编制的教学用书。教科书通常语言准确、图表规范，并根据一定的逻辑顺序系统、清晰地呈现学科教学内容，体现课程标准

① 中国大百科全书出版社编辑部. 中国大百科全书·教育［M］. 北京：中国大百科全书全书出版社，1985.
② 钟启泉，崔允漷，张华.《基础教育课程改革纲要（试行）》解读［M］. 上海：华东师范大学出版社，2003：212.
③ 廖哲勋. 课程学［M］. 武汉：华中师范大学出版社，1991.
④ 范印哲. 教材设计导论［M］. 北京：高等教育出版社，2003.
⑤ 中国大百科全书出版社编辑部. 中国大百科全书·教育［M］. 北京：中国大百科全书出版社，1985.
⑥ 钟启泉. 现代课程论［M］. 上海：上海教育出版社，2003.

和课程目标。教科书在大多数情况下是由学科专家组织相关的学科教学工作者编写的，但这也并不排除教师自己撰写的情况。通常，教科书包含目录、正文、习题、实验、图表、注释、附录等若干部分，这些部分恰当地组织在一起，形成了教科书明确、规范、合理、科学的体系结构，为教师教学、学生学习提供了蓝本。

从严格意义上讲，"教科书"不等于"教材"，教材概念比教科书概念外延更大，教科书只是教材的一种形式，但是是学科的主要教材。本教材采用的是狭义的教材概念，即教材就是指教科书，这样符合通俗习惯。另外，在口语中，人们有时也把教科书称为"课本"，这只是一种习惯，本教材若没有明确说明，"教材""教科书""课本"的内涵是相同的。

小学科学教材的含义也有广义和狭义之分。广义的小学科学教材是教师在小学科学教学活动中所利用的一切素材和手段，包括小学科学教科书、教师参考书、学生练习册等书面印刷材料，也包括小学科学教学录像带、光盘、教学软件等非印刷教材。狭义的小学科学教材就是指小学科学教科书。本教材中的小学科学教材就采用狭义的概念，即小学科学教科书，只是有不同的版本而已。

视频：
小学科学课程、小学科学课程标准、小学科学教材的含义及相互关系

交流与讨论

在关于课程论的书刊中，常常会出现像学科、课程计划、课程标准、教材、教科书等概念，它们与课程概念有什么关系？小学科学课程、小学科学教材及小学科学教科书之间是什么关系？

## 第二节　《小学科学课程标准》与教材的结构和功能

### 一、《小学科学课程标准》的结构和功能

#### （一）《小学科学课程标准》的结构

课程标准的结构是指课程标准体系中的各要素以及要素之间形成的关系。"课程标准"一般由课程标准总纲（课程计划）和学科课程标准（教学大纲）两个部分构成。课程标准总纲，在民国时期称为"课程计划"，从新中国成立伊始一直到20世纪90年代初一直称为"教学计划"，1992年国家发布的《九年义务教育全日制小学、初级中学课程计划（试行）》，又改称"课程计划"。"课程计划"（教学计划）是指国家教育行政部门颁发的关于学校课程设置和教学的指导性文件，具体说明中、小学所开设的学科门类及开设的顺序和时间分配等，是编制学科课程标准（教学大纲）和编写教科书的依据，也是督导、评估学校教育教学工作的依据。学科课程标准（教学大纲）是对一门课程建设和实施的总体描述，规定该学科课程目标、课程内容、教学时间分配、教学设备要求以及教学方法和其他应注意事项等。本教材所指的课程标准即为学科课程标准。

　　2001 年，教育部根据《基础教育课程改革纲要（试行）》编制了各学科的课程标准，取消了原有的各学科教学大纲，以说明该学科的性质、理念、目标、内容及其实施等。一部完整的课程标准有三个方面的内容是不可或缺的：（1）学科的性质与地位；（2）课程目标；（3）课程内容及分学段安排。这三个方面是课程标准的核心，起着定位课程的教育价值和功能性质的作用，对于教材编写者、教师和教育研究人员编写教材、实施教学和指导教育实践具有重要的价值。同时，为了保证课程标准实施不出偏差，课程标准也需要对教材编写、教学和评价等方面做出相应的建议和指导。另外，为保证顺利实施，课程标准还应对课程实施的基本前提做出规定。因此，课程标准往往还包括五个方面的内容：（1）教材编写建议；（2）教学建议；（3）教学评价建议；（4）课程对教师素质的要求；（5）课程的实施条件（对硬件的要求）。

　　《小学科学课程标准》包括前言、课程目标、课程内容、实施建议和附录。前言部分主要介绍了课程性质、课程基本理念，以及课程设计思路。在课程性质方面，小学科学课程是以培养小学生科学素养为宗旨的基础性、实践性、综合性课程。在课程基本理念方面，从当前科学教育的主流趋势出发，《小学科学课程标准》提出了面向全体学生、倡导探究式学习、保护学生的好奇心和求知欲、突出学生的主体地位等基本理念。课程设计思路部分可以帮助学习者更好地理解课程标准制定者的意图与思路。

　　课程目标包括总目标、分目标以及学段目标。从科学素养的角度看，知识、技能、能力、情感、态度、价值观等应该是一个人素养的有机组成部分，是整合存在每个个体之中的。分目标包括科学知识目标，科学探究目标，科学态度目标，科学、技术、社会与环境目标。四者相互联系、相互作用，共同构成科学素养总目标。学段目标分为 1~2 年级、3~4 年级、5~6 年级目标。

　　课程内容标准具有承上启下的作用：承上，内容标准具体反映课程的基本性质和目标；启下，内容标准又是教材编写、教学设计和教学评价的依据。小学科学课程标准分别从物质科学、生命科学、地球与宇宙科学、技术与工程四个领域展开，从学习要素和学习水平两个方面做了相关限定，为确定教材核心内容、编写思路和评价模式等提供具体指导。

　　为确保课程实施的质量，课程标准从教学、评价、教材编写、课程资源开发与利用几个方面提出了相关建议性要求。

　　附录部分给出了教学案例，供教师理解和参考使用。

（二）《小学科学课程标准》的功能

　　《基础教育课程改革纲要（试行）》对"课程标准"的性质和功能做了这样的说明："国家课程标准是教材编写、教学、评估和考试命题的依据，是国家管理和评价课程的基础。"课程标准规定的是国家对不同阶段的学生在某个方面或某个领域的基本素质要求。因此，课程标准对教材编写、教学和评估等具有重要的指导意义，是教材编写、教学实施和教学评价的出发点与归宿。

　　《小学科学课程标准》是确定小学阶段科学素养水平的教学指导文件，其指导作用主要体现在以下几个方面。

首先,《小学科学课程标准》是编写小学科学教材的依据。教材是教师教学和学生学习的重要材料,教材编写要有利于学生达到课程标准要求。课程标准明确的课程理念决定了教材建构的基本思路和编写模式;课程标准的内容标准决定了教材内容选择的基本框架。

其次,《小学科学课程标准》是教师教学的依据。教学的出发点是为了培养学生课程标准所规定的科学素养,教学设计和教学实施都不能脱离课程标准的相关要求。

再次,《小学科学课程标准》是小学科学教学评价和考试命题的依据。教学的最终落脚点即对教学效果进行评价,也就是判断学生的科学素养有没有达到课程标准规定的水平。教学评价就是根据课程标准的内容标准,对学生的行为变化给予价值判断的过程;考试命题是评价的基本材料。

最后,《小学科学课程标准》是国家管理和评价小学科学课程的依据。课程标准是国家依据培养目标和课程方案颁发的课程指导性文件,可以作为衡量一个国家科学教育水准的基本尺度。

各国极其重视课程改革,尤其非常重视课程标准的研制,就是因为课程标准所规定的基本要求是教材编写、教学、评估的重要依据。如果说课程是教育的中心,那么课程标准就是课程的核心。无论教材如何编写,教学怎样设计,评估怎么开展,都必须围绕课程标准所规定的基本要求,不能脱离这个核心。

## 二、小学科学教材的结构和功能

### (一)小学科学教材的结构

视频:
小学科学教材的
结构

美国教育学家布鲁纳认为,教学的最终目标在于促进对教材结构的一般理解。对于教材的结构,一些学者进行过相关探讨。叶立群指出,教材结构指的是教材由哪几部分、哪几种形式组成的,教材通常采用的是文字的阐述(课文)、图画、图表、表解、实验、作业(练习)等。[1] 廖哲勋认为,教材的基本结构是教材内部各要素、各成分之间合乎规律的组织形式。这里的"各要素",既包括知识要素、技能要素、能力要素以及必要的思想教育要素,还包括某些审美要素和心理要素;而"各成分"主要指教材目标、教材内容和各科学习活动的方式。[2] 按照布鲁纳结构主义的观点,教材有表层结构和深层结构之分。表层结构就是使学生更有效地内化深层结构而赋予教科书的表现形式,深层结构就是指教材所选择的知识、技能要素和道德、情感要素构成的体系。

教材是根据课程标准将学科内容按一定的组织方式,并通过一定的表现形式编

① 叶立群. 课程教材改革探索 [M]. 北京:人民教育出版社,1997.
② 廖哲勋. 课程学 [M]. 武汉:华中师范大学出版社,1991.

制的体系。我们认为，小学科学教材的结构就是组成教材系统的各要素以及各要素之间的关系。这里的"要素"主要包括组成教材的学科内容以及内容的组织方式、表现形式等。而学科内容既包含显性的科学知识内容，也包含以科学知识作为载体的科学探究内容，还包含渗透在科学知识中的情感态度与价值观内容。这里"各要素之间的关系"主要指内容的组织方式（连接方式、组织秩序）、组织单位、表现形式等。常见的教材内容的组织方式主要有逻辑式组织、主题中心式组织、能力本位式组织；教材的组织单位有"单元""主题"等；教材的表现形式通常有文字阐述、图画、图表、表解、实验、作业（练习）等。

我国现行的小学科学教材版本较多，各个版本虽然都根据《小学科学课程标准》编写，课程目标都一致，但由于构成内容、组织方式、组织单位、表现形式等各不相同，结构自然也有差异。我们去认识和分析教材结构的时候，既要理解教材的表层结构，也要认识教材的深层结构。小学科学教材的表层结构就是知识的具体呈现方式，包括教材编写体例、栏目设计、图表、习题设计等，体现了教材的教学特性；深层结构就是从中反映出的科学知识、科学本质、科学方法及科学探究过程、科学态度等，体现了教材的内容特性。小学科学课程标准中的物质科学、生命科学、地球与宇宙科学、技术与工程四个一级主题在教材体系中的学科内容，以及渗透在其他主题内容中或以其他主题内容为载体体现的科学探究，科学态度，科学、技术、社会与环境等内容，属于教材的深层结构。

下面我们以人教·鄂教版《科学》教材为例，来认识小学科学教材的结构及其特点。该套教材物质科学、生命科学、地球与宇宙科学、技术与工程等四个学习领域的单元主题分布见表1-1。

拓展阅读：
人教·鄂教版《科学》教材（1—6年级）内容编排体系

表1-1　人教·鄂教版《科学》（1~6年级）教材中的单元主题分布

| 学段 | 册本 | 物质科学 | 生命科学 | 地球与宇宙科学 | 技术与工程 |
|---|---|---|---|---|---|
| 一年级 | 上册 | 家中的物品 | 家中的动物 | | 制作小物品 |
| | 下册 | 磁铁 | 校园里的植物 | 位置与方向 | 做个指南针 |
| 二年级 | 上册 | 水和空气；推和拉 | 植物的生活 | | 制作小船 |
| | 下册 | | 野外的小动物 | 了解天气；太阳、月亮、四季 | 从自然世界到人工世界 |
| 三年级 | 上册 | 盐水和糖水；家庭用电 | 食物与消化；我们的呼吸 | | 小小建筑师 |
| | 下册 | 周围的空气；学习用品中的科学；物体的运动 | 种凤仙花 | 土壤和岩石 | 制作动力小车 |
| 四年级 | 上册 | 加热与冷却；地球上的水；锣鼓声声 | 多样的动物；动植物的繁殖 | | 制作小乐器 |
| | 下册 | 影子的变化 | 养蚕；环境中的生物 | 天气与气候；地球月亮太阳 | 制作简易计时器 |

续表

| 学段 | 册本 | 物质科学 | 生命科学 | 地球与宇宙科学 | 技术与工程 |
|---|---|---|---|---|---|
| 五年级 | 上册 | 燃烧中的热传递现象；光 | 后代与亲代；显微镜下的生物世界 | | 太阳能热水器 |
| | 下册 | 能量的转化；简单机械 | 人的感知与反应 | 昼夜与四季 | 制作省力装置 |
| 六年级 | 上册 | 物质的变化 | 田野里的生物 | 天气的成因；自然资源 | 建造"植物工厂" |
| | 下册 | | 生物与环境 | 地球运动与变化；探索宇宙 | "飞向"太空 |

从表 1-1 可以看出，人教·鄂教版《科学》教材将《小学科学课程标准》规定的 18 个主要概念和 75 个学习内容分布在 57 个单元主题中，其中，物质科学领域 18 个主题，生命科学领域 16 个主题，地球与宇宙科学领域 11 个主题，技术与工程领域 12 个主题。从主题的数量不难看出，物质科学和生命科学是小学科学学习的重要内容，这和物质世界与生物世界的内容离小学生的现实生活很近以及适应小学生的接受能力有关。还可以看出，四个领域的内容在每一个学段都分布有相关单元和主题，并且每个领域在不同学段的单元、主题反映了该领域的要求层次。如物质科学领域，在一、二年级，只要求能观察和简单描述常见日常物质的特征，能辨别生活中常见的材料，知道推和拉是力的作用；在三、四年级，需要在测量的基础上对物质特征进行描述，认识到材料的使用和性能有关，能描述运动；到了五、六年级，对物质的认识上升到了解常见物质的变化，知道不同能量之间可以互相转化。这种梯度变化符合各学段小学生的认知特点，也充分考虑了不同学段小学生的生活经验。另外，人教·鄂教版《科学》教材在每一册都安排了一个专门的技术与工程主题，让小学生认识到人类运用科学技术和工程创造了丰富多彩的人工世界，给小学生提供了体验科学技术影响个人生活和社会发展的机会，通过各种小制作让小学生充分体会"动手做"的成功和乐趣，养成通过"动手做"解决问题的意识和习惯。

《小学科学课程标准》明确说明，小学科学课程应以学生能够感知的物质科学、生命科学、地球与宇宙科学、技术与工程中一些比较直观、学生有兴趣参与学习的重要内容为载体，重在培养学生对科学的兴趣、正确的思维方式和学习习惯。人教·鄂教版《科学》教材的表层结构，可以通过对教材的编写体例、栏目设计、文字表述、图表等分析去把握。而科学知识，科学探究，科学态度，科学、技术、社会与环境几个维度的目标内容往往蕴藏在教材的深层结构中。

交流与讨论

请根据小学科学教材的结构，分析小学科学教材具有哪些功能。

### （二）小学科学教材的功能

教材是课程标准、课程内容的具体化，是学生学习的重要工具，也是教师教学的主要依据。关于教材的功能，有很多学者进行过探讨，日本筑波大学高仓翔教授认为，教材应当发挥五大功能：（1）激发学习欲望的功能；（2）提示学习课题的功能；（3）提示学习方法的功能；（4）促进学习个别化与个性化的功能；（5）巩固学习成果的功能。我国课程论学者钟启泉教授认为，任何一套教材都应具备三大功能，即信息功能、结构化功能、学习指导功能（表1-2）。

视频：
小学科学教材的
功能

表1-2　教材的要素与功能的关系[①]

| 教材正文（包括图解） | 信息功能（激发动机、教育功能） |
|---|---|
| 章、节的构成 | 结构化功能（转换、综合功能） |
| 提问、问题 | 学习指导功能（巩固功能） |

《基础教育课程改革纲要（试行）》指出，要"改变课程过于注重知识传授的倾向，强调形成积极主动的学习态度，使获得基础知识与基本技能的过程同时成为学会学习和形成正确价值观的过程"。这说明我国基础教育的课程功能已经发生了变化，不再仅仅定位于让学生掌握知识和技能本身，而是把掌握科学的学习方法和形成积极的学习态度与价值观作为课程的主要功能。课程功能的这种变化，势必使教材的功能发生相应改变。教材将不再仅仅作为师生教与学的依据，而是要作为教育资源来使用，能够在教学中引导学生参与学习，激励他们去探究，为转变学习方式发挥积极的作用。

小学科学教材的基本功能就是促进学生的学习。现行教材不仅提供学科学习所需要的相关材料，而且教材的内容选择、组织结构、编写方式、栏目设计等要体现以学生为主体、以探究为核心的理念，所以能成为优化学生学习方式的工具。另外，现行教材编写关注了学生的生活经验，体现了学生的认知特点，在激发学生学习动机和学习兴趣方面也起着非常重要的作用。

小学科学教材的核心功能是促进学生的发展。小学科学课程总目标是培养学生的科学素养，而科学素养的内涵非常丰富，要通过科学知识、科学探究、科学态度，以及科学、技术、社会与环境四个维度来表述。小学科学教材对于学生积累和应用科学知识、领悟科学探究的过程与方法、形成积极向上的情感态度与价值观都有着非常重要的意义。

总之，在小学科学教学中，教师应树立正确的教材观，充分认识到教材不仅是教师用以指导学生的"教材"，也是学生用以学习的"学材"，且后者意义更深远。

---

[①] 钟启泉. 现代课程论［M］. 上海：上海教育出版社，2003.

新课程改革提倡教师要由"教教材"向"用教材教"转变。你是如何理解的？

## 第三节　我国小学科学课程与教材的演变

我国科学教育历史久远，有文字记载的自然科学课程始于夏商周时代，但小学科学课程在教育中正式确定地位是在 1903 年。经过近现代的发展，小学科学课程发生了几次大的变革。在我国小学科学课程的发展过程中，其名称大体经历了格致—博物—理科—自然—常识—自然常识—自然—科学等的变化，教材体系也发生了相应变化。

### 一、新中国成立前的小学科学课程与教材

研究表明，中国有文字记载的自然科学课程最早可以追溯到夏商周时期，在秦始皇时期达到了重视的顶峰，但到汉武帝时期受到了冷落，之后又因科举制度而一蹶不振。中国古代的小学科学课程，内容主要是前人总结的天、地、人、物、衣、食、住、行等方面的经验常识，且没有单独开设，科学教育的地位没有明确和体现。1903 年，清政府颁布了《奏定学堂章程》，正式明确了科学课程在教育体系中的地位，标志着中国科学教育正式进入现代科学教育发展之路。新中国成立前的现代科学教育的发展大致经历了清末的学德仿日阶段和民国的学英仿美阶段。

（一）学德仿日时期（1903—1911）

1898 年 7 月，康有为向光绪皇帝上奏《请开学校折》，建议仿德、日的学制，通令全国各省、府、县、乡开办学校。1903 年，清政府颁布了《奏定学堂章程》，对学制和课程都做了明确的规定：完全科初等小学设修身、历史、地理、格致等课程，简易科小学将后三门合为"史地格致科"，高等小学设修身、中国历史、地理、格致。从此，科学课程正式在小学开设，当时称为"格致课"，这是我国最早的科学课。1910 年，初等小学不再分完全科与简易科，历史、地理、格致并入文学课本内讲授，但高等小学不变。当时科学课程的内容主要译自日本，主要有：乡土动物、植物、矿物；寻常物理、化学现象；生理卫生等。当时高等小学开设 8 门科目，格致课排在第 7 位。

（二）学英仿美时期（1912—1948）

1912 年 1 月 9 日，南京临时政府颁布《普通教育暂行课程标准》，规定高等小学开设 12 科，并将格致课改为博物课，位居第 6，初等小学不设此科目。1912 年 9 月，中华民国政府又颁布《小学校令》，规定高等小学砍掉博物、理化，改设理科；后来又更改为自然、常识。1922 年，因为小学改为四二制，初等小学开设了

社会和自然两科，高等小学开设了卫生、公民、历史、地理、自然五科；乡村学校无力单独设科的，可将社会、自然合并为常识。这个时期的教材虽为日译本，但日本是从英、美引进的，所以实质上这个阶段的科学课程参考的是英美体系。1929年，民国政府教育部颁布了新的中小学课程标准，规定初等小学将社会、自然合并为常识科，高等小学将历史、地理和一部分卫生合并为社会科，个人卫生部分并入自然科；后来又经历了四次修订，因为学制上借鉴了英美模式，所以修订后的自然教学内容没有再从日本引进，而是直接参考英美体系后自编教材。

## 二、新中国成立后的小学科学课程与教材

新中国成立后，我国基础教育有了很大的发展，党和政府也十分重视科学教育，在小学中、高年级一直开设自然常识课，后来改称为自然课，2001年后改为科学课。新中国成立后我国小学科学课程的发展大体可划分为三个阶段。

（一）初建体系时期（1949—1977）

新中国成立初期，我国基础教育总结了过去的经验，参考了当时的苏联模式，基本没有形成我国自己的科学教育体系。在这一时期，国家先后颁布了三个教学大纲。1956年，我国颁布了学习苏联的新中国第一个自然教学大纲，规定初等小学阶段的自然课在语文课中进行，高等小学每两周两课时自然课；在内容上，规定初等小学学习"生物界自然"，高等小学学习"非生物界自然"。

1963年，国家教育部又颁布了第二个自然教学大纲，砍掉了历来初等小学都有的自然或常识课，目的、任务与1956年的自然教学大纲基本相同，但更多地强调"扩大儿童的知识领域，培养儿童爱科学的品德，为儿童进一步学习和将来参加劳动准备必要的基础"。这个时期，全国统一使用人民教育出版社出版的高级小学课本《自然》（1—4册）。

在"文化大革命"期间，全国教育事业遭到严重摧残，没有统一的学制，此前的教学计划、教学大纲、教材都被否定，各地虽自编了"科学常识"或"自然常识"或"常识"等不同名称的课本，但教学基本上处于混乱状态。1977年12月，教育部发布了第三个自然教学大纲，即《全日制十年制学校小学自然常识教学大纲（试行草案）》，规定在小学最后两年开设"自然常识"课，每周两课时，内容基本保持第二个自然教学大纲的体系，但增加了现代化需要的先进科学技术内容。

总之，在这个阶段，我国小学科学课程和教材只是处于初建体系阶段，还没有形成稳定的教材、教法体系。

（二）相对稳定时期（1978—2000）

1978年1月，教育部颁发了《全日制十年制中小学教学计划（试行草案）》，1978年秋全国统一使用人民教育出版社出版的全日制十年制学校小学课本《自然常识》。

1981年3月，教育部颁发了《全日制五年制小学教学计划（修订草案）》，明

确指出必须加强小学自然科学常识教育，培养少年儿童从小爱科学、学科学、用科学的志趣，并将课程名称恢复为"自然"，规定从三年级起开设。由于教师们普遍反映 1978 年版新大纲规定的教学内容存在"深、难、重"的弊端，1982 年，教育部修改了小学自然教学大纲。在科学启蒙教育大师刘默耕的领衔推动下，具有崭新教育理念的《自然》及指导教学的配套《教师用书》由人民教育出版社出版发行。

1992 年，国家教委颁发了新的九年义务教育《自然教学大纲》，规定从小学一年级开设自然课，而且义务教育小学自然教材是以教科书为基础的系列教学材料，即除教科书、教师用书外，还陆续供应了挂图、幻灯片、投影片等。这套小学自然教科书是在总结新中国成立以来人民教育出版社编写的七套自然教材和研究国外小学科学教材的基础上，结合我国小学实际情况编写的。教科书在编写上关注了学科特点和儿童身心特点，并重视理论联系实际以及各年级自然与其他学科的联系。在这一次课程改革中，国家教委还对中小学教材建设提出了"在国家统一要求下实行教材多样化"即"一纲多本"的指导精神。所以在 1993 年，上海、广东、江苏等各地纷纷开始编写自然教科书。这个时期的教材编写无论内容选择、编排体系还是呈现方式，都增加了有关科学、技术、社会相互关系的内容。坚持以知识为基础，寻求知识掌握能力培养和思想品德教育的统一，主要进行科学自然观、科学态度、爱家乡、爱祖国、爱大自然的教育。

（三）发展变革时期（2001 年至今）

新世纪初，我国启动了基础教育新一轮课程改革。2001 年 6 月，教育部颁布了《基础教育课程改革纲要（试行）》，同年 7 月颁布了《全日制义务教育科学（3~6 年级）课程标准（实验稿）》。在这一轮课程改革中，不仅"教学大纲"变成了"课程标准"，学科的名称也由原来的"自然"改成了"科学"。这次课程改革在教学内容上进行了扩展，从以自然现象、自然事物为主拓展到了整个自然科学领域，还包括与自然科学有关的人文精神以及科学技术与社会关系等内容。教育部中小学教材审定委员会审定通过的《科学》教材有 8 种版本，如教科版、苏教版、河北版、大象版、湘教版、青岛版、粤教版、湖北版等。新的科学教材都体现了课程标准中的理念，图文并茂，突出科学探究，栏目多样化，同时又各具特色。

2007 年 4 月，教育部启动义务教育课程标准（实验稿）修订工作。2017 年 1 月，教育部颁布了《小学科学课程标准》，该标准的主要亮点在于从 1 年级开设科学课程，强调小学科学课程的基础性、实践性、综合性，强调围绕核心概念整合课程内容，基于学习进阶确定学段分布，首次将"技术与工程"作为四大学习内容领域，体现了国际科学教育中 STEM 教育的新趋势，标志着我国新时代小学科学教育的到来。《小学科学课程标准》的颁布使我国小学科学教育的现代化与国际化水平得到较大提高，在我国小学科学教育发展史上具有重要意义。

从 2017 年秋季开始，全国从 1 年级开设科学课程，出版了 8 套小学科学教材供各地选择使用。其中，湖北版改版为人教·鄂教版（人民教育出版社、湖北教育出版社共同出版），其余版本的小学科学教材没有改变出版社。

## 思考与实践 ||||||||||||||||||||||||||||||||||||||||||||||||||||||||||||||||||||||||||||||

（1）列表比较小学科学课程、小学科学课程标准、小学科学教材、小学科学教科书概念的区别与联系。

（2）通过互联网搜索有关小学科学教材的结构与功能文献，归纳相关的观点，并加以评价。

（3）小学科学教师应具有什么样的教材观？

（4）就我国小学科学课程的发展演变，谈谈你的认识和建议。

# 第2章　　　　小学科学课程标准简析

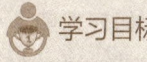 学习目标

1. 理解小学科学课程的性质、基本理念。
2. 理解科学素养的含义与构成，理解科学探究的含义与教育价值。
3. 了解科学本质，科学态度，科学、技术、社会与环境（STSE）教育，科学、技术、工程与数学（STEM）教育的含义。
4. 理解小学科学课程总目标、分目标、学段目标及其相互关系。
5. 理解小学科学课程的内容标准及其特点。
6. 能够应用小学科学课程的基本理念来分析、解释和探讨小学科学课堂教学的实际问题。

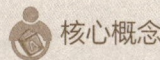 核心概念

小学科学课程性质；小学科学课程理念；小学科学课程目标；小学科学课程内容标准；科学素养；科学本质；科学探究；科学态度；科学、技术、社会与环境（STSE）教育；科学、技术、工程与数学（STEM）教育

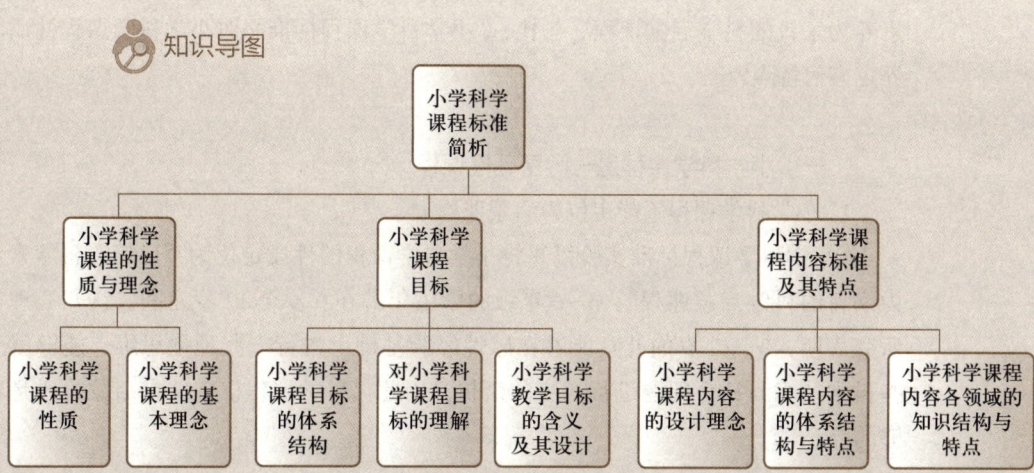 知识导图

通过对前面一章的学习，我们知道《小学科学课程标准》是国家对小学科学课程建设与实施的统一规范，体现了国家小学科学教育的水平。《小学科学课程标准》具有四大功能，即：小学科学教材编写的依据；小学科学教学的依据；小学科学教学评估和考试命题的依据；国家管理和评价小学科学课程的基础。因此，小学科学教师理解和掌握《小学科学课程标准》的内容与特点显得十分重要。《小学科学课程标准》取代了《小学科学课程标准》（实验稿），那么，如何理解《小学科学课程标准》的内容及其变化特点，是每一位小学科学教师必须面对的问题。

## 第一节　小学科学课程的性质与理念

小学科学课程性质反映了小学科学课程的根本属性和特征。正确认识小学科学课程的性质有利于理解小学科学课程与其他小学课程的区别，也有利于认识小学科学课程在整个义务教育课程体系中的重要地位。小学科学课程理念是对小学科学教育规律的一种理性诠释，反映了在一定社会发展背景下人们对发展和实施小学科学教育的观点、看法和期望，是指导小学科学教师开展小学科学教育的思想和观念。那么，我们如何正确认识和把握《小学科学课程标准》规定的课程性质与理念呢？

### 一、小学科学课程的性质

交流与讨论

《小学科学课程标准》将小学科学课程性质归纳为三个方面：小学科学课程是一门基础性课程；小学科学课程是一门实践性课程；小学科学课程是一门综合性课程。

（1）如何理解上述三个方面？

（2）与《小学科学课程标准》（实验稿）提出的"小学科学课程是以培养科学素养为宗旨的科学启蒙课程"相比，《小学科学课程标准》对小学科学课程性质的界定有何特点？

#### （一）小学科学课程是一门基础性课程

1. 小学科学课程不能定位为启蒙课程

《小学科学课程标准实验稿》将小学科学课程的性质定位为"以培养科学素养为宗旨的科学启蒙课程"。3~6 年级的学生年龄在 9 岁至 12 岁之间。认知心理学研究表明，9—12 岁的儿童能够在感性经验基础上进行一些理性思维，能够就一些科学技术与社会问题进行初步的辨析。因此，科学课程仅定位在启蒙阶段是不够的。

2. 小学科学课程应该列为基础教育阶段的主要课程

自 20 世纪 80 年代以来,英国、美国、加拿大、澳大利亚、法国等世界发达国家对 5—18 岁学生的科学教育非常重视,不断强化科学课程在基础教育中的地位。比如,英国《1988 年教育改革法》确立了三门核心课程——英语、数学、科学。加拿大几乎所有省都制定了贯穿基础教育阶段的科学教育计划。1985 年,法国制定和推行的小学教学大纲规定,学校围绕七个基本学科来组织教学:法语、数学、科学和技术、历史与地理、体育等。而在我国,虽然"科教兴国"战略已为大家所熟知,科学教育的重要性也受到认同,但是,在过去 10 余年的小学阶段,小学科学课程无法与语文、数学、外语课程的地位相比,在学校更是常被冠以"副科"之名而没有受到足够的重视。

当今社会,科学已不仅是一种推动社会进步的驱动力,也代表着一种实事求是、追求真理的思维方式和生活态度。从科学教育的作用来看,科学课程在培养学生科学的思维方式、创新精神、创新意识和动手能力等方面的科学素养上是其他课程所不能替代的,是学校实施全面素质教育的一个重要组成部分。科学课程在贯彻国务院关于《全民科学素质行动计划纲要》、建设创新型国家的重大战略决策中具有不可替代的作用。

3. 小学科学课程应该从一年级开始

在小学阶段,儿童对周围世界有着强烈的好奇心和探究欲望,他们乐于动手操作,这一阶段是培养科学兴趣、体验科学过程、发展科学精神的重要阶段。研究显示,从低年龄段开始进行科学教育,是当代国际科学教育改革发展的一个重要趋势。20 世纪八九十年代,美、英、法等发达国家就开始进行 5—18 岁连续的科学教育,现在这种制度更明确。美国 1958 年颁布的《国防教育法》及其后的修正案将数学、自然科学和现代外语定为所有学校必设的核心课程,1996 年美国发布的《国家科学教育标准》明确指出进行 K—12 年级连续的科学教育;英国《1988 年教育改革法》规定国家课程中的三门核心课程为英语、数学、科学,全国统一课程的实施年龄为 5 到 16 岁;法国 1995 年颁布的小学教学大纲里面就有"世界的发现"(基础学习阶段)和"科学与技术"(深入学习阶段)科目的设置,在其实施的 La main à la pâte(动手做)探究式科学教育项目中,更是从 3 岁开始就进行探究式科学教育。进入 21 世纪以来,发达国家继续保持实施 5—18 岁的科学教育。2011 年美国颁布的《K—12 科学教育框架:实践、跨学科概念和核心概念》,2013 年颁布的《新一代科学标准》(NGSS)是反映国际科学教育发展的标志性文件。

新中国成立以来,我国小学阶段的科学教育经历了一段曲折的发展历程。直至"文化大革命"之后,随着我国改革开放的推进,1992 年颁布的《九年义务教育全日制小学自然教学大纲(试用)》要求从 1 至 6 年级开设自然课,重新确立了科学课程在小学教育中的地位。但是《小学科学课程标准》(实验稿)将科学课程设置为从三年级起始,一、二年级没有科学课程,这不仅造成学前科学教育与小学科学教育脱节,也不符合儿童教育和发展的规律。因此,《小学科学课程标准》恢复从一年级起开设科学课程，既是顺应国际科学教育发展潮流，也是提高我国公民科学素养，增强国家综合实力，建设创新型国家的需要。

（二）小学科学课程是一门实践性课程

1. 小学科学课程强调"做中学"

科学是一门以实验为基础的学科，以实验为基础是自然科学的显著特征。科学实验是人类获得知识、检验知识的一种实践形式。小学生的科学学习活动与科学家的科学认识活动具有本质上的相似性，小学生的科学学习也必须以实验为基础。因此，小学科学课程与其他课程的主要区别之一在于在许多情况下，学生要通过做实验这种实践方式来学习科学；此外，还要通过观察、测量，或者制作模型以及开展种植、饲养、科学调查与考察等实践活动来获得感性认识和经验，从而建立与理解科学概念，或者应用科学知识和方法解决简单的实际问题。这些都体现了"做中学"的科学教育理念。

2. 小学科学课程把科学探究作为一种重要的教学方式

科学探究既是科学家用以研究自然界并基于此种研究获得证据提出种种解释的途径，也是学生用以获取知识、领悟科学思想观念、领悟科学家们研究自然界所用的方法而进行的各种活动。可以看出，科学是探究的过程，也是实践的过程，科学探究是一种重要的实践活动。因此，在新的小学科学课程改革中，科学教师应该把科学探究作为一种重要的教学方式。首先，强调开展探究式学习，通过让学生亲身经历和体验科学探究活动，激发其科学学习的兴趣，获得科学知识，增进对科学的情感，理解科学的本质，学习科学探究的方法，初步形成科学探究能力。突出科学探究的学习方式，有利于从根本上改变传统的以接受式学习统治课堂教学的现象。其次，强调开展探究式教学。作为教学方式的科学探究又叫探究式教学。我们通常把对学生进行探究式学习具有明显支持和促进作用的教学活动与过程称为探究式教学。[1] 与重结果、轻过程，重间接经验传授的教学相比，探究式教学更重过程、重理解和重实践，它倡导学生之间、师生之间相互合作，由封闭的教学转变为开放的教学，由师生单向交流转变为师生、生生之间交流。探究式教学与建构式教学、问题解决式教学具有很强的融合性，它更有利于培养学生的创新精神和实践能力。国际科学教育的大量研究与成功实践证明，探究式教学是最能反映科学教学的本质特征的教学方式。[2]

（三）小学科学课程是一门综合性课程

1. 小学科学课程涉及自然科学各个领域的内容

根据课程学习内容的性质与组织方式的不同，科学课程有分科课程和综合性课程。分科课程包括物理学、化学、生物学等课程，分别以独立的一门课程开设。而小学科学课程属于综合性课程，涉及物理学、化学、生物学、地球与宇宙科学，从

---

① 王磊，毕华林. 基础教育新课程师资培训指导·初中化学 [M]. 北京：北京师范大学出版社，2003.

② 彭蜀晋，林长春. 科学课程与教学论 [M]. 北京：高等教育出版社，2005.

而使学生更好地从整体上认识和理解自然界的现象与规律，形成统一的科学观念，而不是以一门学科知识去认识丰富多彩的自然界。

2. 小学科学课程是自然科学与其他学科的融合

首先，小学科学课程强调科学、技术、社会与环境的联系，即开展 STSE 教育。STSE 是科学（science）、技术（technology）、社会（society）、环境（environment）四个英文单词的缩写。STSE 教育强调科学、技术、社会与环境的相互关系，重视科学、技术在社会生产、生活环境和社会发展中的作用，是当今科学教育的重要思想理念与重要内容。因此，小学科学课程不仅仅重视科学基本概念的知识学习，而且十分关注科学、技术与日常生活，科学、技术与社会发展的联系，以及人类与自然和谐相处等问题，并且把科学、技术、社会与环境作为课程的四个目标之一，这充分体现了小学科学课程的综合性。

其次，小学科学课程强调科学、技术、工程与数学的融合，即开展 STEM 跨学科学习。STEM 是科学（science）、技术（technology）、工程（engineering）和数学（mathematics）四个学科领域英文单词的缩写。STEM 教育是近年来以美国为首的发达国家掀起的科学教育改革和研究的新范式。其主要特征就是强调 4 个领域知识的整合性、问题解决的综合性和跨学科性。《小学科学课程标准》首次把"技术与工程"领域作为小学科学课程的重要学习内容，而且在实施建议中特别强调"倡导跨学科学习方式"，开展 STEM 学习，这也充分体现了小学科学课程的综合性。

此外，小学科学课程与语文、艺术等学科也相互关联。

## 二、小学科学课程的基本理念

交流与讨论

《小学科学课程标准》将小学科学课程的基本理念归纳为四个方面：（一）面向全体学生；（二）倡导探究式学习；（三）保护学生的好奇心和求知欲；（四）突出学生的主体地位。

（1）如何理解上述小学科学课程的基本理念？

（2）与《小学科学课程标准实验稿》提出的课程基本理念相比，《小学科学课程标准》提出的小学科学课程基本理念有哪些变化？

### （一）面向全体学生

这实际上是小学科学课程的对象问题，即小学科学课程为谁开设的问题。我们具体可以从以下几个方面理解。

1. 充分体现了我国义务教育的公平性原则

小学科学课程是我国义务教育课程体系的重要组成部分，是一门基础性课程。科学课程"面向全体学生"的理念要求为每一个学生提供公平的学习科学的机会和有效的指导，而不是培养少数"天才"。这意味着，无论学生存在着怎样的地区差别，比如东部经济发达地区与西部经济发展比较落后地区，城市与农村，不同的学校；无论怎样的民族差异，比如，汉族与少数民族；无论怎样的文化背景差异，比如不同地区由于历史、宗教等形成的各具特点的文化背景，以及学生个人由所在家庭的不同教育、社会背景等方面不同导致的差异；乃至学生个人的性别、天资、兴趣等方面的差异，小学科学课程都应该为每一个学生提供公平的科学学习和发展机会，这是由我国义务教育的性质所决定的。因此，在小学科学课程的目标、内容标准、教材编写、教学实施、教学评价等方面都要从实际出发，面向全体学生。在小学科学课堂教学中，小学科学教师要面对各种各样的学生，满足每一个学生的学习需求，有针对性地开展教学，帮助所有学生在科学学习上取得进步。

2. 反映了现代科技发展对提高全体公民科学素养的根本要求

当今科学技术发展迅猛，新的科学发现与技术创新不仅仅对一个国家的社会与经济发展、综合国力提升发挥着越来越大的作用，而且对人们的工作、生活、学习乃至思维方式、价值观念等方面产生了巨大的影响。比如家用电器、新材料产品、物联网、大数据、云计算等数字化生存方式，都需要人们必须具备相关的基本科学知识和技能，才能适应和享受现代科技带来的现代化生活。与此同时，人们也应该明确科学技术在给人类带来福祉的同时，也给人类带来一些负面影响，比如环境污染、生态破坏、地区冲突等。因此，每一位公民都必须正确认识科学、技术、社会与环境之间的关系，树立正确的科学价值观，增强责任感，提高应用科学知识、科学方法、科学技能等处理日常事务中实际问题的能力，这实质上体现了公民科学素养的基本内涵。因此，小学科学课程面向全体学生的这一理念充分反映了现代科技发展对提高全体公民科学素养的根本要求。

（二）倡导探究式学习

小学生该怎样学习科学？教师在教学中应该如何突出科学课程学习的本质特征？这些都是小学科学教学中十分重要而关键的问题。

[ 案例 2-1 ] "质量守恒定律"的学习方式设计比较

方式 1：学生阅读教材内容或听教师讲授，记住教材中有关质量守恒定律的内容，讨论其微观本质。

方式 2：学生观察教师的演示实验，分析实验现象，在教师的引导下得出实验结论，总结出质量守恒定律的内容，讨论其微观本质。

方式 3：教师创设问题情景，学生对反应前后质量变化关系作出猜测，然后运用已有的知识设计实验方案，亲自完成相关实验，收集证据，验证假说，从而总结出质量守恒定律的内容，讨论其微观本质。

交流与讨论

（1）以上 3 种学习方式各有什么特点？

（2）回忆自己的小学、中学时代，你最主要的学习方式是哪一种？

拓展阅读：
基础教育课程改
革纲要（试行）

### 1. 什么是探究式学习

要理解探究式学习的含义，首先要明确什么是探究。探究（inquiry）是当今国际科学教育研究文献中出现频率最高的几个关键词之一。英文 inquiry 一词起源于拉丁文的 in 或 inward（在……之中）和 quaerere（质询、寻找）。按照《牛津英语词典》中的定义，探究是"求索知识或信息特别是求真的活动；是搜寻、研究、调查、检验的活动；是提问和质疑的活动"。其对应的中文表达有"探问""质疑""调查""探究"等。《辞海》（1989 年版）解释，"探究"是指"深入探讨，反复研究"。"研究"指"用科学的方法探求事物的本质和规律"。[1] 美国《国家科学教育标准》对"探究"的定义是："探究是多层面的活动，包括观察；提出问题；通过浏览书籍和其他信息资源发现什么是已经知道的结论，制定调查研究计划；根据实验证据对已有的结论作出评价；用工具收集、分析、解释数据；提出解答，解释和预测；以及交流结果。探究要求确定假设，进行批判的和逻辑的思考，并且考虑其他可以替代的解释。"[2] 因此，探究式学习（inquiry based learning，IBL）可以界定为：学生围绕一定的问题、文本或材料，在教师的帮助和支持下，自主寻求或自主建构答案、意义、信息或理解的活动或过程。[3] 也有学者认为，探究式学习指的是以类似或模拟科学研究的方式所进行的学习。[4] 可以看出，探究式学习是一种积极的科学的学习过程，也是学生在科学课程中自己探索问题的学习方式。

### 2. 为什么要倡导探究式学习

在"应试教育"下占统治地位的学习方式主要表现为，学生以被动接受学习为主，习惯于"讲、记、背、练"，轻视或忽略通过亲身体验获得经验，缺乏动手实践和探究的机会，分析、解决问题和合作交流的能力得不到应有的锻炼，学生的实践能力和综合解决实际问题的能力差，围绕"应试"进行机械训练的倾向十分严重。因此学生学习的主体性得不到应有的发挥，个性优势得不到发展。为了改变这一现状，学生必须改变学习方式。小学科学课程倡导探究式学习，主要根据以下几个方面。

（1）探究是儿童的一种本能，儿童天生就是探究者

探究并非复杂、神秘、高不可攀。实际上，儿童不仅能够像食蚁兽那样探究蚂蚁的行踪，而且还能够像蚂蚁那样探究蚜虫的天性。动物往往只对一定范围内的事物（与它们的生存密切相关的事物）有探究的兴趣，但儿童却对他们所接触到的任何事物都有兴趣去探究。儿童不仅在探究的范围上远比任何一种动物广泛，不仅使用感官，而且使用人类创造的独特工具（如放大镜）和方法（如对比实验）来对世

① "科学探究性学习的理论与实验研究"课题组. 探究式学习：含义、特征及核心要素 [J]. 教育研究，2001（12）：52-56.
② 美国国家研究理事会. 美国国家科学教育标准 [M]. 戢守志，金庆和，梁静敏，等译. 北京：科学技术文献出版社，1999.
③ 任长松. 探究式学习：学生知识的自主建构 [M]. 北京：教育科学出版社，2005.
④ 靳玉乐. 探究教学的学习与辅导 [M]. 北京：中国人事出版社，2002.

界进行探究。认知科学研究表明，儿童具有一种强烈的、天生的了解世界的愿望。随着许多感性信息涌入大脑，以及许多运动技能和认知能力加入，即使是特别小的儿童也会组织这些信息。儿童在他们大脑中组织信息的方式取决于许多因素，包括他们个人的经历、性情、个性以及教养。当这些因素结合起来时，每个儿童都会形成自己独特而持久的关于世界及其运动的理论。[1]从儿童想知道蚯蚓如何在地下生活，到科学家研究复杂的生命现象，只不过是探究能力不断提高和完善的过程。因此，小学科学教师的责任就是为儿童提供经历探究学习的机会，进行探究指导，促使儿童这种天生的探究能力不断提高和完善，促成儿童从自发的不成熟的探究，走向科学的探究。

（2）探究式学习有利于促进学生的认知发展

学生的探究式学习在本质上是应用观察、实验、变量控制、模型、科学抽象等科学方法解决问题、建构科学概念的过程。实验证明，对于有些概念来说（如皮亚杰研究的数理知识），除非亲历探究过程来自主建构，否则，学生无法真正理解和习得。只有通过亲身探究和实践，这些知识才能在儿童心中真正获得新生和意义，获得"深层理解"。[2]学生在探究式学习过程中，通过"动手做、动脑思"，在已有知识、头脑思维、新发现相互作用的过程中建构科学知识，在建构知识的过程中，学生要在头脑中提出和聚焦问题，做出猜想和假设，然后设计实验，进行实验观察，收集实验证据，应用分类、比较、分析、归纳、综合等科学方法，这系列的探究式学习活动不仅有利于学生思维能力、问题解决能力、想象力、创造力的训练与培养，而且有利于学生接受科学思想与科学方法教育，从而发展认知。

（3）探究式学习有利于培养学生的科学情感态度与价值观

仅仅通过教师讲解、学生听讲获得的新知识，比如，学生被告知地球围绕着太阳转、地球是个球体、轻重不同的物体同时落地、衣服保暖并不是因为衣服能产生热量等，学生可能会轻松地记住，并在考试时正确回答。但对于听到的这些知识，他们也只能停留在简单地被动接受、机械记忆层面，常常是半信半疑，不能理解。而通过亲身探究，学生能真切地感受到"绝知此事要躬行"的道理。这种亲历过程，可以使他们渐渐养成通过亲身观察和实验，在获得充分的证据之后才真正相信结论的科学态度和科学精神。

探究过程需要学生开展合作、交流、解释和各种协调一致的尝试活动，学会准确地与他人交流，向别人解释自己的想法，倾听他人的意见，善待批评，正确审视自己的观点，获得更正确的认识，学会相互接纳、赞赏、分享、互助等。这样有利于培养学生尊重他人的态度与合作精神。同时，学生在亲历探究的过程中，可能会经历挫折与失败、曲折与迂回、成功与兴奋，这有利于培养他们主动参与、勇于探索、敢于超越的科学品质。这其中的许多感受和体验是他们理解科学本质、理解科

[1] 美国国家科学资源中心，国家科学院，史密森协会.面向全体儿童的科学：改进小学科学教育的指南［M］.李勇，译.北京：科学普及出版社，2005.
[2] 任长松.新课程学习方式的变革［M］.北京：人民教育出版社，2003.

学精神的基础。

交流与讨论

　　试述探究式学习、接受式学习、发现式学习的相互关系。可参阅：任长松. 探究式学习：学生知识的自主结构［M］. 北京：教育科学出版社，2005：29-30.

### （三）保护学生的好奇心和求知欲

　　好奇心和求知欲是人类的一种基本特质，儿童和成人一样在认识自然世界方面都有天生的兴趣和疑惑，并就此提出许许多多的问题，比如，蝴蝶是从哪里来的？晚上太阳落到哪里去了？月亮看上去为什么会改变形状？为什么会下雨？等等。这些问题都显示出儿童渴望了解自然或者为自然现象寻求合理解释的强烈愿望，而这些对于激发学生的科学学习动机是至关重要的。因此，小学科学课程与教学必须重视学生这种本能的好奇心和求知欲，为满足学生与生俱来的好奇心和求知欲提供良好的学习环境和丰富多彩的学习活动。比如，在科学课程内容方面，选择既贴近儿童生活，又符合现代科学技术发展趋势的，适应社会发展需要的科学基础知识与技能，使科学课程内容满足学生发展与社会发展的双重需要；在教学方式上，实施探究式教学，教师为学生精心设计组织探究式学习活动，最大限度满足学生亲自体验科学发现的过程，让学生从中获得科学学习的满足感、兴奋感、获得感，增强科学学习的自信心；在学习空间上，实施开放式教学，为学生提供学校、家庭、社会、大自然、科技场馆、网络等科学学习空间，将学生的科学学习置于广阔的学习环境之中，帮助学生不断扩展对周围世界科学现象与信息的亲身体验，丰富他们的学习经历。

### （四）突出学生的主体地位

#### 1. 科学教学为什么要突出学生的主体地位

　　在科学教学过程中，突出学生的主体地位就是要充分体现学生学习的主动性，发挥其能动性，这是由学习的建构性本质和探究式学习方式特征所决定的。学习不是知识由外部（家长、教师、书本等）向学习者传递的过程，而是学习者主动建构自己知识的过程。学习者不是被动的信息接受者，而是意义的建构者，这种建构不可能由他人代替。[1]探究式学习的特征是强调"动手做、动脑思"，突出未知性与问题性、发现性与探索性、过程性与开放性、主动性与合作性。因此，小学科学教师必须充分尊重学生的主体性，为学生自主学习、探究学习、合作学习创造足够的机会和空间。

#### 2. 科学教学如何实现学生的主体地位

　　要实现学生在科学学习中的主体地位，关键是教师要转变学生观，重新定位科学课堂教学中的师生关系。首先，教师要将学生视作具有独立人格、思想感情、主

---

① 冯忠良，伍新春，等. 教育心理学［M］. 北京：人民教育出版社，2000.

观能动性和认知潜能的活生生的人，而不能把学生当作简单接受教师传授知识的"容器"或者"空瓶子"，事实上，探究式教学要求学生自己主动提出问题，设计解决问题的方案，开展实验、调查、制作等科学实践活动，自己整理、分析信息，做出解释或得出结论，进行表达与交流等，最终解决问题，从而认识客观世界，发展探究能力，为成为具有科学素养的现代公民奠定基础。其次，教师要重塑教师角色，即教师是学生科学学习活动的组织者、引领者和亲密的伙伴，而不是"包办者""灌输者""权威者"。总之，小学科学教师必须实现三个方面的转变：由知识的传授者、灌输者转变为学生科学学习活动的组织者、参与者、引导者、促进者和管理者；由封闭的科学教学转变为开放的科学教学；由师生单向交流转变为师生、生生交流。只有这样，才能使学生真正成为科学学习的主体。

# 第二节　小学科学课程目标

视频：
小学科学课程目标

　　小学科学课程目标是指通过具体的科学内容和教学活动使学生发生的性质不同和程度不同的变化结果，也可以说是通过小学阶段的科学课程学习所要达到的预期学习结果。小学科学课程目标是对小学阶段科学课程学习应该达到的基本要求的规定，是小学科学课程内容设计、实施、评价的重要依据。因此，小学科学教师应该正确理解小学科学课程目标，为开展有效的科学教学与评价奠定基础。

## 交流与讨论

　　请快速浏览《小学科学课程标准》第二部分"课程目标"，然后讨论如下问题：

（1）如何认识和理解小学科学课程总目标？

（2）小学科学课程目标体系是怎样设计的？总目标与分目标、学段目标的关系是什么？

## 一、小学科学课程目标的体系结构

　　《小学科学课程标准》第二部分"课程目标"指出："小学科学课程的总目标是培养学生的科学素养，并为他们继续学习、成为合格公民和终身发展奠定良好的基础。""本标准分别从'科学知识''科学探究''科学态度''科学、技术、社会与环境'四个方面阐述具体目标。"进一步研究小学科学课程四个方面的具体目标可以发现，课程标准分别给每一个方面提出了总目标和学段目标。这里，我们可以把四个方面的目标看成小学科学课程的分目标，包括"科学知识""科学探究""科学态度""科学、技术、社会与环境"。因此，总目标实际上是对分目标的总括陈述。学段目标包括1~2年级、3~4年级、5~6年级，是对每一个分目标在不同学段的具体要求。科学知识目标包括物质科学、生命科学、地球与宇宙科学、技术与工程四个领域。其中，技术与工程是《小学科学课程标准》新增设的领域，充分反映了当前国际科学教育改革的新趋势——STEM 教育的新理念，是此次课程标准修订的一大亮点之一。科学探究目标包括八个要素，即提出问题、作出假设、制订计划、搜集证据、处理信息、得出结论、表达交流、反思评价。科学态度目标包括四个维度，分别为探究兴趣、实事求是、追求创新、合作分享。科学、技术、社会与环境目标包括三个方面，分别为科学技术与日常生活的联系、科学技术与社会发展的联系、人类与自然和谐相处，这一目标也是新增加的，体现了国际 STSE 教育的理念；同时，与《义务教育初中科学课程标准（2011 年版）》的课程分目标相衔接。

综上所述，《小学科学课程标准》课程目标的体系结构由课程总目标、课程分目标、课程学段目标三个层次构成。第一个层次是小学科学课程的总目标——培养学生的科学素养，包括六个方面的概括性陈述，对小学科学课程的具体内容标准以及课程实施建议起着顶层设计的作用。第二个层次是小学科学课程的分目标（四个方面），是小学科学课程总目标的具体化，是科学素养的组成要素。其中，科学知识目标、科学探究目标、科学态度目标分别包括四个方面，科学、技术、社会与环境目标包括三个方面。第三个层次是小学科学课程的学段目标，是对各个分目标的进一步细化。通过以上分析不难发现，小学科学课程总目标决定课程分目标，课程分目标决定学段目标。反过来讲，课程学段目标细化课程分目标，课程分目标体现课程总目标。它们之间相互联系、相互作用、相互渗透、相互影响。小学科学课程目标的体系结构可用图 2-1 表示：

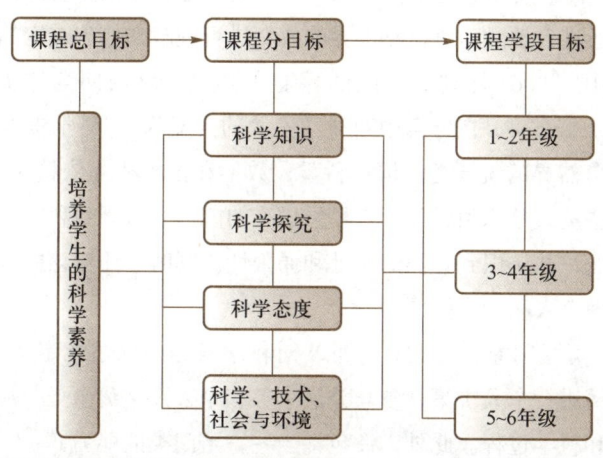

图 2-1　小学科学课程目标的体系结构

交流与讨论

《小学科学课程标准》的课程目标设计与《小学科学课程标准》（实验稿）的课程目标设计有何异同？如何理解这些变化？

## 二、对小学科学课程目标的理解

### （一）关于科学素养

科学素养是自 20 世纪 50 年代以来国际中小学科学教育改革发展过程中具有里程碑意义的重要理念，它对中小学科学教育观念、科学课程设计、科学教学与评价方式等变革产生了前所未有的积极影响。无论是当代科学教育最富影响的科学教育革新计划，比如美国"2061 计划"（1985）、《国家科学教育标准》（1996），英国《国家科学课程》（1999），还是我国新世纪的基础教育科学课程标准（2001，2011，2017），无不把培养科学素养作为科学教育的中心目标。当前，有关科学素养培养的理论研究与实践探索方兴未艾。作为一名小学科学教师，有必要对科学素养的内涵及其教育价值有深刻的认识，并在小学科学教学中努力践行。

#### 1. 科学素养的含义

自 20 世纪 50 年代以来，科学素养作为科学教育的重要目标与核心理念，一直是国际科学教育界研究的热点问题。纵观有关科学素养的研究文献资料，我们会发现人们对其含义的探讨可以说是经久不衰，推陈出新。由于不同的研究者对科学素养的研究聚焦在不同层面，因而他们对科学素养的界定也不尽相同。因此，关于什么是科学素养至今没有一个统一的说法，可谓仁者见仁，智者见智。下面介绍几种典型的比较官方的有关定义。

经济合作与发展组织（Organization for Economic Co-operation and Development, OECD）定义：科学素养是运用科学知识，确定问题和作出具有证据的结论，以便对自然世界和通过人类活动对自然世界的改变进行理解与作出决定的能力。

1989 年美国"2061 计划"出版的核心著作之一《面向全体美国人的科学》（*Science for all Americans*）在导言中对科学素养的定义为："科学素养是指人们熟悉自然界，尊重自然界的统一性；懂得科学、数学和技术相互依赖的一些重要方法；了解科学的一些重大概念和原理；有科学思维的能力；认识到科学、数学和技术是人类共同的事业，并认识到它们的长处和局限性。同时，还应该能够运用科学知识和思维方法处理个人和社会问题。"[1]

1996 年，《美国国家科学教育标准》对科学素养的描述性定义为："科学素养是指了解和深谙进行个人决策、参与公民事务和个人及文化事务、从事经济生产所需的科学概念和科学过程。此外，还包括一些特定门类的能力。"[2]

2015 年，国际学生评估项目 PISA（Programme for International Student Assessment）在科学评估框架草案中将科学素养定义为：科学素养是指作为一个具有反思意识的公民能够参与讨论与科学相关的问题，提出科学见解的能力，包括科学地解释现象

---

[1] 美国科学促进协会. 面向全体美国人的科学 [M]. 中国科学技术协会，译. 北京：科学普及出版社，2001.

[2] 美国国家研究理事会. 美国国家科学教育标准 [M]. 戴守志，金庆和，梁静敏，等译. 北京：科学技术文献出版社，1999.

的能力、评价和设计科学探究的能力、科学地解释数据和证据的能力。[1]

我国的《小学科学课程标准》对科学素养的定义为：科学素养是指了解必要的科学技术知识及其对社会与个人的影响，知道基本的科学方法，认识科学本质，树立科学思想，崇尚科学精神，并具备一定的运用它们处理实际问题、参与公共事务的能力。

拓展阅读：
核心素养、学科
核心素养、科学
学科核心素养

2. 科学素养概念的由来与发展

科学素养既是科学教育的核心理念，也是科学教育的重要目标。它的提出至今有 60 余年的历史，其内涵经历了一个不断发展变化和完善的过程。

（1）20 世纪 50 年代的科学素养观

1952 年，美国哈佛大学校长、有机化学家科南特（J. B. Conant）在《科学中的普通教育》一书中第一次使用"科学素养"（scientific literacy）这一术语。他认为，被人们称为"专家"的那些人，其最大的特点是他们具有"科学素养"。

1958 年，美国斯坦福大学科学教育专家赫德（P. D. Hurd）最早尝试给"科学素养"下定义，在其撰写的《科学素养：对于美国学校的意义》一文中提出，科学素养就是"对于科学与科学应用于我们社会经验里的了解"。

从此以后，人们开始关注科学素养的培养问题，"培养科学素养"作为科学教育的口号常常被提及。

（2）20 世纪 60 年代的科学素养观

1964 年，美国国家科学教师协会（National Science Teachers Association，NSTA）的课程委员会发表了题为《从理论到实践》的著名文件，文件主张"科学教学必须培养出具有科学素养的公民"。这表明科学素养已经从一种口号开始向科学教学目标演进。

1966 年，美国科学教育学者佩拉（Pella）、欧赫姆（O'hearn）和格尔（Gale）等人在对 1946 至 1964 年的大量科学和教育文献调查研究的基础上，发表了题为《介绍科学素养》的文章，提出以"科学素养"为核心的科学教育目标，应包括 6 个基本方面：[2]

概念性知识——科学的主要概念、体系和科学观念；

科学的本质——科学探究的方法论；

科学的伦理——科学所具有的价值标准，即作为科学家的行为规范，也称为科学态度和科学精神；

科学与人文——科学与政治、文学、艺术、宗教等文化诸要素的关系；

科学与社会——科学与政治、经济、产业等社会各方面的关系；

科学与技术——科学与技术的关系和差异。

（3）20 世纪 70 年代的科学素养观

---

[1] 刘克文，李川. PISA 2015 科学素养测试内容及特点 [J]. 比较教育研究，2015，37（7）：98-106.
[2] Pella M O, O'hearn G T, Gale C W. *Referents to scientific literacy* [J]. Journal of Research in Science Teaching, 1966, 4（3）: 199-208.

1971 年美国国家科学教师协会发布的"70 年代的学校科学教育"报告明确指出，美国科学教育的中心目标是面向所有学生，培养具有科学素养的人；提出了四大方面的要求：

① 在日常生活中处理有关人与社会环境的问题和实际问题的适用性意义时，能正确运用科学概念、探究技能和秉持科学固有的价值观；

② 形成科学知识，能理解科学的探究过程；

③ 能认识社会繁荣之中的科学技术的有用性与限度；

④ 能认识科学技术与其他社会方面的关系。

1974 年索瓦特（Showalter）认为科学素养教育的内容由 7 大要素构成，包括：科学的本质、科学的概念、科学的过程、科学的价值观、科学与社会的联系、科学的兴趣、跟科学有关的技能。

（4）20 世纪 80 年代的科学素养观

1981 年英国科学教育学会（Association for Science Education，ASE）建议学校的科学素养教育目标包括以下 6 个方面：

① 通过知识的学习过程理解科学概念、原理及定律；

② 通过实验活动和实践考察活动，运用科学方法并获得科学的技能与手段；

③ 灵活运用科学知识和科学方法，发展主动学习、解决实际问题及传达信息的能力；

④ 建立认识世界的科学观点；

⑤ 理解科学技术在社会中的特征和科学与社会的关系，认识科学的贡献和历史发展；

⑥ 理解科学知识与经验在社会认同中的价值。

1983 年，美国在具有世界影响的报告——《国家处在危急之中：教育改革势在必行》中明确建议科学教育的目标是培养一代具有科学素养的美国人；提出科学课程不仅要为那些准备升学的学生，更要为那些不打算升学的学生开设。这表明科学课程应该满足所有学生的需要，科学素养培养应作为国家教育优先发展的方向。

1989 年，美国科学促进协会（American Association for the Advancement of Science，AAAS）发布"2061 计划"的第一份研究报告《面向全体美国人的科学》。该报告对什么是科学素养、科学素养的必要性等进行了陈述，并且提出了一系列建议，全面介绍了学生在从幼儿园到高中毕业的学习之后应该具备什么样的科学素养的具体内容。

（5）20 世纪 90 年代的科学素养观

1993 年，美国科学促进协会出版了《科学素养的基准》（*Benchmarks for Science Literacy*）。它是《面向全体美国人的科学》的姊妹篇。该书更着重探讨了怎样使学生朝着具有科学素养的目标进步，并对某一特定的年级应该达到的标准提出了建议。《科学素养的基准》主要内容如下：

| 科学的性质 | 生存环境 | 数学世界 |
| 数学的性质 | 人类机体 | 历史的角度 |

| 技术的性质 | 人类社会 | 通用概念 |
| 自然环境 | 设计的世界 | 思维习惯 |

1996 年，美国国家研究理事会（National Research Council，NRC）出版了美国历史上第一部《国家科学教育标准》。该标准详细描绘了使每个人都具有良好的科学素养的科学教育应该是什么样子。这部标准不仅指明了最终的目标，还指明了达到此目标所要走的具体路线。该标准提出的科学素养内容体系如下：科学统一的概念与过程；探究的过程；物质科学；生命科学；地球与空间科学；科学与技术；个人与社会观点的科学；科学的本质与科学史。

1999 年，英国颁布的《国家科学课程》将科学教育目标概括为 6 个方面：

① 使学生了解科学概念；

② 训练科学研究方法；

③ 建立科学和其他知识的联系；

④ 了解科学对社会的贡献；

⑤ 认识科学教育对个人发展的贡献；

⑥ 认识科学知识的本质。

交流与讨论

通过以上阅读，你对科学教育中的科学素养有哪些认识？

根据上述内容，我们小结如下：

（1）尽管各个时期，不同的群体或学者对科学素养的内涵有着不同的理解，科学素养的内涵随着科学技术的发展也在不断地变化，但科学素养的核心内容是基本一致的。

（2）科学素养应包括科学知识、科学过程与方法、对科学本质的理解、科学情感态度与价值观以及科学技术与社会的关系等方面。这些方面相互作用，相互联系，构成了科学教育的核心内容。

（3）科学素养的结构与它的定义一样，有着丰富的内容。结构往往不是单一维度的，而是由多个维度组成的，但几乎都包含科学知识、科学方法、科学能力以及科学、技术和社会的相互关系等方面的内容，也是动态变化的。科学素养教育是以学习者的全面发展为根基的教育，它注重学习科学知识、掌握科学方法，但更注重强调理解科学的本质、认识科学的过程和培养科学探究能力。

（4）科学素养教育是以人为本、促进学习者形成科学人性和科学品质的教育，它高度重视科学意义、科学功能、科学观念和科学精神的教育，强调通过开展各类探究性的教育活动来培养学习者的参与意识、合作精神、科学态度、科学价值观，让他们领悟科学的思想、科学的精神，丰富科学人性，逐步养成科学的素养。

（5）科学教师要理解科学素养的内涵与构成，理解科学素养的学段目标，科学设计学段教学目标，实施基于科学素养的教学与评价，从而实现培养学生科学素

拓展阅读：
科学素养的结构
模型

养的总目标。

为什么《小学科学课程标准》把培养学生的科学素养作为小学科学课程的总目标?

### （二）关于科学本质

拓展阅读:
美国、原欧共体国家和中国公众科学素养水平的比较

#### 1. 科学本质教育的由来与发展

科学本质（nature of science）也是科学教育的核心概念之一。在现代科学教育的发展中，把理解"科学本质"作为科学教育的一项基本要求提出来，是在 20 世纪 60 年代的科学教育现代化运动之中。20 世纪 60 年代初，美国科学教育专家佩拉、欧赫姆等人在研究大量科学文献的基础上指出，为了扩展学校科学教育的目标范围，应把促进学生理解"科学的本质""科学的概念知识""科学的伦理"同时作为培养科学素养的基本内容。[①] 之后，科学本质教育成为国际科学教育课程与教学研究的重要课题。1989 年美国在其"2061 计划"的专题报告《面向全体美国人的科学》和 1993 年《科学素养的基准》中都明确把理解科学本质作为培养科学素养的基本构成内容，1996 年，美国《国家科学教育标准》的"科学内容标准"把"科学史与科学本质"作为八个内容之一。1999 年，英国《国家科学课程》把"认识科学的本质"作为科学课程的重要目标。我国的《小学科学课程标准》（实验稿）在前言中指出"通过科学教育使学生逐步领会科学的本质""积极倡导让学生亲身经历以探究为主的学习活动，培养他们的好奇心和探究欲，发展他们对科学本质的理解"。我国《义务教育初中科学课程标准（2011 年版）》将"引导学生逐步认识科学的本质"作为初中科学课程的基本理念。《小学科学课程标准》把"认识科学本质"作为科学素养的重要内容。事实上，认识、理解科学本质作为科学教育的重要理念、科学素养的重要组成部分，已经成为当代科学教育课程标准的重要内容而加以强调。

#### 2. 科学本质的内涵

科学本质是一个内涵十分丰富的概念。人们对科学本质的认识随着科学本身的发展，以及科学教育、科学哲学、科学史、科学社会学、科学心理学等研究领域的发展而不断演变与深化。这里仅从科学教育的视角介绍科学本质的内涵。目前比较公认的是美国科学促进协会制定的"2061 计划"中关于科学本质教育的内涵界定，主要包括"科学世界观""科学探究""科学事业"三个维度。其具体构成如下:

（1）科学世界观（scientific world view）

① 自然界是可认识的；② 科学知识是可改变的；③ 科学知识并非很容易被推翻；④ 科学无法为解决任何问题提供答案。

---

① 彭蜀晋，林长春.科学教育论［M］.成都:四川人民出版社，2002.

（2）科学探究（scientific inquiry）

① 证据对科学而言是重要的；② 科学是逻辑与想象的共构体；③ 科学知识除了能说明自然界现象外，也具有预测的功能；④ 科学家会对科学理论试探性地验证，以尽量避免误差；⑤ 科学知识并不具有永久性的权威地位，常态科学会影响科学的研究方向，必要时会产生科学革命（scientific revolutions）。

（3）科学事业（scientific enterprise）

① 科学是许多不同科学领域的集合；② 科学事业由各种机构来承担，如政府、产业界、大学等；③ 各领域的科学家活跃于世界各地；④ 科学活动受到社会价值观的影响；⑤ 科学知识因信息传播的发达而促进着科学的进步；⑥ 从事科学工作必须考虑伦理原则；⑦ 科学家既是专家也是公民，科学家利用科学思维的特性来解决公众事务。

继"2061 计划"之后，美国于 1996 年公布的《美国国家科学教育标准》也明确提出了各学段学生理解"科学本质"的具体"标准"，例如，针对 5~8 年级的"科学本质"教育，就要求学生领会下列观念性的内容：

① 科学家利用观察、实验、理论及数学方法来形成和检验他们对自然界现象所提出的解释；② 科学知识是暂时性的，可以被改变，但大部分的科学知识是经过无数次的实验与观察所产生的，所以这些知识不会轻易被推翻；③ 科学家在面对与现实理论不相符的新证据时，会改变他原先所持有的看法；④ 不同的科学家对于同一个科学现象，可能会产生彼此冲突的实验结果，或是从相同的资料中得出不同的结论，而针对此种状况最好的解决办法是科学家们合作以解决他们的分歧；⑤ 对已提出的科学研究、实验、观察及理论模型等成果进行评价，也是科学探究的一个部分；⑥ 与科学有关的争议性问题，可通过科学家之间的协作来加以解决。

（三）关于科学知识

拓展阅读：
科学哲学流变与科学本质内涵发展①

交流与讨论

请阅读《小学科学课程标准》中的"科学知识目标"内容，然后讨论如下问题：

（1）如何理解科学知识总目标？

（2）科学知识目标的体系是怎样设计的？科学知识总目标与学段目标的关系是什么？

1. 科学知识总目标与学段目标

科学知识包括科学概念、原理、规律等内容，是科学素养的重要组成部分。进入 21 世纪以来，随着学习理论、学习科学、神经教育学等研究的不断深入，有关核心概念、大概念、学习进阶等科学教学新理论的研究取得了实质性进展，有了

---

① 黄晓. 体现科学本质的科学教学：基于 HPS 的视角 [M]. 北京：人民出版社，2014.

丰硕的成果。《小学科学课程标准》的科学知识目标设计充分吸收了上述研究成果，一方面，基于小学科学课程的综合性特征，将科学知识设计为物质科学、生命科学、地球与宇宙科学、技术与工程四个领域。"科学知识总目标"包括 4 条：（1）了解物质的基本性质和基本运动形式，认识物体的运动、力的作用、能量、能量的不同形式及其相互转换。（2）了解生物体的主要特征，知道生物体的生命活动和生命周期；认识人体和健康，以及生物体与环境的相互作用。（3）了解太阳系和一些星座；认识地球的面貌，了解地球的运动；认识人类与环境的关系，知道地球是人类应当珍惜的家园。（4）了解技术是人类能力的延伸，技术是改变世界的力量，技术推动着人类社会的发展和文明进程。另一方面，《小学科学课程标准》根据不同年龄段学生思维发展的特点和科学学科的特点，把小学 6 年学程分为 1~2 年级、3~4 年级、5~6 年级三个学段，基于核心概念的学习进阶分别设计了各个学段的科学知识目标。

2. 科学知识目标的体系结构

如前所述，"科学知识总目标"分别是对物质科学、生命科学、地球与宇宙科学、技术与工程四个领域的科学知识学习目标进行具体描述，规定了小学 6 年学程应该了解的科学知识。"科学知识学段目标"则分别设计为：1~2 年级的学段目标主要是认识具体事物的外部特征，3~4 年级的学段目标主要是知道事物的性能、作用、分类、原因和规律等，5~6 年级的学段目标主要是了解事物的结构、功能、变化与相互关系等。整个学段目标设计充分反映了小学生的思维发展特点，即由具体的形象思维向抽象逻辑思维发展。科学知识目标的体系结构如图 2-2 所示：

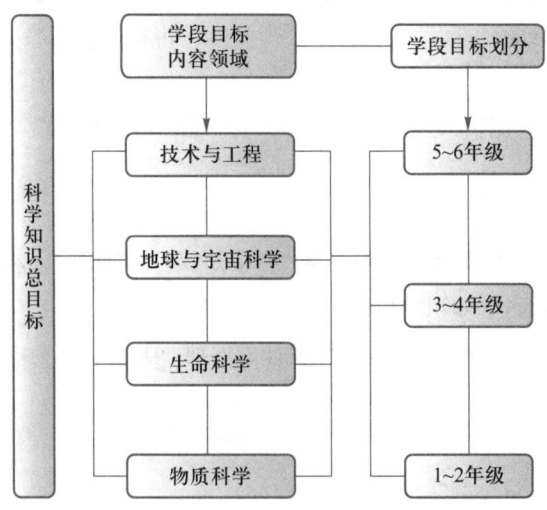

图 2-2  科学知识目标的体系结构

（四）关于科学探究

1. 什么是科学探究

科学探究（scientific inquiry）也是科学教育的核心概念之一，自 20 世纪 60 年代以来，科学探究作为科学教育的重要教学方式与学习方式备受国际科学教育界的高度关注。那么什么是科学探究呢？目前科学教育学术界比较认同美国《国家科学教育标准》（1996）的定义，它指出：科学探究指的是科学家们用以研究自然界并基于此种研究获得的证据提出种种解释的多种不同途径。科学探究也指学生们用以获取知识、领悟科学的思想观念、领悟科学家们研究自然界所用的方法而进行的各种活动。[①]

拓展阅读：
科学探究教学的
历史演变

**[案例 2-2] 人造金刚石的诞生——体会科学家的探究过程**

有一次，法国化学家莫瓦桑（Henri Moissan，1852—1907）准备进行一项化学实验，需要用一种镶有金刚石的特殊器具。实验前各项工作都准备好了，但那昂贵器具却被偷了。这桩意外事件使莫瓦桑萌生了一个念头：天然金刚石如此稀少而昂贵，如果能人工制造金刚石，该有多好！

在翻阅了许多资料后，莫瓦桑了解到金刚石的主要成分是碳。关于碳是如何形成金刚石的，在这方面研究的成果很少。经过查阅资料、与专家讨论和自己的多次思考，莫瓦桑终于在头脑中形成了制取金刚石的设想："金刚石的主要成分是碳。陨石里含有少量金刚石，而陨石的主要成分是铁。我们的实验计划是：把程序倒过去，把铁熔化后加入碳，使碳处在高温高压状态下，看能不能生成金刚石。"

拓展阅读：
科学探究的教育
价值

第一次实验失败了，莫瓦桑认真总结实验，找出问题的症结所在，第二次再来……经过无数次的反复探索，1893 年的一天，莫瓦桑的实验室里终于爆发出一阵激动的欢呼声，大家紧紧地拥抱在一起：成功了！

从此，人造金刚石诞生了。[②]

交流与讨论

科学家的探究与学生的探究的区别和联系。

交流与讨论

请阅读《小学科学课程标准》中的"科学探究目标"内容，讨论如下问题：

（1）如何理解科学探究总目标？

（2）科学探究目标的体系是怎样设计的？科学探究总目标与学段目标的关系是什么？

**2. 科学探究总目标与学段目标**

《小学科学课程标准》提出了"科学探究总目标"，包括 4 条：（1）了解科学探究是获取科学知识的主要途径，是通过多种方法寻找证据、运用创造性思维和逻

---

[①] 美国国家研究理事会. 美国国家科学教育标准 [M]. 戢守志，金庆和，梁静敏，等，译. 北京：科学技术文献出版社，1999.

[②] 王祖浩，王磊. 义务教育化学课程标准（2011 年版）解读 [M]. 北京：高等教育出版社，2012.

辑推理解决问题,并通过评价与交流等方式达成共识的过程。(2)知道科学探究需要围绕已提出和聚焦的问题设计研究方案,通过收集和分析信息获取证据,经过推理得出结论,并通过有效表达与他人交流自己的探究结果和观点;能运用科学探究方法解决比较简单的日常生活问题。(3)初步了解分析、综合、比较、分类、抽象、概括、推理、类比等思维方法,发展学习能力、思维能力、实践能力和创新能力,以及运用科学语言与他人交流和沟通的能力。(4)初步了解通过科学探究达成共识的科学知识在一定阶段是正确的,但是随着新证据的增加,会不断完善和深入,甚至会发展变化。

其中,(1)和(4)属于对科学探究的理解。对科学探究的理解是对科学本质认识的一个重要方面,主要体现在对科学知识的产生过程及其发展变化的理解上。(2)主要是提高科学探究能力,要求学生知道提出和聚焦问题、设计探究方案、收集证据(观察、实验等)、分析信息、得出结论、表达与交流等是科学探究过程的基本环节,从而学习科学探究的过程、方法,逐步形成科学探究能力。(3)要求学生通过科学探究发展各种能力,包括学习能力、思维能力、实践能力和创新能力等。在当前的科学探究教学中,大多数教师关注探究的形式和过程,对学生的思维能力、创新能力培养等重视不够。《小学科学课程标准》首次提出发展学生的这些复杂能力。

《小学科学课程标准》在科学探究学段目标中提出了科学探究的 8 个要素,包括提出问题、作出假设、制订计划、搜集证据、处理信息、得出结论、表达交流、反思评价。需要指出的是,这 8 个要素构成了科学探究的基本过程,但是在科学课程教学中教师不能将其完全程序化,而是要视情况灵活处理。

(1)提出问题

任何科学探究都始于问题,提出问题是科学发现的第一步。正如爱因斯坦所说,提出一个问题往往比解决一个问题更重要。提出问题是探究得以继续进行的基础,它处在探究过程的核心地位。[①] 因此,在科学探究教学中,提出问题是重要而关键的环节。教师要善于创设情境,激发学生的好奇心,引导学生提出和聚焦有探究价值的问题。

(2)作出假设

学生提出问题以后,往往需要对问题的答案进行猜想、预测、推理,提出假设,然后设计实验,搜集证据对提出的假设加以验证,最后得出是否支持假设的结论。提出假设实际上是学生尝试将已有的科学知识或者科学事实或者生活经验与提出的问题相联系,从而对探究的方向和可能的结果提出一种推测或猜想。在科学研究中,作出假设是提出假说的基本环节。假说方法是一种重要的科学方法,科学上许多重要的发现都是在科学家提出的科学假说基础上经过实验检验以后确立的。

① 美国国家科学基金会教育与人力资源部中小学及校外教育处. 探究:小学科学教学的思想、观点与策略 [M]. 罗星凯,等,译. 北京:人民教育出版社,2003.

（3）制订计划

学生在作出假设以后，需要用搜集科学事实、数据等证据来支持自己提出的假设是否成立，为此，需要制订探究计划或者方案。探究计划的制订主要是实验方案设计，主要包括实验材料选择、实验装置与操作步骤的构思，以及观察、实验、记录、变量控制等方法的应用。

（4）搜集证据

证据对科学探究而言非常重要，它对于检验猜想或者假设、归纳现象的规律和特征，甚至发现新的科学问题具有关键意义。搜集证据的过程实际上是实施探究计划的过程。在小学科学探究式教学中，教师要培养学生的证据意识，同时教会学生通过观察、实验、测量、查阅资料、调查等方式搜集科学事实、数据等科学证据。

（5）处理信息

通过观察、实验等环节搜集到的证据，在本质上属于相关事物或者现象的信息，而这些信息是零散的，甚至是杂乱的。为了获得对这些信息的简明、清晰的陈述，我们必须对多种多样的信息进行选择，应用科学语言、图表、符号、概念图等方式对获得的科学事实、数据、现象等信息进行分析与整理，进行恰当的表述。

（6）得出结论

科学研究始于问题，终于问题。科学探究的最终目的是解决问题。因此，得出结论是科学教学必须追求的。以往的小学科学只重视过程、轻视结果的倾向是错误的。教师要引导学生将获得的证据与科学知识建构结合起来，力求通过应用分析、比较、分类、推理、归纳、概括等科学逻辑方法得出探究结论，判断结论与假设的一致性，建立科学概念。

（7）表达交流

交流与合作能力是21世纪的重要能力之一。科学探究教学中的表达交流一方面是学生将自己的探究过程与结果向其他同学进行陈述、公布、发表，以便接受他人的质疑、评价，达成对探究结果的共识；另一方面，也是不同学习小组通报探究信息，实现信息共享，促进个体学习。表达与交流可以通过语言、科学用语、概念图、图画、图表、模型、角色扮演、科学小论文、调查报告等方式进行。教师应该鼓励学生积极采用多种方式进行表达与交流。

（8）反思评价

科学探究并不能保证都获得成功，也不能保证一次性探究就得出正确结论。如果由证据得到的结果与猜想、假设不一致，我们就需要检验、反思和评价猜想或假设是否有问题，搜集证据的方法和探究的过程是否有问题，然后提出改进的方法，重新进行探究，直到得出正确的结论。事实上，在每一次科学探究活动中，教师都要引导学生对探究过程与方法、成功经验与失败教训等进行反思与评价。反思评价有利于自己形成认知策略，提高元认知能力。[①]

---

[①] 刘恩山. 义务教育小学科学课程标准解读［M］. 北京：高等教育出版社，2017.

拓展阅读：
科学史上的科学
探究

拓展阅读：
中小学科学探究
教学中的科学过
程技能

### 3. 科学探究目标的体系结构

《小学科学课程标准》把"科学探究目标"设计为"科学探究总目标"和"科学探究学段目标"。其中，"总目标"包括 4 条，如前所述。"学段目标"将小学 6 年学程分解为 1~2 年级、3~4 年级、5~6 年级三个学段。每一个学段目标内容都涉及科学探究的 8 个要素。由于小学生在不同学段的思维发展、知识水平、能力水平存在差异，因此，即使是同一个探究要素，不同学段学生达到的程度或者目标要求也是不一样的。这里实际上呈现出低、中、高三种水平的差异，即在低年级，对学生的科学探究目标要求较低，需要教师的支持和帮助较多；在高年级，对学生的科学探究目标要求较高，需要教师的支持和帮助减少。科学探究目标的体系结构如图 2-3 所示：

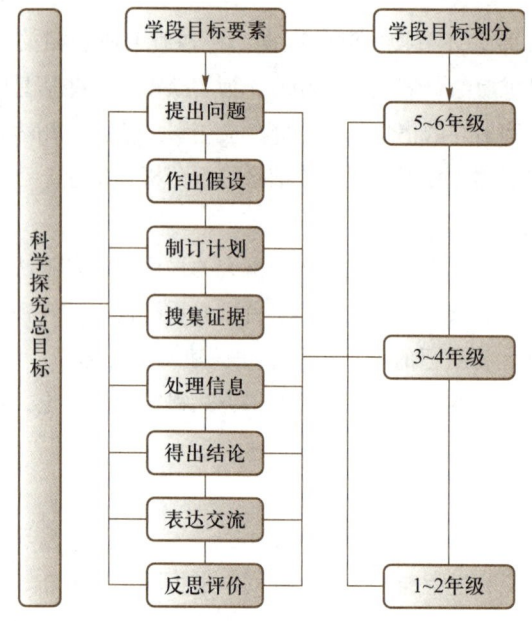

图 2-3　科学探究目标的体系结构

## （五）关于科学态度

### 交流与讨论

请阅读《小学科学课程标准》中的"科学态度目标"，讨论如下问题：

（1）如何理解科学态度总目标？

（2）科学态度目标的体系是怎样设计的？科学态度总目标与学段目标的关系是什么？

"科学态度目标"是《小学科学课程标准》新增加的内容，是在《小学科学课程标准实验稿》"情感态度与价值观"目标中"对待科学学习、对待科学，对待科学、技术与社会的关系、对待自然"基础上调整后设定的。事实上，科学态度作为科学素养的一个重要维度，一直是国际科学教育研究和关注的主题之一。小学科学课程标准修订单独强调科学态度目标，充分借鉴了国际科学教育改革发展的经验及我国小学科学教育改革的实践需要。

1. 科学态度的内涵

科学态度的内涵较为丰富，国内外很多学者对科学态度做了大量的研究，从多视角、多方面来分析科学态度在面向不同对象和目的时其内涵和外延也不尽相同。在国外文献中常用的词语有 science attitude、scientific attitude、science-related attitude、attitude toward science 等。

（1）科学态度的含义

1975 年，澳大利亚学者加德纳（Gardner）将科学态度划分为"科学的态度"（scientific attitude）与"对于科学的态度"（attitude toward science）两类。所谓"科学的态度"一般认为与科学思维和科学方法有关，较偏向认知的部分，是一种品质或是科学家研究治学的方式，包括强烈的求知欲和好奇心，勤于反思、质疑，善于探究、讲究逻辑推理，实证研究等严谨的治学求知的态度等，也被认为是学习科学的基本条件。而"对于科学的态度"则更偏向情意，主要指对于与科学及科学学习相关的人、事、关系，包括科学本质、学校科学教育、科学教师、科学价值、用途、责任及科学家等的评价。[①]

"科学的态度"指的是个体在处理生活问题的进程中具有和科学家研究问题时一样的态度，属于认知层面的内容。具体而言就是，个体在探究与科学有关的活动时，所采用的处理问题和评价事物的具体方式。

"对科学的态度"是个体在科学学习过程中，在与相关的人物、事物、信息、环境等的接触或相互作用过程中，逐渐形成的对这些科学研究对象的认识、感觉、信念、意见等，偏向情意方面。"对科学的态度"会对科学及与之有关的行为的看法产生影响，进而使个体在其所进行的科学研究学习中表现出喜好的差异以及喜好程度的不同。

科学态度是指个人在探究科学知识与解决问题时，能运用科学的方法、思考模式，并将之应用到日常生活行为上的意愿、倾向及处置的方法之总称。[②]

科学态度通常是指人们遵循科学活动的法则，或者科学群体的约定规范，在科学活动或社会行动中从事工作所表现出来的一种稳定性行为倾向或意愿。[③]

（2）科学态度的构成要素

① 以解决问题过程为核心的科学态度构成要素

巴纳德（Barnard）与奥伯恩（Obourn）对此作了研究，他们在所提出的"问题解决法"（problem-solving method）中，以问题解决的行为分析为出发点，认为

---

① P. L. Gardner. Attitudes to Science: A Review [J]. Studies in Science Education, 1975 (2): 1-41.
② 蔡锦丰，陈嘉弥. LEGO NXT 提升小学学童科学态度之研究 [J]. 屏东教育大学科学教育，2009 (29)：30-41.
③ 彭蜀晋，林长春. 科学教育论 [M]. 成都：四川人民出版社，2002.

在科学教育中培养科学态度应和培养学生分析、解决问题的能力同步，并指出科学态度具体由五大方面构成：

追究事实产生的原因；

在研究中对与问题相关知识和他人意见不抱偏见；

根据证据阐述意见和结论；

运用技术和方法评价有分歧的见解；

保持对所观察事物的好奇心。

戴德瑞奇（Diederich）则从广义解决问题的角度，把科学态度分为 20 个基本方面[①]：

怀疑的态度；对解决问题可能性的信念；对实验验证的期望；正确性；对新事物的喜爱态度；不拘泥于改变意见的态度；谦逊的态度；对真理的置信；客观的态度；对迷信反感的态度；喜爱科学说明的态度；对知识作全面要求；保留判定的态度；区别假说与问题解决的态度；意识设想的态度；从基本的为什么出发判断一般意义的态度；尊重理论构造的态度；尊重数量化的态度；接受容纳或然性的态度；接受容纳作为一般法则的正当理由的态度。

② 从心理和科学两个层面建构的科学态度内容体系[②]

意识性态度：客观的态度；谦逊、认真的态度；坚持真理。

典范性态度：尊重科学规律；尊重科学事实；批判的态度：不抱偏见。

行为性态度：实事求是；精益求精；追根求源；尊重他人意见；合作沟通。

③ PISA 2006 科学态度的测评维度

PISA 2006 有关科学态度的测评主要有两个向度：一是测试学生对于学习科学的兴趣，一是调查学生对于此项科学的支持度。具体包括以下 4 个方面[③]：

支持科学探究（support for scientific enquiry）；

自信成为科学的学习者（self-belief as science learner）；

科学学习兴趣（interest inscience）；

对资源与环境的责任（responsibility towards resourcesand environments）。

2. 科学态度总目标与学段目标

《小学科学课程标准》提出的科学态度总目标包括 4 条：（1）对自然现象保持好奇心和探究热情，乐于参加观察、实验、制作、调查等科学活动，并能在活动中克服困难，完成预定的任务。（2）具有基于证据和推理发表自己见解的意识；乐于倾听不同的意见和理解别人的想法，不迷信权威；实事求是，勇于修正与完善自己的观点。（3）在科学学习中运用批判性思维大胆质疑，善于从不同角度思考问题，追求创新。（4）在科学探究活动中主动与他人合作，积极参与交流和讨论，尊重他人的

① 森川久雄. 科学教育要论（日文版）[M]. 东洋馆出版社，1973.

② 彭蜀晋，林长春. 科学教育论 [M]. 成都：四川人民出版社，2002.

③ 张钿富，吴慧子，吴舒静. 区域文化影响 PISA 科学表现与科学态度：分析其差异与关联 [J].（台湾）教育资料与研究，2011（6）：125-146.

情感和态度。根据上面对科学态度的内涵界定，我们可以发现，（1）（3）属于"科学的态度"，偏向认知层面的内容；（2）（4）属于"对科学的态度"，偏向情意方面。

《小学科学课程标准》提出的科学态度学段目标包括探究兴趣、实事求是、追求创新、合作分享 4 个维度。4 个维度的内容全部分解到小学 6 年的科学课程学习中，根据学生年龄特征分为 1~2 年级、3~4 年级、5~6 年级 3 个学段。

探究兴趣是指人力求认识、探究自然界奥秘或从事科学活动的心理倾向。它是学生在一定的科学探究需要的基础上，在科学探究与学习过程中形成和发展起来的。科学探究兴趣可以分为由低到高的 4 个层次，即直觉兴趣、操作兴趣、因果兴趣、理论兴趣。[①]

在《小学科学课程标准》"科学态度"的"探究兴趣"维度中，1~2 年级学生主要处于直觉兴趣水平，即对各种现象的自发兴趣；3~4 年级学生主要表现为操作兴趣和因果兴趣水平，表现出对现象发生的条件、过程和原因的探究兴趣；5~6 年级学生表现出对事物的结构、功能、变化及相互关系的探究兴趣水平，即表现为理论兴趣。

实事求是指从实际对象出发，探求事物的内部联系及其发展的规律性，认识事物的本质。实事求是一种治学态度和方法，最重要的是尊重证据，不迷信权威。《小学科学课程标准》把实事求是作为科学态度的一个维度，这既是科学态度的内涵，也是对当前国际上科学教育研究高度关注的"科学论证"（scientific argumentation）与"论证能力"的反映。科学论证是重要的科学活动，其特点在于基于证据的思维，要求人们形成基于实事求是的科学态度，具有基于证据和推理发表自己的见解。从国际比较的视角看，无论是国际大规模的科学素养测试还是各国科学课程，都重视对科学论证能力的考核。

在《小学科学课程标准》"科学态度"的"实事求是"维度中，1~2 年级学生要求具有实事求是的意识；3~4 年级学生要求能够基于证据坚持或者调整自己的观点；5~6 年级学生要求能够对不一致的结果分析原因，重新进行观察、实验，以事实为依据作出判断。

"科学态度"的第三个维度是追求创新。创新（innovation）是指人们为了发展需要，运用已知的信息和条件，突破常规，发现或产生某种新颖、独特的有价值的新事物、新思想的活动。创新需要创造性思维和创造性人格。创造性思维是以感知、记忆、思考、联想、理解等能力为基础，以综合性、探索性和求新性特征的高级心理活动。创造性思维本质是发散性思维，要求能从多角度、多侧面、多层次、多结构去思考，去寻找答案，既不受现有知识的限制，也不受传统方法的束缚。创造性思维具有广阔性、深刻性、独特性、批判性、敏捷性和灵活性等特点。创造性人格是指主体在后天学习活动中逐步养成，在创造活动中表现和发展起来，对促进人的成才和促进创造成果的产生起导向和决定作用的理想、信念、意志、情感、

---

① 刘恩山. 义务教育小学科学课程标准解读 [M]. 北京：高等教育出版社，2017.

情绪、道德等非智力素质的总和。斯滕伯格（Robert J. Stermberg）认为的创造性人格的要素有：（1）对含糊的容忍；（2）愿意克服障碍；（3）愿意让自己的观念不断发展；（4）活动受内在动机的驱动；（5）有适度的冒险精神；（6）期望被人认可；（7）愿意为争取再次被认可而努力。吉尔福特（J. P. Guilford）认为的创造性人格的要素有：（1）高度的自觉与独立性；（2）旺盛的求知欲；（3）强烈的好奇心；（4）知识面广，善于观察；（5）在工作中讲求理性与严格；（6）丰富的想象，敏锐的直觉，广泛的爱好；（7）幽默感，出色的文艺才能；（8）意志品质出众。

《小学科学课程标准》"科学态度"的"追求创新"维度，结合科学学科的特点和小学生年龄特点，要求 1~2 年级学生从多角度、多方式认识事物，这反映了创造性思维的流畅性和灵活性；强调 3~4 年级学生要采用多种材料、多种思路、多种方法完成科学探究，这体现了创造性思维的流畅性和灵活性，同时要求学生体会创新的乐趣，这反映了创造性人格特征；要求 5~6 年级学生有大胆质疑的人格特质，能够从不同视角提出研究思路，这反映了创造性思维的流畅性和灵活性；要求采取新方法，利用新材料完成探究、设计与制作，这反映了创造性思维的新颖性和独创性。

第四个维度是合作分享。合作分享是个体参与社会和科学议题的主要途径与方法，是人们 21 世纪必备的核心素养之一。学生在科学探究活动中应学会合作与分享，能在合作中创造性地解决问题，并与同伴分享快乐、互相激励、共同成长；能形成较强的团队意识、合作精神，从而利用合作性人际交往促成自己认知、情感的发展；能形成良好的心理品质，与同学之间互相学习、竞争、取长补短，这有助于学生创新性思维和发散性思维的培养。总之，合作与分享能创设有利于人际沟通与合作的教育环境，不仅能开发学生的智力因素，同时还能促进学生非智力因素的发展。在《小学科学课程标准》"科学态度"的"合作分享"维度中，1~2 年级学生主要能愿意倾听和表达观点；3~4 年级学生主要能接纳他人的观点，能分工合作探究；5~6 级学生主要能反思，愿意沟通，调整自己的探究，与他人达成共识。

3. 科学态度目标的体系结构

综上所述，《小学科学课程标准》中的"科学态度总目标"包括 4 个方面，"科学态度学段目标"包括 4 个维度，分解于 1~2 年级、3~4 年级、5~6 年级，其体系结构可用图 2-4 表示：

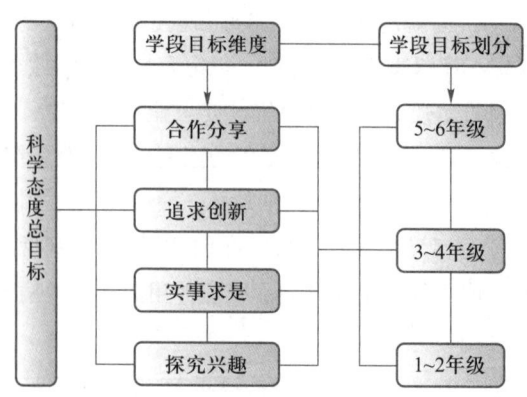

图 2-4　科学态度目标的体系结构

（六）关于科学、技术、社会与环境

"科学、技术、社会与环境目标"也是《小学科学课程标准》新增加的内容，是在《小学科学课程标准实验稿》"情感态度与价值观"目标中"对待科学、技术和社会的关系"的基础上完善与发展后形成的，也是国际科学教育改革发展趋势的时代反映。小学科学课程是以提高学生科学素养为宗旨的课程，具备一定的应用科学知识和方法处理实际问题、参与公共事务的能力是科学素养的基本组成部分，其前提是对科学、技术、社会与环境相互关系的理解。

1. 从 STS 教育、环境教育到 STSE 教育

STS 是科学（science）、技术（technology）、社会（society）三个英文单词的缩写。STS 研究和 STS 教育始于 20 世纪六七十年代的西方发达国家。科学技术迅速发展，带来了经济发达、社会繁荣、人们生活幸福，但与科学技术发展有关的重大社会问题（如环境、生态、人口、能源、资源等）也随之不断出现。为了解决这些问题，STS 研究和 STS 教育应运而生。1969 年，美国康奈尔大学设立了"科学、技术、社会计划"即 STS 计划，这标志着 STS 教育的诞生。1971 年斯坦福大学设立了"价值、技术、科学和社会计划"等。1982 年，美国科学教师协会发表了题为《科学、技术、社会：20 世纪 80 年代的科学教育》的报告，从理论上对 STS 教育的目标和意义作了论证和宣传。报告提出 STS 的教育目标是为应付科技和社会的挑战而培养具有科学素养的现代公民，并使他们能了解科学、技术和社会之间的相互影响，能应用 STS 知识于日常的决策之中。20 世纪 70 年代初，英国科学教育界为 14 至 16 岁（初中）学生设计了一项综合理科课程 SCISP（Schools Council Integrated Science Project）。这是人们第一次把科学的社会意义和技术应用真正作为课程核心来加以构建。1982 年，英国科学教育学会（ASE）也在《通过科学的教育》的著名报告中提出，理解科技社会的特征、认识科学与社会的关系、理解科学的社会价值应是科学教育的新目标。20 世纪 80 年代初蓬勃兴盛于美、英等国的 STS 教育产生了许多新型的 STS 课程计划和教材，如英国科学教育学会的 SIS（《社会中的科学》，1981）、SISCON（《社会脉络中的科学》，1983）、SATIS（《社会中的科学与技术》，1984），美国的 IAC（《跨学科化学》，1973）、CHEMCOM（《社会中的化学》，1985），日本的《综合科学》（1992），澳大利亚的《化学初步：土、空气、火和水》等。这些体现 STS 教育思想的新科学课程的一个重要特点就是重视跨学科综合科学教育，把社会中的科学技术问题作为 STS 教育的学习内容和探究主题。STS 教育目标包括以下四个方面：提高公民的科学素养，使学生对科学和技术感兴趣，并鼓励学生去理解科学、技术和社会利益之间的相互作用，培养学生的批判性思维。STS 教育的宗旨是培养关注社会、服务社会的科学家和技术人才，培养了解科学技术及其所产生的后果并能参与涉及科学技术问题解决的公民。STS 教育的观念和方法对学校科学教育的目标、课程、教学方法、教育理论，乃至理科教师的培养产生了极为深远的影响。我国的 STS 教育及研究始于 20 世纪 80 年代中叶。1985 年，在苏州召开的中学理科教师能力研讨会标志着我国进入 STS 教育研究阶段。1987

年，STS 教育课题被纳入国家教委的"七五"计划，并在北京师范大学附属中学等学校进行试点。1991 年，"理科教育中 STS 研究"被列入全国教育科学"八五"规划国家教委重点课题。在 2001 年教育部颁布的小学科学以及初中科学、物理、化学、生物学等课程标准及 2003 年教育部颁布的高中物理、化学、生物学等课程标准中都把 STS 作为课程的重要内容加以强调。

环境教育是以人类与环境的关系为核心，以解决环境问题和实现可持续发展为目的，以提高人们的环境意识和有效参与能力、普及环境保护知识与技能为基本任务的一种活动。环境教育的萌芽可以追溯到 20 世纪初。1920 年苏格兰植物学家帕特里克·盖迪斯（Patrick Geddes）首次将"环境"与"教育"两词并列使用，提出了"环境教育"（environmental education）这一术语。[①]1948 年在巴黎召开的联合国大会上首次正式使用它。从此，"环境教育"一词开始在国际上使用并受到重视。1962 年美国生物学家雷切尔·卡森（Rachel Carson）在他所著的《寂静的春天》（*Silent Spring*）一书中，说明了在使用大量农药后自然环境发生的变化，并呼吁人们保护环境，防止公害，从此，在世界范围内引起人们对环境问题的关注。1965 年在德国的基尔召开了讨论环境教育的教育大会，开始了对环境教育的探讨。1970 年美国率先制定了《环境教育法》，在教育总署下设立了环境教育司，资助开发环境教育课程和在中小学开展环境教育活动。1972 年 6 月 5 日，联合国在瑞典的斯德哥尔摩召开了"联合国人类环境会议"，这是世界各国政府共同讨论当代环境问题及保护全球环境战略的第一次国际会议。会议通过了《人类环境宣言》[②]，确定每年 6 月 5 日为"世界环境日"，并指出"教育是环境发展过程的核心"，正式提出了"发展环境教育"的号召。1975 年 10 月在南斯拉夫首都贝尔格莱德召开了"国际环境教育会议"。20 世纪 70 年代以后，随着一系列环境教育会议的召开，环境教育这一新兴领域逐渐在各国教育界兴起，环境素质被认为是每个公民应具备的基本素质。特别是美国、加拿大、德国、英国、法国和日本等一些发达国家，都把环境教育放在重要的位置。与此同时，许多发展中国家也逐渐把环境教育纳入本国的教育体系，环境教育已成为教育中不可分割的一个重要组成部分。从 20 世纪 80 年代起至今，随着世界环境教育理念进一步发展，学校环境教育从目标的制定到具体实施，直至教学评价，已形成了一个相当成熟的体系。1989 年英国教育部和科学部发布了《5—16 岁环境教育》文件。1990 年美国国会又通过了《美国环境教育法》。1991 年日本文部科学省编辑出版了《环境教育指导资料》。1992 年 6 月，联合国在巴西里约热内卢召开的"环境与发展大会"通过了《里约环境与发展宣言》和《21 世纪议程》，正式提出了实施可持续发展战略，并在《21 世纪议程》中明确提出了"面向可持续发展重建教育"，指出"教育是促进可持续发展和提高人们解决环境与发展问题的能力的关键。基础教育是环境与发展教育的支柱……对培养

① 田青. 英国正规教育中的环境教育概况 [J]. 环境教育，1997（3）：40-42.
② 中国大百科全书出版社编辑部. 中国大百科全书·环境科学 [M]. 北京：中国大百科全书出版社，1983.

符合可持续发展和社会大众有效参与决策的价值观和态度、技能和行为也是必不可少的"。由此，环境教育已不再是仅仅对应环境问题的教育，它与和平、发展及人口等教育相融合，形成一个新的教育发展方向——"为了可持续发展的环境教育"。1995 年，联合国在希腊召开了环境教育会议，重点讨论了如何将环境教育重新定向到可持续发展方向，这标志着世界环境教育发展到一个崭新的阶段。我国的中小学环境教育起始于 20 世纪 70 年代。1973 年召开了"第一次全国环境保护会议"，会议制定了《关于保护和改善环境的若干决定（试行草案）》，提出了进行环境教育的设想，标志着我国环境教育的开端。1987 年国家教委在制定的《义务教育全日制小学、初级中学教学计划（试行草案）》中，强调了能源、环保、生态等教育内容要渗透在相关学科教学和课外活动中，并提出少数有条件的学校可试验单独设课或开设讲座等进行环境教育。同时，有关学科的教学大纲对环境教育也提出了明确要求。1994 年国务院通过了《中国 21 世纪议程——中国 21 世纪人口、环境与发展白皮书》，该议程把环境教育列为中国可持续发展能力建设的重要内容。2003年，教育部颁布《中小学环境教育实施指南（试行）》，为中小学环境教育提出了更为明确的要求和规定。

如前所述，自 20 世纪中叶以来，STS 教育与环境教育随着科学、技术、社会与环境的问题日益突出而成为世界科学教育关注的重要方面，但在相当长的时间里它们是被各自表述和实施的。1989 年，美国科学促进会出版的《面向全体美国人的科学》中的科学教育内容包括科学的本质、技术的本质、自然环境、生存环境、人类社会、被改造了的世界等。实际上这些都是对"科学、技术、社会、环境"的统一设计，体现了从 STS 教育、环境教育发展到 STSE（science、technology、society、environment 的英文缩写）教育的科学教育新理念和新趋势。1997 年，加拿大教育委员会颁布了第一个国家科学教育纲要——《K—12 科学学习目标共同纲要》，该纲要提出了旨在通过科学 - 技术 - 社会 - 环境（STSE）教育提高加拿大公民的科学素养。2007 年，加拿大安大略省《1—8 年级科学与技术》课程标准（2007 年修订版）强调学生具备科学素养、技术素养和环境素养的重要性，明确提出科学与技术和社会与环境相联系，从而真正实现 STSE 教育。几乎在同一时期，其他欧美各国在制定科学课程标准或者教学大纲时都相继将 STS 教育拓展为 STSE 教育。2011 年，我国教育部颁布的《义务教育初中科学课程标准（2011 年版）》把"科学、技术、社会、环境"作为初中科学课程的四个课程目标之一和五大课程内容之一。2017 年，我国《小学科学课程标准》把"科学、技术、社会、环境"作为小学科学课程的四个课程具体（分）目标之一。

通过以上讨论，我们可以发现，STSE 教育可以看作 STS 教育与环境教育的整合。整合了的 STSE 教育体现了 STS 教育和环境教育的基本理念、观点、内容，但并不是两者的简单叠加，而是具有更丰富深刻的内涵。STSE 教育高度重视学生对科学、技术与社会、环境的相互关系的了解，要求学生重视科学、技术在社会生产以及生活环境和社会发展中的作用，理解科学与技术的本质，认识科学技术的功能与价值，突出科学课程学习的综合性，提升学生对于 STSE 社会议题的感知与认识，培养学生参与社会公共事务并作决策的能力和技能。因而，STSE 教育成为当今国际科学教育的重要理念和科学课程的重要目标以及内容组织的重要方式。

## 交流与讨论

作为职前小学科学教师的你如何理解 STSE 教育的内涵？你认为科学、技术、社会与环境（STSE）的关系是怎样的？

### 2. 科学、技术、社会与环境目标的体系结构

《小学科学课程标准》在"科学、技术、社会与环境"目标中设计了"科学、技术、社会与环境总目标"（简称"总目标"）和"科学、技术、社会与环境学段目标"（简称"学段目标"）。"总目标"包括 3 条：（1）初步了解所学的科学知识在日常生活中的应用。（2）初步了解人类活动对自然环境、生活条件及社会变迁的影响；了解社会需要是推动科学技术发展的动力；了解科学技术已成为社会与经济发展的重要推动力量。（3）初步了解在科学技术的研究与应用中，需要考虑伦理和道德的价值取向；热爱自然，珍爱生命，具有保护环境的意识和社会责任感。"学段目标"把小学 6 年学程分为 1~2 年级、3~4 年级、5~6 年级三个学段，内容均包括科学技术与日常生活的联系、科学技术与社会发展的联系、人类与自然和谐相处三个方面。其中，1~2 年级的目标要求较为简单、具体，属于知识与经验水平层次。比如，"了解生活中常见的科技产品及其给人类生活带来的便利""了解人类可以利用科学技术改造自然，让生活环境不断得到改善"等。5~6 年级的目标要求则较为抽象、复杂，属于观念与行为水平层次。比如，"了解在科学研究与技术应用中必须考虑伦理和道德的价值取向""认识到人类、动植物、环境的相互影响和相互依存关系，了解地球上的资源是有限的，人类活动会对环境产生正面和负面的影响，自觉采取行动，保护环境"等。3~4 年级的目标要求属于中间水平层次。科学、技术、社会与环境目标的体系结构可用图 2-5 表示：

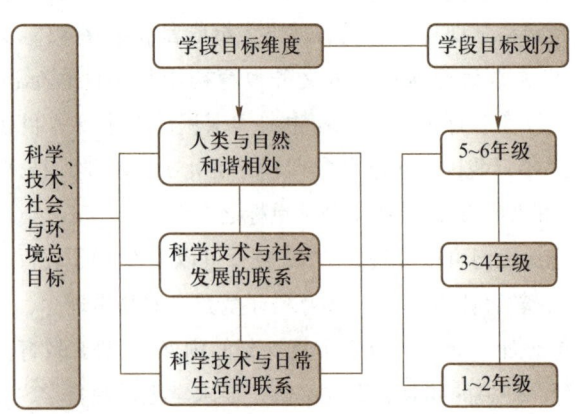

图 2-5  科学、技术、社会与环境目标的体系结构

综上所述，我们可以看出小学科学课程的"科学、技术、社会与环境"目标是按照由简单到复杂、由具体到抽象，由知识到观念、由意识到行动的螺旋式阶段发展设计的。

（七）关于 STEM 教育

"科学知识目标"中的科学知识领域包括物质科学、生命科学、地球与宇宙科学、技术与工程。其中，技术与工程领域第一次出现在我国小学科学课程标准中，这是《小学科学课程标准》最突出的亮点，充分借鉴和反映了当前国际科学教育改革大力倡导的 STEM 教育理念，使我国新时代的科学教育与发达国家的科学教育改革进一步接轨，彰显我国小学科学教育改革的国际化特征。

1. STEM 的内涵及其特点

近年来一些发达国家如美国、英国、加拿大、澳大利亚等先后掀起了科学教育改革浪潮。其中，最为引人注目的是 STEM 教育。STEM 教育即将科学（science）、技术（technology）、工程（engineering）、数学（mathematics）进行整合的科学教育，这种整合不是学科间简单的集合和拼凑，而是围绕一个问题或者一个项目展开，运用多学科的知识解决问题，因此 STEM 是一种综合性的项目学习。STEM 教育的显著特点在于将各学科进行统整，将各科所学到的知识与技巧，应用到真实且复杂的情境中去解决任务或问题。STEM 教育的核心是工程实践，工程实践又以设计为中心，融合技术创新、科学探究过程和数学思想，旨在培养学生的创造性思维、问题解决能力和实践精神。

2. STEM 教育的由来

STEM 教育发端于美国的高等教育，在科学界、教育界和政府的共同努力下，逐渐扩展到 K—12（幼儿园到高中）基础教育领域。1986 年，美国国家科学委员会（NSB）发表报告《本科的科学、数学和工程教育》，该报告被认为是美国 STEM 学科集成战略的里程碑。1996 年，美国国家科学基金会（NSF）对美国大学科学、数学、工程和技术教育的十年进展进行回顾和总结，并提出今后的"行动指南"，发表了报告《塑造未来：透视科学、数学、工程和技术的本科教育》。2007 年美国国家科学委员会发表报告《国家行动计划：应对美国科学、技术、工程和数学教育系统的紧急需要》，提出的行动计划主要包括两个方面的措施：一是要求增强国家层面对 K—12 阶段和本科阶段的 STEM 教育的主导作用，在横向和纵向上进行协调；二是要提高教师的水平和增加相应的研究投入。这一报告进一步显示了 STEM 教育从本科阶段延伸到中小学教育阶段。[①] 之后在全球范围内，尤其是英国、加拿大、澳大利亚、德国、以色列、芬兰、日本等国家先后掀起 STEM 教育浪潮，其理论研究与实践的重要性被广泛认同。

---

① 朱学彦，孔寒冰. 科技人力资源开发探究：美国 STEM 学科集成战略解读 [J]. 高等工程教育研究，2008（2）：21-25.

### 3. STEM 素养

STEM 教育的目的在于引导学生建构跨学科知识整合的能力、提升参与 STEM 学习的兴趣，进而形成 STEM 领域的就业能力，并养成 21 世纪公民应有的 STEM 素养。STEM 素养包含：科学素养（scientific literacy）、技术素养（technological literacy）、工程素养（engineering literacy）、数学素养（mathematical literacy）。从科学、技术、工程和数学等学科的本质来看，STEM 素养包含：在科学方面，着重科学知识与科学概念的发展，以培养科学探究以及独立进行客观决策的能力，并能从科学、技术的角度思考科学议题；在技术方面，重视培养使用、管理、评鉴技术的能力，包含技术选用、问题解决、批判思考与决策能力；在工程方面，着重在统整应用材料、工具、技术及科学和数学知识，透过设计的历程发展科技产物，以适切地解决问题或满足人类的需求；而在数学方面，着重在引导学生具有能力判断及理解数学在生活中所扮演的角色，并能通过逻辑的思维，做出客观的判断以解决问题。[①] 应该指出的是，STEM 素养并不是科学素养、技术素养、工程素养和数学素养的简单组合，而是把学生学习到的零碎知识与机械过程转变成一个探究世界相互联系的不同侧面的过程。

## 三、小学科学教学目标的含义及其设计

交流与讨论

请思考小学科学课程目标与小学科学教学目标的关系是什么。结合下列案例，谈谈你的观点。

[ 案例 2-3 ]"运动与摩擦力"的教学目标设计

【科学知识】

1. 知道摩擦力的概念，当一个物体在另一个物体表面运动时，接触面发生摩擦，产生摩擦力。

2. 知道摩擦力与物体接触表面的光滑程度有关，表面越光滑，摩擦力越小；表面越粗糙，摩擦力越大。

3. 知道摩擦力与物体的重量有关，物体越重，摩擦力越大；物体越轻，摩擦力越小。

【科学探究】

1. 能推测摩擦力与接触面和重量的关系。

2. 能设计摩擦力大小的对比实验，能测量摩擦力的大小。

【科学态度】

通过实验探究，逐步形成认真实验，根据数据得出结论的科学态度。

---

① 范斯淳，游光昭. 科技教育融入 STEM 课程的核心价值与实践 [J]. 教育科学研究期刊 (台湾)，2016，61 (2)，153–183.

【科学、技术、社会与环境】

了解摩擦力在日常生活中的相关运用。

[ 案例 2-4 ]"水火箭"的教学目标设计

【科学知识】

了解水火箭的基本构造，初步了解水火箭的工作原理。

【科学探究】

了解水火箭制作的基本程序，能够选择材料设计和制作水火箭。

【科学态度】

能够与同伴分工合作，相互交流，体会设计、制作、创新活动的乐趣。

【科学、技术、社会与环境】

了解火箭作为一种技术发明对人类社会发展的巨大作用。

（一）小学科学教学目标的含义

任何教学活动都要完成一定的教学任务，以达到一定的目标。小学科学教学也不例外。《小学科学课程标准》提出以培养学生的科学素养为课程总目标，教学是实施课程的重要途径，因此，小学科学课程目标只有通过小学科学课堂教学来实现。如前所述，小学科学课程目标分为总目标和学段目标，实际上是学生在学习较长阶段（整个小学 6 年或小学 1~2 年级、3~4 年级、5~6 年级）以后所要达到的预期的学习结果，而课堂教学目标是在每一节课或一个单元的学习以后要达到的预期的学习结果。因此，我们可以这样界定，小学科学教学目标即小学科学课堂教学目标，是指学生通过特定的科学教学活动应该达到的预期的学习结果或标准，是小学科学课程目标的具体化，是教师完成教学任务所要达到的要求和标准。

（二）小学科学课程目标与教学目标的关系

通过以上两个小学科学教学设计案例和上述阐述，我们可以看出，小学科学课程目标对教学目标的制订起指导作用。相对教学目标而言，它仍是抽象的。它是小学科学课程编制与设计的基础，制约小学科学课程内容的选择和组织，影响小学科学课程的实施与评价。小学科学教学目标是小学科学课程目标的具体化，是指导、实施和评价教学的基本依据。与课程目标相比，教学目标显得更加灵活、更富有实践性和操作性。只有转化为一系列具体的可操作的教学目标，课程目标才能得以落实。科学教学目标设计得正确与否，将直接影响到科学课堂教学的效果。其关系可以用表 2-1 表示：

表 2-1　小学科学课程目标与小学科学教学目标的关系

| 异同 | 维度 | 课程目标 | 教学目标 |
|---|---|---|---|
| 相似性 | 概念界定 | 小学阶段的科学课程所要达到的预期的学习结果 | 小学科学课堂教学使学生达到的预期的学习结果 |
| | 理论基础 | 布鲁姆（B. S. Bloom）等"教育目标分类学"、加涅（Robert M. Gagnè）的学习结果分类、学习进阶 | |

续表

| 异同 | 维度 | 课程目标 | 教学目标 |
|---|---|---|---|
| 差异性 | 表现形式 | 《小学科学课程标准》 | 科学教学设计（教案） |
| | 表现特点 | 抽象性、规定性、概括性、整体性 | 具体性、灵活性、实践性、操作性 |
| | 实施主体 | 教育管理部门、科学教育专家学者、科学教师、学生 | 科学教师、学生 |
| | 内容指向 | 小学阶段的科学教学基本要求 | 某一单元或主题（学时）科学教材内容的教学要求 |

拓展阅读：
关于布鲁姆（B. S. Blom）教育目标分类学

交流与讨论

　　通过资料查阅，对与课程目标相关的概念进行辨析：（1）教育目的；（2）教育目标；（3）培养目标；（4）课程目标；（5）教学目的；（6）教学目标。

　　如何正确设计和陈述小学科学教学目标？

### （三）小学科学教学目标的设计

　　小学科学教学目标对小学科学起着导向、激励、反馈、调整等作用。它既是小学科学教学的出发点，也是小学科学教学的归宿，或者说，它是小学科学教学的灵魂，支配着小学科学教学的全过程，并规定小学科学教与学的方向。因此，科学教师要认真对待和研究小学科学教学目标，设计好每一节科学课的教学目标。

　　1. 确定小学科学教学目标的依据

　　（1）小学科学课程目标分析

　　《小学科学课程标准》根据国内外科学教育改革的最新动态和研究成果，提出了小学科学课程总目标是培养学生的科学素养，并将其分解为科学知识，科学探究，科学态度，科学、技术、社会与环境四个方面。结合布鲁姆教育目标分类思想及加涅的学习理论，前两种目标主要是认知领域目标，科学探究还涉及技能领域目标；而后两种目标主要是情感领域目标，科学、技术、社会与环境目标还是一个综合性目标，涉及认知、态度、技能等。课程的四个目标还可进一步分解为1~2、3~4、5~6年级三个学段目标，比起四个方面的目标要具体一些。科学教学是实施课程目标的重要载体和途径，因此，小学科学课程目标是小学科学教学目标设计最主要的依据。要确定科学课堂教学目标，首先要在了解科学课程四个目标基础上，深入理解与本节科学课内容相关的科学课程内容目标，即《小学科学课程标准》中"课程内容"的"学习目标"，然后分别从四个方面来确定该节课相应的教学目标，这样，才能落实科学素养培养的目标。

　　目前的小学科学教学实践一般都比较重视"科学知识目标"，而对"科学探究""科学态度""科学、技术、社会与环境"目标的重视与落实不足。究其原因，一方面，教师缺乏对小学科学课程目标体系的全面理解；另一方面，教师缺乏对其他维度目标的研究。

（2）科学教科书分析

小学科学教科书是实施小学科学课程理念、目标、内容的重要载体，是科学教师教学、学生学习的最基本的工具和依据。科学教科书的科学教学内容是实现科学教学目标，即学习科学知识，经历科学探究过程，学习科学探究方法，形成科学态度，了解科学、技术、社会与环境的重要载体。因此，科学教师除了要依据科学课程目标以外，还要认真研究科学教科书的内容构成及其特点，把握好科学教学内容的深度和广度，制订合理的科学课堂教学目标。

（3）学情分析

科学教学是围绕学生开展的，学生是科学学习的主体，是科学教学活动的中心，学生作为科学学习的主体在科学学习过程中总是表现出不同的学习方式和学习态度，学生对科学教学内容的理解、对探究活动的参与程度都与自身特点密切相关。这很可能导致即使是对同一年级不同的班级，其教学目标的设计也会不尽相同。因此，科学教师还应该对学生的情况进行分析，从已有的知识基础、生活经验、思维水平、能力发展、学习态度等方面加以考虑，在此基础上，制订切实可行的有针对性的科学教学目标。

2. 小学科学教学目标的表述

如前所述，小学科学教学目标是小学科学教学的出发点和归宿，也是小学科学教学评价的依据，小学科学教学目标不仅仅具有科学教学定向功能，而且对整个教学过程具有调控作用。因此，小学科学教学目标设计与表述是整个科学教学设计的关键环节。教学目标的表述应该明确、具体，可以观察和测量，尽可能避免含糊不清，不切实际。

近20年来，许多教育心理学家都致力于设计一套描述和分析教学目标的方法。关于教学目标的描述，大致有行为主义心理学与认知心理学两种不同观点。行为主义强调用可以观察或者可以测量的行为来描述教学目标，而认知观则强调用内部心理过程来描述。[1]

（1）行为目标的 ABCD 模式表述方法

1962年，美国学者罗伯特·马杰（R. F. Marger）在其出版的《准备教学目标》一书中，系统阐明了以行为主义心理学为理论基础的行为目标叙写的理论与方法，提出了著名的"ABCD目标表述模式"。即教学目标可以从行为主体（audience）、行为（behavior）、条件（condition）和标准（degree）四个要素加以表述。

A：行为主体（audience）——指学习者。

B：行为（behavior）——指学习者在学习结束以后应该达到的要求，一般用动宾结构，即用行为动词说明行为的层次，用宾语说明学习的内容。

C：条件（conditions）——指在什么情况下表现行为，达成学习结果。具体指影响学习结果的特定限制或范围等。主要有辅助手段或工具、提供信息或提示、时

① 谢幼如. 教学设计原理与方法 [M]. 北京: 高等教育出版社, 2016.

间的限制、完成行为的情景等。

D：标准（degree）——指上述行为完成质量可以被接受的最低的标准，用以评量学习表现或学习结果所达到的程度。

应用 ABCD 目标模式表述小学科学教学目标，要注意以下几点：

教学目标的行为主体是学生，而不是教师。比如，"培养学生的实验设计能力"的表述是不恰当的。因为它的行为主体是教师而不是学生。值得指出的是，在目标陈述中行为主体往往被省略。

行为动词的选择是准确表述行为的关键。教学目标要使用的行为动词是可观察、可测量的，而不是抽象的。比如，"掌握""欣赏"等。

在具体表述小学科学教学目标时，并不是每一个要素都需要表示出来，一般灵活选择恰当的简明易懂的表述方式即可。

[ 案例 2-5 ] 教学目标表述

1. 在观察实际的云或云的图片时（C），能够将卷云、层云、积云和雨云区分（B）开来，正确率至少达到 80%（D）。

2. 根据提供的材料和工具（C），能够使用（B）图示表达自己的设计思路，并完成（B）制作任务。

3. 列举并描述（B）生活中常见物体（C）的直线运动。

（2）内部与外显行为相结合的表述方法

行为目标的 ABCD 模式表述方法强调对行为结果的可观察性和可测量性，即只注意了学习者外在的行为变化而忽视了其内在的心理与情感变化。认知心理学家认为，学习的实质是内在心理的变化，因此，教学的真正目标不在于具体的行为变化，而是内在的心理或情感变化。这些变化如"领会、热爱、欣赏"等是不能直接进行客观观察和测量的。1978 年，格朗伦（N. E. Gronlund）在其《课堂教学目标的表述》一书中，提出了内部过程与外显行为的教学目标表述模式，即先用描述内部心理过程的术语来进行目标表述，然后用可观察、可测量的行为作为例子使教学目标具体化。比如，"领会热胀冷缩的现象"，这是科学教学目标的概括性表述。这里的"领会"是一个内部的心理过程，每一个人对其把握的标准不一，无法直接观察与测量。因此，需要使用可以证明"领会"行为的实例来进一步表述。如，"能够列举生活中 2~3 种热胀冷缩的实例""能够描述加热或者冷却时常见物质发生的状态变化"等。有了后面的实例表述，教学目标的"领会"就明确了。显然，格朗伦的教学目标表述模式能够避免行为目标表述模式的局限性。

从以上对"行为目标的 ABCD 模式表述方法"和"内部与外显行为相结合的表述方法"的方法介绍和实例举证，我们可以发现，在具体设计小学科学教学目标时，最关键的是选择合适的行为动词，进行灵活的、有针对性的表述。

（3）《小学科学课程标准》中使用的行为动词及其水平

《小学科学课程标准》在科学知识，科学探究，科学态度，科学、技术、社会与环境四个方面的课程总目标与学段目标中，以及物质科学、生命科学、地球与宇宙科学、技术与工程四大领域中都分别使用了行为动词，为我们设计小学科学教学目标提供了重要参考。相关内容总结如表 2-2：

表 2-2 《小学科学课程标准》中使用的行为动词及其水平

| 学习内容 | 行为动词举例 | 水平 |
|---|---|---|
| 科学知识 | 知道、描述、讲述、陈述、识别、说出、列举<br>了解、认识、辨别、区分、比较<br>说明、判断、提出、作出、分类<br>评价、评估、尝试、完成 | 低<br>↓<br>高 |
| 科学探究 | 知道、倾听、陈述、讲述、表述<br>了解、呈现、记录、讨论、交流<br>采用、运用、使用、利用、具备、制作、调查、改进、制订、获取、提出、作出<br>设计、解决、评价、反思 | 低<br>↓<br>高 |
| 科学态度 | 倾听、讲述、尝试、接受、接纳、乐于、分享、交流、合作、参与<br>提出、作出、尊重、体会、愿意、表现、运用、善于、利用、采用、调整<br>形成、养成、保持、坚持、完善、完成、勇于、追求、贡献 | 低<br>↓<br>高 |
| 科学、技术、社会与环境 | 了解、认识、认识到、意识到<br>愿意、自觉、珍爱、热爱<br>具有、树立、保护、采取 | 低<br>↓<br>高 |

## 第三节 小学科学课程内容标准及其特点

如前所述，培养学生的科学素养是小学科学课程的总目标，科学素养包括科学知识，科学探究，科学态度，科学、技术、社会与环境四个方面，而每一个方面又都有总目标和学段目标。如何实现小学科学课程的目标？这涉及小学科学课程内容、科学教学与评价等问题。其中，课程内容是根本，教学与评价是手段。因此，义务教育小学科学课程内容及其标准是《小学科学课程标准》的主体内容，小学科学教师在认识小学科学课程的性质、理念、目标以后，必须深入理解小学科学课程内容标准及其特点，为今后进一步领会小学科学教材编写思想与教材内容，开展小学科学教学设计、实施小学科学教学与评价奠定基础。

### 一、小学科学课程内容的设计理念

选择什么样的内容？如何组织这些内容？这是科学课程内容标准设计的关键性技术问题。近 20 年以来，国际上以美国为首的发达国家在学习科学、科学教育领域等方面取得了一系列突破性研究新成果，为我国小学科学教育改革与发展提供了重要的参考借鉴作用。其中，"大概念""核心概念""学习进阶"的研究成果为我国《小学科学课程标准》"课程内容"的设计提供了重要启示。

（一）以科学的大概念构建小学科学课程内容

科学知识是科学素养的重要组成部分，科学概念是科学知识的重要内容，提升学生的科学素养不得不重视对科学概念的学习和理解。事实上，学生对科学概念的理解与掌握也是发展学生科学思维能力的基础。国内外已有研究表明，帮助学生围绕学科大概念或者核心概念来建构和组织头脑中的知识非常重要，这将有助于学生对知识的深入理解和迁移应用，并且为他们未来的学习和工作打下良好的基础。因此，近年来，美国、英国、加拿大、澳大利亚等国在新颁布的科学教育标准或科学课程标准中，都把科学大概念或者核心概念作为科学课程设计的重要主线。

那么，什么是大概念？目前国外英文学术文献以及科学课程标准对科学概念的表达有不同的术语。比如，"大概念"（big idea）、"核心概念"（key concept）、"学科核心概念"（discipline core concept）、"基本概念"（fundamental concept）、"主要概念"（major concept）、"基本观点"（fundamental idea）、"核心观点"（core idea）等。如何理解和使用这些概念？国内外专家都认为，这些概念的意义很接近。所谓核心概念，是指位于学科中心的概念性知识，包括重要概念、原理、理论等的基本理解和解释，这些内容能够展现当代学科图景，是学科结构的主干部分。[①] 英国科学教育专家温·哈伦（Wynne Harlen）在其编著的《科学教育的原则和大概念》一书中指出："科学教育的目标不是去获得一堆由事实和理论堆砌的知识，而应该是实现一个趋于核心概念的进展，这样有助于学生理解与他们生活相关的事件和现象。""我们把这些核心概念称为科学上的大概念（big Ideas）。"[②] 目前我国科学教育界研究和使用较多的是"科学大概念"和"科学核心概念"，而且认为，大概念与核心概念在知识的属性和特质上并无本质的不同，不同学者或者团体的使用习惯也许有些差异，因此把"大概念"的表述等同于"核心概念"。

如何以科学大概念建构小学科学课程内容？近年来，美国、英国等国家在科学课程标准制定中，都采用了科学大概念或者核心概念的陈述方式组织科学课程内容，其中，美国的《新一代科学标准》（NGSS，2013）是典型样例。我国科学教育研究者在学习借鉴相关经验的基础上，首次在我国的《小学科学课程标准》中，采用科学大概念的方式陈述科学课程的学习内容，改变了以往科学课程标准按照使用简单的术语或者短语表述科学知识学习的方式，而采用一种完整的陈述句形式来表述科学的大概念。比如，《小学科学课程标准》（实验稿）中"物质世界"学习领域的"运动与力"模块的内容标准分为：（1）运动与力之一：位置与运动；（2）运动与力之二：常见的力；（3）运动与力之三：简单机械。显然，这里使用的是学术性术语的陈述方式。而《小学科学课程标准》在"物质科学"学习领域中则使用了"物体的运动可以用位置、快慢和方向来描述""力作用于物体，可以改变物体的形状

---

[①] 刘恩山. 义务教育小学科学课程标准解读 [M]. 北京：高等教育出版社，2017.
[②] 温·哈伦. 科学教育的原则和大概念 [M]. 韦钰，译. 北京：科学普及出版社，2011.

和运动状态"这样的完整陈述句来说明科学概念,这就是应用了"大概念"的表述方式。

围绕科学大概念来组织小学科学课程的知识内容,能够更明确地描述学生要理解的科学知识,更易于确认需要学生理解的科学知识内容及其相互联系,教师在小学科学课堂教学中帮助学生理解和建构科学大概念,有助于学生对科学知识的深入理解和迁移应用,因此,围绕科学大概念来组织小学科学课程内容是一种非常有效的科学课程组织方式,促进了小学科学课程内容朝少而精、连贯一致的方向发展。

(二)基于学习进阶设计小学科学课程内容

科学教育研究表明,只有符合学生的认知发展特点,充分调动学生生活经验背景及其学习兴趣的科学课程才能有助于学生对科学大概念的深入理解。那么,学生对科学大概念的理解是如何发展的?学生的哪些生活经验有助于其对科学大概念的理解?如何描述学生在不同学习阶段对科学大概念学习的进展过程? 10余年来国际科学教育界开展了一个新的研究领域——学习进阶。

1. 学习进阶研究的缘起

2004年,史密斯(Smith)等学者代表"基础教育阶段科学学业成就评价委员会"向美国国家研究理事会提出学习进阶(learning progression)的概念。2004年加拿大《科学、数学和技术教育》杂志第4卷第1期发表学生长期科学概念发展的学习进阶研究报告,这是科学教育领域第一次使用学习进阶的概念。2005年和2007年由美国国家研究理事会提出的两份报告《*Systems for State Science Assessment*》、《*Taking Science to School: Learning and teaching science in grades K-8*》首次提出学习进阶是理论研究者、考试命题者、课程编制者、教育决策者对话的重要渠道,是沟通学习研究和学校课堂实践的桥梁,是联结课程标准、教学与评价,促进一致性的最具潜力的工具。从此以后,学习进阶成为美国科学教育界研究的热点之一,也成为世界各国科学教育改革与发展研究中的新概念、新方向。我国从2010年左右开始有学者介绍美国的学习进阶研究,学习进阶至今也成为我国科学教育研究关注的一个重要课题。

2. 学习进阶的概念

目前,国际上对学习进阶没有一个统一的界定。国内有关学者对国外科学教育相关文献进行梳理,介绍了以下几种有代表性的表述。[①]

一是方法说。"学习进阶是在学生学习的过程中,以内容领域为载体,联结不断、更加复杂、循序渐进的一种推理探究的方法。"(史密斯,2006)

二是过程说。"学习进阶是随着时间的不断增加,学生对某一学习主题的思考和认识不断丰富、精致和深入的一种过程。"(美国国家研究理事会,2007)"学习进阶是一种学生对科学核心概念、科学解释以及科学实践理解与运用的认识不断完

① 皇甫倩,常珊珊,王后雄. 美国学习进阶的研究进展及启示[J]. 外国中小学教育,2015(8):53-59+52.

善、发展、深入的过程。"（Salinas，2009）"学习进阶是学生对学习主题思考和探究推理的过程。"（Songer 等，2009）

三是假设说。"学习进阶其实是一种假设，是一系列以实证为基础、可测试的假设，假设学生在合适的教学条件下，随着时间的推移，对核心科学概念、科学解释以及相关的科学实践的理解 – 应用能力逐渐趋于复杂的一种假设 – 验证过程。"（Duncan，2009）

四是本质说。"学习进阶的本质在于刻画学生特定心理结构的阶段性发展。"（Anderson，2013）

3. 学习进阶的要素

学习进阶主要包括进阶终点、进阶维度、成就水平、各水平的学业表现以及测评工具五个要素。

4. 学习进阶的特点

学习进阶具有四大特点：一是以学科融合为背景；二是以核心概念为中心；三是以实证研究为基础；四是强调进阶途径多样性等。

5. 学习进阶的应用

2012 年美国发布的《K—12 科学教育框架：实践、跨学科概念和核心概念》，以及 2013 年发布的《新一代科学标准》两个重要的科学教育改革文件，都应用了"学习进阶"的相关研究成果，标志着科学教育研究成果与科学课程改革结合迈向新的阶段，具有里程碑的意义和影响。

我国的《小学科学课程标准》按照 1～2 年级、3～4 年级、5～6 年级三个学段呈现小学科学课程目标与课程内容，也吸收和借鉴了"学习进阶"的基本思想和理念，也就是考虑到学生认知与思维发展的年龄阶段特征，根据科学概念本身的抽象程度，把小学的 6 年时间分为几个学习阶梯和台阶，让学生由浅入深地开展螺旋式上升的学习，逐渐由小概念形成科学的大概念。比如，针对生命科学领域的主要概念"8. 植物能适应环境，可制造和获取养分来维持自身的生存"，根据学习进阶思想，分别列出了 1～2 年级、3～4 年级、5～6 年级的学习目标，如表 2-3 示例：

表 2-3　"植物能适应环境，可制造和获取养分来维持自身的生存"的学习目标设计

| 学习内容 | 学习目标 | | |
| --- | --- | --- | --- |
| | 1～2 年级 | 3～4 年级 | 5～6 年级 |
| 8.1　植物具有获取和制造养分的结构 | 说出植物需要水和阳光以维持生存和生长 | 描述植物一般由根、茎、叶、花、果实和种子组成，这些部分具有帮助植物维持自身生存的相应功能 | 知道植物可以吸收阳光、空气和水分，并在绿色叶片中制造其生存所需的养分 |

以上的"植物能适应环境，可制造和获取养分来维持自身的生存"是科学的大概念，而"植物具有获取和制造养分的结构"是它的下一级概念，学习目标中 1～2 年级的"植物需要水和阳光以维持生存和生长"、3～4 年级的"植物一般由

根、茎、叶、花、果实和种子组成，这些部分具有帮助植物维持自身生存的相应功能"、5~6 年级的 "植物可以吸收阳光、空气和水分，并在绿色叶片中制造其生存所需的养分" 是依次递增的更具体的科学概念。事实上，学习进阶的思想与发展大概念的进程是一致的。培养学生对科学大概念的理解是贯穿正规教育及正规教育之外连续的渐进过程。它始于小的、局部的和特定背景下的概念，这些概念是通过研究特定现象而形成的。[①]

（三）基于科学探究提出小学科学课程内容实施的活动建议

正如前面所述，科学探究既是科学学习的重要方式，也是科学课程的重要目标。《小学科学课程标准》没有把 "科学探究" 单独列为课程内容维度，但是在物质科学、生命科学、地球与宇宙科学等领域课程内容标准的后面有针对性地为每个主要概念设计了活动建议，为教材编写和教师的教学提供了参考。比如，在物质科学领域的 "6.5 磁体有磁性，可对某些物体产生作用" 这一主要概念的学习内容和目标之后，《小学科学课程标准》提出了活动建议，如表 2-4 所示：

表 2-4　6.5 磁铁有磁性，可对某些物体产生作用

| 学习内容 | 学习目标 | | |
| --- | --- | --- | --- |
| | 1~2 年级 | 3~4 年级 | 5~6 年级 |
| 6.5.1　磁铁能对某些物体产生作用 | • 列举生活中常用的不同外形的磁铁<br>• 描述磁铁可以直接或隔着一段距离对铁、镍等材料产生吸引作用<br>• 知道指南针中的小磁针是磁铁，可以用来指示南北 | | |
| 6.5.2　磁铁总是同时存在着两个不同的磁极，相同的磁极相斥，不同的磁极相吸 | • 说出磁铁总是同时存在着两个不同的磁极<br>• 知道相同的磁极相斥，不同的磁极相吸 | | |

【活动建议】

教师应指导学生，通过观察、实验和探索，了解磁铁的基本性质。

在教学中，教师可以指导学生开展以下活动。

（1）观察各种类型的磁铁，尝试发现能被磁铁吸引的物体。（学习内容 6.5.1）

（2）观察指南针的结构，学会正确使用指南针，了解指南针是中国古代四大发明之一。（学习内容 6.5.1）

（3）观察两个磁铁放在一起时发生的现象，探索磁极的相互作用。（学习内容 6.5.2）

---

① 温·哈伦. 以大概念理念进行科学教育 [M]. 韦钰，译. 北京：科学普及出版社，2016.

## 二、小学科学课程内容的体系结构与特点

按照以科学大概念、核心概念设计小学科学课程内容的思路,《小学科学课程标准》在科学课程内容设计方面,考虑到学生的实际情况,以学生能够感知到的科学、技术、工程中一些比较直观、学生有兴趣学习的重要内容为载体,选择了 18 个主要概念(大概念)作为小学科学课程的学习内容。其中,物质科学领域、生命科学领域分别有 6 个主要概念,地球与宇宙科学领域、技术与工程领域分别有 3 个主要概念。这四大领域的 18 个主要概念被分解为 75 个学习内容,分布在 1~2 年级、3~4 年级、5~6 年级三个学段中。以上构成了小学科学课程内容的体系结构,可以用图 2-6 表示:

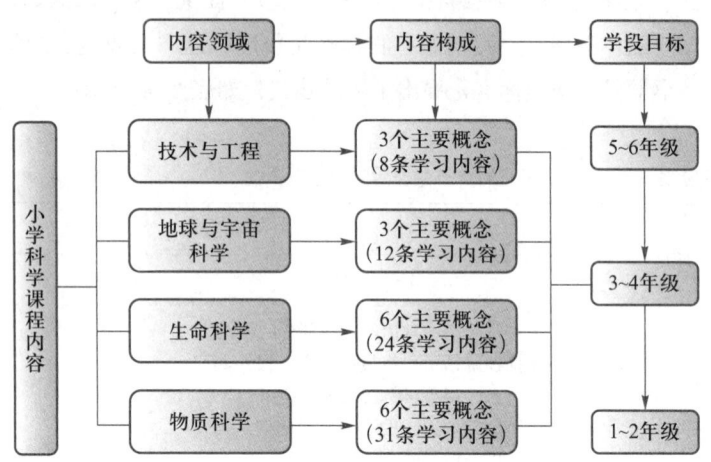

图 2-6    小学科学课程内容的体系结构

以上内容体系较好反映了当今国际科学教育与课程改革的新动态,也反映了广泛认同的科学大概念、核心概念、学习进阶进入课程内容设计的新思想,标志着我国小学科学教育在课程改革方面迈向新时代的新起点,对小学科学教材的编写、小学科学教学、小学科学教学评价等都具有重要的实践指导意义,大大增强了《小学科学课程标准》的指导性与可操作性。

## 三、小学科学课程内容各领域的知识结构与特点

《小学科学课程标准》规定的小学科学课程内容包含物质科学、生命科学、地球与宇宙科学、技术与工程四个领域。这些内容的学习,可以为小学生科学素养的初步培养和可持续发展奠定良好的基础。小学科学教师准确把握课程标准中各个领域的课程内容结构、学习目标进阶及其特点,对于提高小学科学教学质量,最终提升小学生的科学素养具有重要作用。

### （一）物质科学领域学习内容的知识结构及其特点

请认真阅读《小学科学课程标准》第三部分"课程内容"中的"物质科学领域"内容，然后讨论如下问题：

（1）物质科学领域的主要概念之间具有什么结构？有什么特点？

（2）物质科学领域的主要概念内部具有什么结构？有什么特点？

（3）物质科学领域的主要概念对应的学习内容与学习目标具有什么特点？

物质科学领域的学习内容包括 6 个主要概念，涉及物理学、化学学科的基本知识。这 6 个主要概念之间有着本质的内在联系。物质科学领域学习内容的知识结构如图 2-7 所示：

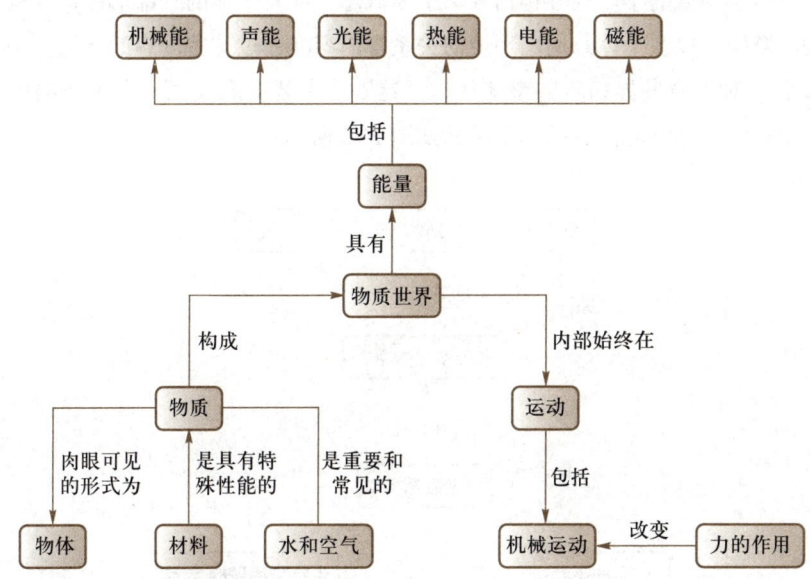

图 2-7 物质科学领域学习内容的知识结构

从图 2-7 可以看出，物质科学领域学习内容的知识结构具有如下特点：

（1）物质科学领域学习内容的 6 个主要概念具有三个层级，第一层级"物质世界"，反映了物质科学研究的对象和领域（涉及物理学、化学）；第二层级涉及"物质""运动""能量"，它们都属于物质科学的 3 个核心主题，也是物质科学的 3 个跨学科核心概念；第三层级分别是三个跨学科概念的具体化。

（2）"物质""运动""能量"三个跨学科概念概括了"物质世界"的主要特征。"物质"概念反映了"世界是物质的"物质观；"运动"概念反映了"物质是运动的"运动观；"能量"概念反映了"运动是需要能量的"能量观。

（3）三个跨学科概念分别以更具体的形式呈现。一方面，以具体的学科概念来表述，比如，"能量"这一跨学科概念被分解为机械能、声能、光能、热能、电能、磁能等更具体的学科概念。另一方面，以更具体的知识概念呈现，比如，在"物质"这一跨学科概念下列出了"水和空气是重要的和常见的物质"这一具体的单一概念。

请认真阅读《小学科学课程标准》第三部分"课程内容"中的"生命科学领域"内容，然后讨论如下问题：

（1）生命科学领域的主要概念之间具有什么结构？有什么特点？

（2）生命科学领域的主要概念内部具有什么结构？有什么特点？

（3）生命科学领域的主要概念对应的学习内容与学习目标具有什么特点？

### （二）生命科学领域学习内容的知识结构及其特点

生命科学领域的学习内容包括 6 个主要概念，涉及个体的外部形态、结构和生命活动、繁殖，以及个体与周围环境的关系等内容。通过这些内容的学习，小学生要逐步形成对生命世界初步的整体认识。这 6 个主要概念之间有着本质的内在联系。生命科学领域学习内容的知识结构如图 2-8 所示：

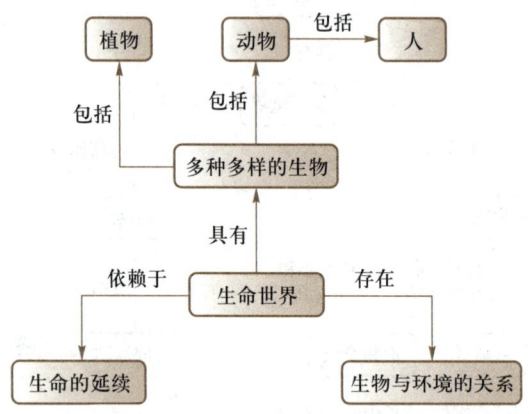

图 2-8　生命科学领域学习内容的知识结构

从图 2-8 可以看出，生命科学领域学习内容的知识结构具有如下特点：

（1）体现了整体与个别的认识思维。主要概念 7 从整体、宏观的角度说明生物的多样性；主要概念 8、9、10 则主要从个体的形态结构和生命活动的层面认识不同类型的生物。

（2）体现了系统与要素的认识思维。主要概念 11 从个体间信息传递的角度分析遗传和变异现象，而主要概念 12 则从系统的角度介绍生态系统中各个要素之间的相互作用。

请认真阅读《小学科学课程标准》第三部分"课程内容"中的"地球与宇宙科学领域"内容,然后讨论如下问题:

(1)地球与宇宙科学领域的主要概念之间具有什么结构?有什么特点?

(2)地球与宇宙科学领域的主要概念内部具有什么结构?有什么特点?

(3)地球与宇宙科学领域的主要概念对应的学习内容与学习目标具有什么特点?

（三）地球与宇宙科学领域学习内容的知识结构及其特点

地球与宇宙科学领域的学习内容包括 3 个主要概念,涉及地球存在的宇宙空间、宇宙与地球的物质组成及其结构、地球的圈层结构,以及人类与地球之间的关系等相关知识。这 3 个主要概念之间有着本质的内在联系。地球与宇宙科学领域学习内容的知识结构如图 2-9 所示:

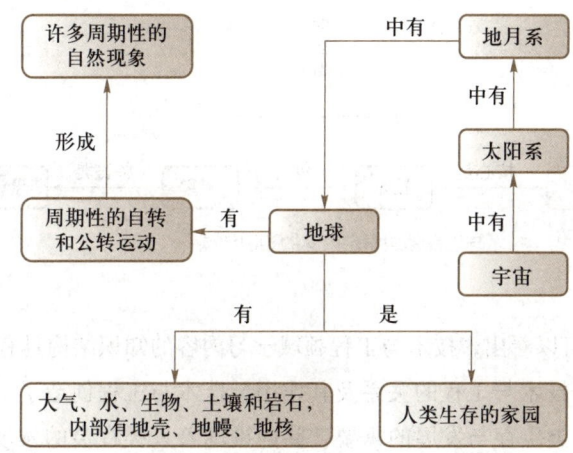

图 2-9 地球与宇宙科学领域学习内容的知识结构

从图 2-9 可以看出,地球与宇宙科学领域学习内容的知识结构具有如下特点:

(1)体现了系统与要素的认识思维。本领域的主要概念 13、14 要求学生能够认识到地球、太阳系、地月系是宇宙巨大系统的子系统,同时进一步学习地球环境中有关大气、水、生物、土壤和岩石等自然要素的知识。

(2)体现了认识世界的唯物辩证观。本领域要求学生认识到各个自然要素之间是互相联系、互相影响、互相制约的,呈现了自然界中的天体、地球与自然环境的运动与变化,呈现了人与自然环境的和谐相处。这些实际上体现了世界的物质性、运动性、规律性等唯物辩证观。

交流与讨论

请认真阅读《小学科学课程标准》第三部分"课程内容"中的"技术与工程领域"内容，然后讨论如下问题：

（1）技术与工程领域的主要概念之间具有什么结构？有什么特点？

（2）技术与工程领域的主要概念内部具有什么结构？有什么特点？

（3）技术与工程领域的主要概念对应的学习内容与学习目标具有什么特点？

（四）技术与工程领域学习内容的知识结构及其特点

技术与工程领域的学习内容包括 3 个主要概念，涉及技术、工程、人工世界、设计、发明等知识，这 3 个主要概念之间也存在着本质的内在联系。技术与工程领域学习内容的知识结构如图 2-10：

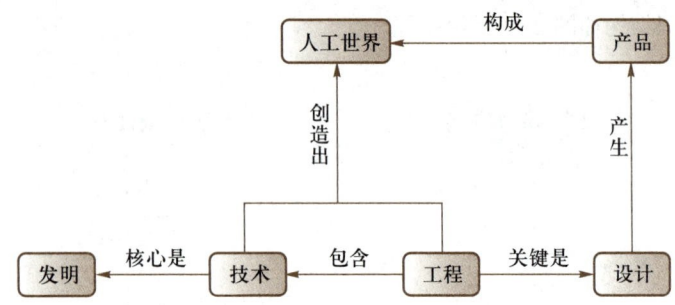

图 2-10  技术与工程领域学习内容的知识结构

从图 2-10 可以看出，技术与工程领域学习内容的知识结构具有如下特点：

（1）呈现了技术与工程的关系及其作用。技术与工程创造了丰富多彩的人工世界，满足了人类生存与发展的需要，共同推动着人类社会的发展。工程包含技术，一项工程包含若干技术系统。

（2）呈现了技术与工程的核心和关键。技术的核心是发明，工程的关键是设计。

思考与实践

（1）结合我国实际，试述为什么《小学科学课程标准》要提出小学科学课程要以培养学生科学素养为课程总目标。

（2）概念辨析：科学素养与科学素质。

（3）结合我国公众科学素养的调查现状，谈一谈作为一名科学教育专业或方向的学生应该承担什么样的责任和义务。

（4）通过互联网查阅中外文期刊中有关科学素养、科学探究、科学本质、科学态度、STSE 教育、STEM 教育的研究论文，分别写出 5 篇索引，各下载 1 篇全文。

（5）观摩某小学科学课堂教学现场或录像，分析该课堂教学是否体现了《小学科学课程标准》提出的基本理念，实现了哪些课程目标，是通过什么手段和方式实现的。

（6）通过资料查阅，总结教育目的、培养目标、课程目标、教学目的、教学目标的联系与区别。

（7）通过互联网查阅中外文期刊中有关课程目标、教学目标的研究论文，分别写出 5 篇索引，各下载 1 篇全文。

（8）结合小学科学教材内容，举例说明各个小学科学课程目标之间的相互关系。

（9）请应用 ABCD 目标表述模式，选择小学科学教材中一个主题的教学内容，表述其教学目标。

（10）考察小学科学课堂教学并与小学科学教师进行交流，听听他们对小学科学课程目标的见解。

（11）分析 STEM（科学、技术、工程、数学）之间的相互关系，以思维导图或者列表方式呈现出来。

（12）学习《小学科学课程标准》，你认为对你将来的科学教学会产生哪些重要影响？

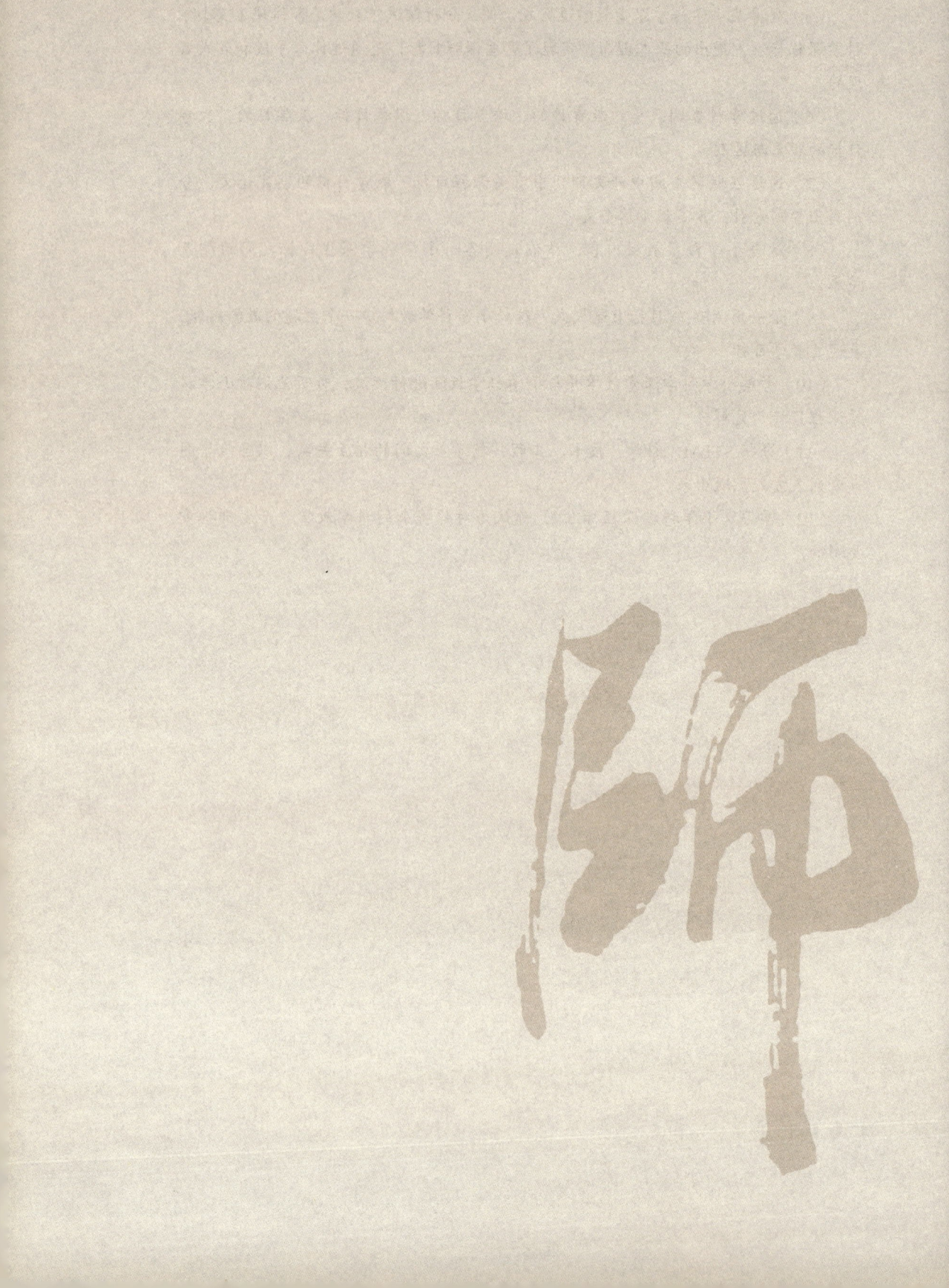

# 第 3 章

# 小学科学教材分析的原理和方法

 学习目标

1. 了解小学科学教材分析的含义及意义，知道小学科学教材
   分析的基本要求。
2. 理解小学科学教材分析的依据、内容，能从宏观、中观、
   微观层次分析小学科学教材。
3. 能运用知识分析法、方法论分析法、心理分析法等分析小
   学科学教材，形成教材分析的初步能力。
4. 体验教材分析过程中的乐趣和成功感，养成独立思考、善
   于分析的科学态度和精神。

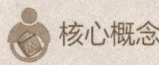 核心概念

教材分析；宏观分析；中观分析；微观分析；教材编排体系；
教材知识结构；知识分析法；方法论分析法；心理分析法

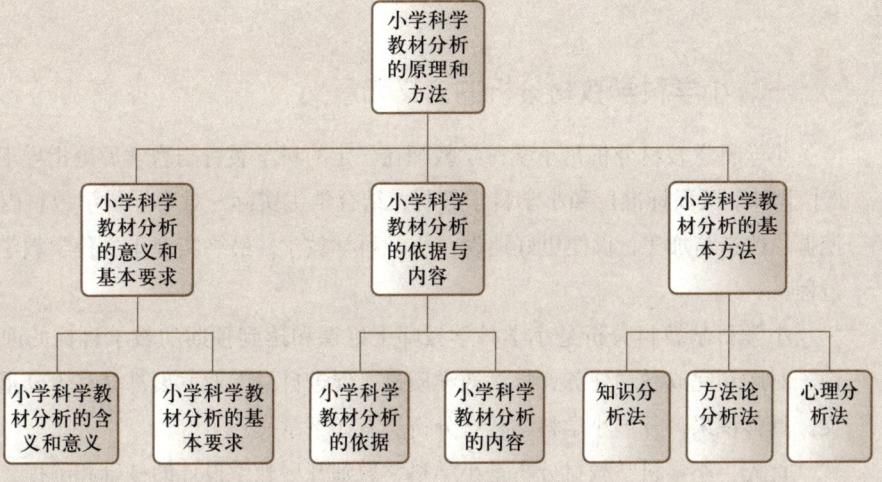 知识导图

通过前面内容的学习，我们已经知道，《小学科学课程标准》具体规定了小学科学课程的性质、基本理念、课程目标、课程内容，提出了教学、评价、教材编写和课程资源开发与利用建议，是国家对小学阶段科学课程的基本规范和质量要求。而小学科学教材（这里指狭义的教材，即教科书）是根据《小学科学课程标准》编写的反映科学课程基本内容、体现其基本理念的教学用书。小学科学教材是《小学科学课程标准》的内容载体，是开展小学科学教学的重要"物质基础"。职前小学科学教师，包括刚刚入职的新任科学教师在进行上课之前的教学设计时，经常在确定教学目标、处理教学内容的深度和广度、选择教学策略与方法等方面犯难，这是因为他们没有好好研究小学科学教材，没能准确把握小学科学教材。小学科学教师要准确把握小学科学教材，正确理解小学科学教材的内容体系和编写意图，需要理解小学科学教材分析的一般原理，掌握教材分析的基本内容和方法，为提升教材分析能力奠定基础。

**交流与讨论**

（1）你怎样看待《小学科学课程标准》与小学科学教材的关系？

（2）科学教师在正式上课之前要做哪些准备工作？

# 第一节    小学科学教材分析的意义和基本要求

视频：
小学科学教材分析的意义和基本要求

教材是教师教授和学生学习的直接依据和重要材料，在进行教学设计之前，教师必须认真分析和研究教材，准确理解和掌握教材的内容和要求。小学科学教材分析是小学科学教师进行教学设计的基础性工作，小学科学教师要充分认识小学科学教材分析的意义，明确小学科学教材分析的基本要求。

## 一、小学科学教材分析的含义和意义

小学科学教材分析是小学科学教师在一定的科学教育与教学理论指导下，研读《小学科学课程标准》和小学科学教材，结合学生实际，对小学科学教材内容进行挖掘、改造与加工，以便更好地设计小学科学教学，最终实现小学科学教学目标的过程。

小学科学教材分析是小学科学教师上好课和达到预期的教学目标的前提和关键，对顺利完成教学任务，提高教学质量，促进自身专业发展都具有十分重要的意义。具体说来，开展小学科学教材分析具有如下意义。

首先，小学科学教材分析是小学科学教师开展教学设计的基础和前提，是提高小学科学教学质量的重要保证。

现代教学论认为，教学是一个不断实现教学最优化的过程。要实现教学最优化，最基本的是实现教学设计的最优化。教学设计要素主要包括教学目标、学习者特征、教学内容、教学环境、教学资源、教学模式与策略、教学评价的设计等内容。[①] 其中，教学目标的确定、教学内容的组织、教学环境的营造、教学资源的开发与利用、教学策略与模式的选择、教学评价的构建等都要以教材分析为前提。因为只有准确分析小学科学教材内容，才能充分领会小学科学教材的编写意图和特点，熟悉整个小学科学教材的基本内容和知识结构体系，了解小学科学教材的各个部分在整个教材中所处的地位，在分析学生认知前提的基础上，明确科学教学目标，准确把握科学教材的重点、难点，挖掘科学教材中有利于培养学生的探究能力、科学态度、STSE 教育以及进行 STEM 整合等的因素，从而选择恰当的教学方法和教学手段，写出可行的教学方案，最后通过教学实施，实现科学教学过程的最优化，全面提高小学科学教学质量。

其次，小学科学教材分析是提高小学科学教师业务水平的重要手段。

开展小学科学教材分析既是小学科学教师教学工作的重要内容，又是小学科学教师开展教学研究的一种重要方式。这个过程能够充分体现教师的教学能力和创造性。事实上，小学科学教师不能就教材分析教材，而要站在《小学科学课程标准》的高度去分析教材。因为小学科学教材是根据《小学科学课程标准》编写的，小学科学教材是《小学科学课程标准》的具体化。小学科学教材要贯彻落实《小学科学课程标准》提出的课程基本理念、课程目标、课程评价等要求。有了这些研究与思考，才能结合《小学科学课程标准》真正领会小学科学教材的编写意图，才能对小学科学教材的内容和编写特点，以及教材内容的处理方式有深入的认识。因此，钻研《小学科学课程标准》，领会其实质，是进行小学科学教材分析的前提。此外，小学科学教师在对教材进行分析时还必须结合学生的实际，对学生学习的心理特点、学生原有的知识基础、已掌握的知识和技能的深广度，学生的学习目标、学习方法、兴趣爱好等进行研究。总之，小学科学教师只有在认真钻研课程标准、教材内容和深入了解学生的基础上，才能更好地组织教材、选择恰当的教学策略与方法，突出重点，突破难点。小学科学教师对教材分析的整个过程包括教师对课程标准与教材内容的自我认识、自我转化和创造性构思的过程。科学教材分析的过程就是教师不断提高业务素质和加深对科学教育理论理解的过程，这对小学科学教师提高教材分析能力，促进自身的业务水平提升都具有十分重要的意义。

最后，小学科学教材分析是小学科学教师正确选择并使用教材的重要依据。随着我国基础教育课程改革的发展，在教材编写方面实现了"一标多本"的繁荣局面，不同版本的教材编写风格各异，供不同地区的学生选择使用。选择合适的小学科学教材，涉及对教材的分析与评价问题。其中，分析教材成为最基础性的工作。对科学教材的选择，要分析科学教材是否符合课程标准提出的基本理念和要求，还

① 谢幼如. 教学设计原理与方法 [M]. 北京：高等教育出版社，2016.

要分析教材选择的科学知识、内容结构是否合理，教材的编写风格是否符合学科逻辑顺序、学生的认知发展和心理发展顺序，教材是否符合学校的办学条件等。

## 二、小学科学教材分析的基本要求

教材分析是教师进行教学设计的基础，是上好课、达到预期教学目标的重要保证，小学科学教师在分析教材时，是不是仅凭自身的经验和直觉就能理解和把握教材？实践表明，小学科学教师若仅凭自己的经验分析教材，往往对教材理解会出现不同程度的偏差，特别是那种缺乏理论指导、忽视学生情况的教材分析更会出现片面性和盲目性，也就很难准确把握教材的内容体系和编写意图。要想有效进行教材分析，切实提高教材分析的水平和能力，小学科学教师在进行教材分析时应遵循以下几点要求。

### （一）坚持课程标准引领与教材分析相结合

《小学科学课程标准》对小学阶段科学课程性质、课程理念、课程目标、课程内容等做出了具体规定，是教材编写、教学实施、教学评价的依据。小学科学教材是课程标准的具体化和载体，小学科学教材内容的选择与编排、呈现方式都要充分体现课程标准的要求。因此，教材分析不能仅仅就教材分析教材，而是要站在课程标准的高度。分析教材与课程标准的关系，分析教材为实现课程标准提出的课程总目标与学段目标所呈现的课程内容、水平层次，对小学科学教师认识小学科学教材的地位、作用及特点，分析和制订教学目标，准确把握重点、难点，具有方向性的指导作用。因此，小学科学教师分析教材要坚持课程标准的引领作用，做到钻研课程标准与分析教材相结合。这样才能保证教材分析正确的方向性和可信性。

### （二）坚持教材分析的整体性与局部性相结合

根据系统论的观点，任何系统的整体功能，不等于且应大于组成系统的各个部分功能之和。小学科学教材内容由物质科学、生命科学、地球与宇宙科学、技术与工程四大领域构成，通过这些领域内容的学习，要达成科学知识，科学探究，科学态度，科学、技术、社会与环境四大课程目标，最终全面提高学生的科学素养。显然，小学科学教材也是由多个要素组成的系统。这些要素之间存在着这样或那样的内在联系。要发挥小学科学教材的整体功能，教师必须正确处理好教材的整体与部分、部分与部分之间的关系。具体说来，小学科学教材分析既要从全套教材出发分析教材的体系结构，又要从每一册教材出发分析各个单元内容之间、同一个主题内容之间的内在联系；既要分析物质科学、生命科学、地球与宇宙科学、技术与工程四大领域在整个教材中呈现出的整体联系，也要分析各个领域的内容在不同年级教材的各个单元之间、同一个单元的各个主题之间的联系；既要有整体—部分—整体的思路，以相互联系的观点去分析小学科学教材，理解和把握教材的整体结构，又要在把握整体结构的基础上理解"册—单元—主题"的结构。

### （三）坚持教材分析的理论性与实践性相结合

在实际教学中，不少小学科学教师对教材的分析往往停留在经验水平上，以自己的教学经验去分析、处理教材，而没有达到科学化的水平，使得教材分析存在不同程度的片面性和盲目性，也影响了教材分析的创造性发挥。事实上，无论是《小学科学课程标准》还是小学科学教材，都反映了科学教育改革发展的新理念、新思想、新成果。比如，科学素养、科学探究、科学本质、科学核心概念、科学迷思概念、科学前概念、学习进阶、STEM 教育、STSE 教育、HPS 教育、表现性评价等成为科学课程与教学的重要理念和观点，甚至是方法与策略。如果没有这些重要科学教育理论的指导，教师对科学教材的分析是十分肤浅的，甚至是错误的，要高质量地完成小学科学教学任务是不可想象的，也是不可能的。当然，仅仅有理论指导是不够的。教师必须在科学哲学、系统论、科学教育理论、学习科学理论、教育心理学等理论的指导下，密切联系自己的教学实际，联系学生实际，借鉴优秀科学教师、教研员的实践经验，对小学科学教材进行创造性的分析，挖掘小学科学教材的教育教学功能，充分发挥小学科学教材在培养青少年科学素养方面的作用。因此，小学科学教材分析要坚持理论性与实践性相结合。

### （四）坚持教材分析的可行性与开放性相结合

所谓教材分析的可行性，是指小学科学教材分析要立足学生的实际和发展，结合学生的生活经验、知识基础、心理特点和认知规律等进行。因为小学科学教材的编写要符合"三序"，即按照学科知识的逻辑顺序、学生的认知顺序、学生的心理发展顺序来进行。因此，小学科学教材分析要在分析各个领域知识的内在联系和逻辑顺序的基础上，基于学生的实际，客观分析学生学习起点的知识、能力、兴趣、动机、情感、态度，以及思维特征等，只有这样才能保证小学科学教材分析的针对性和有效性。

所谓教材分析的开放性，是指小学科学教材分析要树立"用教材教，而不是教教材"的理念，把教材作为教学的重要资源，而不是唯一资源，既要立足学生实际和学生的生活经验，也要联系科学、技术、工程、数学在工农业生产和国防等社会发展方面的实际应用，在更开阔的视野下，把小学科学教材呈现出的科学世界与现实生活世界结合起来，激发学生的科学学习兴趣，提高科学教学水平。

## 第二节　小学科学教材分析的依据和内容

如前所述，小学科学教材分析对于提高教学质量、促进教师素质提高具有重要意义。那么，小学科学教材分析要以什么为依据？小学科学教材分析的模式是什么？小学科学教材分析围绕哪些内容？本节将对这些问题进行简要讨论，以便为小学科学教师分析教材提供基础。

**交流与讨论**

根据以上阐述的小学科学教材分析的基本要求，谈一谈小学科学教材分析的主要依据是什么。

## 一、小学科学教材分析的依据

根据以上讨论，我们不难发现，小学科学教材分析的主要依据包括以下三个方面。

### （一）课程标准

课程标准是教材的编写指南，决定了教材的内容选择和基本框架，教材是课程标准的具体化和载体。小学科学教材包括课程标准要求的科学知识及其逻辑系统、各个学段知识，以及科学探究，科学、技术、社会与环境等方面内容，是小学科学教与学的重要依据。因此，小学科学教师分析小学科学教材，首先要认真研读课程标准，理解其内容与实质，站在课程标准的高度去分析教材的整体编写思路和意图，理解教材的编排体系与特点，确定教学目标，为进行教学设计奠定基础。

### （二）科学教育基本理论

要准确分析小学科学教材，小学科学教师还必须正确利用小学科学教育的相关理论去分析小学科学教材的教育教学功能。比如，要分析教材的科学探究教学设计思路，教师必须具有科学探究的相关理论（包括自然科学方法论），才能挖掘教材隐含的科学方法因素。否则，不能抓住科学探究的本质与方法论基础，探究教学可能处于浅层次状态或者流于形式。再比如，教师必须具备 STEM 教育的相关理论，才可能去分析科学教材中 S、T、E、M 因素，从而去整合 STEM，实施有效的 STEM 教育。

### （三）学生的基本学情

要准确分析小学科学教材，仅仅以课程标准、科学教育理论为指导是不够的，还要研究学生的基本学情状况。因为教学的基本原则就是根据学生原有的知识状况进行教学。在新知识学习中，学生只有在原有的认识结构中具有适当的上位概念来组织、同化新知识，才能将新知识纳入原有的认知结构中，内化为自己的知识。[①]因此，小学科学教师分析教材不能简单地就教材分析教材，仅仅停留在对课程标准与教材的钻研上，还必须研究学生，弄清楚学生的知识起点、兴趣、动机、能力状况等基本情况，才能有针对性地确定教学目标、教学难点与教学思路，达到教材分析的目的。

---

① 崔鸿. 中学生物课程标准与教材分析 [M]. 北京：科学出版社，2012.

## 二、小学科学教材分析的内容

要想把握好教材，小学科学教师首先需要对整套教材有全面的认识，然后再对教材的单元、主题进行分析和研究。根据教材分析的范围，我们可以把小学科学教材分析划分为三个层次：宏观分析、中观分析、微观分析。

三个层次整合为小学科学教材分析的内容，其相互关系，如图 3-1 所示。

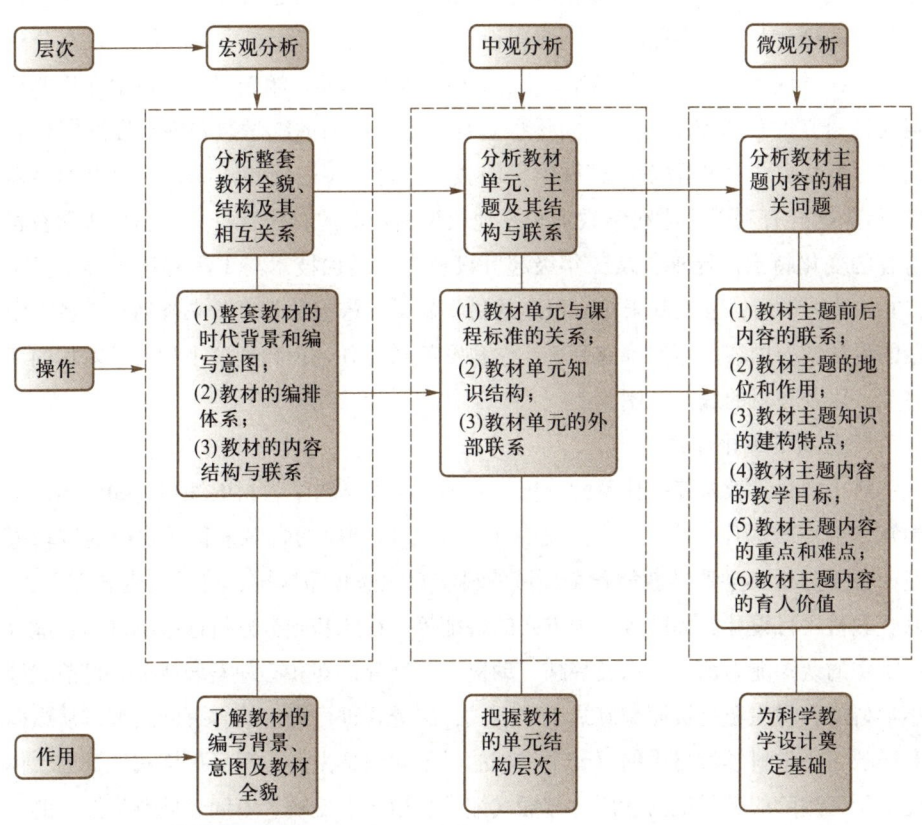

图 3-1　小学科学教材分析的内容

小学科学教材分析的具体内容有哪些？科学教师如何分析小学科学教材？

从小学科学教材内容的价值考虑，我们要分析小学科学教材的科学知识，科学探究，科学态度，科学、技术、社会与环境四个维度的内容；从小学科学教材呈现的方式考虑，我们还要关注教材的插图、习题等；从对小学科学教材理解的层次考虑，我们既要整体把握小学科学教材的功能，还要准确把握教材单元的地位和作用以及层次关系，以及准确理解每个主题的教材内容。

根据以上介绍的小学科学教材分析模式知道，教材的宏观分析可以认识教材的时代背景、编写意图和全貌，中观分析可以理清教材每一个单元及其主题的结构层次，微观分析可以进一步理解教材每一个单元的主题内容及相关问题。每个层次的教材分析涵盖以下具体内容要素。

（一）小学科学教材宏观分析的内容

1. 整套教材的时代背景和编写意图

任何一套教材都是时代的产物，都有其产生的时代背景。教材是相对稳定的，但随着时代的发展也会不断更新，小学科学教材也不例外。比如，《小学科学课程标准》颁布之后的新教材。该教材充分反映了课程标准的精神与要求。从课程标准规定的课程性质、课程理念、课程设计思路、课程目标等方面我们可以充分认识小学科学课程改革的时代特征。《小学科学课程标准》明确"小学科学课程要按照立德树人的要求培养小学生的科学素养，为他们的继续学习和终身发展打好基础。""小学科学课程的设计遵循国家的教育方针，……反映国际科学教育的最新成果。"这样有利于小学科学教师较好地认识到在新的时代背景下，小学科学教材内容的变化特点。比如，从一年级起开设科学，增加技术与工程领域内容，强调STEM 整合学习，强调基于核心概念的科学教学，依据学习进阶来规划小学各个学段的科学学习内容。这些都有利于小学科学教师充分认识和理解小学科学教材的新特点，以及教材的编写意图。

2. 教材的编排体系

对小学科学教材编排体系的分析，主要分析小学科学教材的编写是如何体现科学知识的逻辑顺序、学生的认知顺序和心理发展顺序的。对于科学知识的逻辑顺序，主要分析小学科学教材各个领域的科学知识的顺序编排、科学探究展开方式，以及教材栏目设计、插图等呈现方式的特征等。在此基础上分析这些编排是否适合小学生的认知能力水平，以及兴趣、动机、态度等认知和心理发展特征。目前我国小学科学教材主要是按照螺旋式、穿插式、渗透式进行编排的。螺旋式编排从纵向上反映了小学科学教材中的每一个领域的科学知识是由浅入深呈螺旋式上升的，体现了学习进阶的教材编写思想。穿插式编排从横向上反映了不同领域科学知识的学习顺序。渗透式编排是指小学科学课程的科学探究目标、科学态度目标、STSE 目标等课程目标的实现没有直接纳入教材显性的编排中，而是渗透于教材相关知识内容、相关栏目、插图等中的。

拓展阅读：
人教·鄂教版小学《科学》(1~6 年级)教材内容编排体系

交流与讨论

阅读拓展资料，试分析教科版小学科学教材内容体系是按什么方式编排的？

3. 教材的内部结构与联系

教材的结构决定教材的教育教学功能，分析小学科学教材的内部结构，不仅有助于了解小学科学教材在物质科学、生命科学、地球与宇宙科学、技术与工程各个领域中的科学知识组成部分及其逻辑关系，即内部关系，而且也有助于理解各个组成部分在整个教材中的功能。分析小学科学教材的内部结构与联系，实质上是要分析小学科学教材是如何呈现课程标准提出的四大领域的 18 个主要概念、75 个分解学习内容的，是如何将他们分布在 1~2 年级、3~4 年级、5~6 年级三个学段的。

（二）小学科学教材中观分析的内容

1. 教材单元内容与课程标准的关系

如前所述，课程标准是编写教材的依据，小学科学教材是《小学科学课程标准》的具体化。通过分析教材单元与课程标准之间的对应关系，我们可以确定该单元教材内容在整个教材体系中的地位和作用，以及各个单元之间的相互关系与衔接。分析小学科学教材单元与《小学科学课程标准》的关系，有利于教师把握小学科学教材各单元的深度和广度。

2. 教材单元知识结构

小学科学教材单元知识结构反映了小学科学各个学习领域的主要概念和学习内容之间的结构关系，分析小学科学教材单元的知识结构主要是分析本单元教材各个主题之间的逻辑关系，运用思维导图或结构网络图来呈现本单元教材主题之间的相互关系，以及本单元教材主题与课程标准中的主要科学概念、学习内容之间的关系。

3. 教材单元的外部联系

教材单元的外部联系是指与本单元中各主题有联系的同一领域的其他单元的主题知识，或者其他领域的单元主题知识，以及与生活、生产、科技、环境等相联系的知识。分析教材单元的外部联系有利于体现小学科学学科的综合性，实现学科之间的整合，实现 STEM、STSE 等教育新理念，同时，有利于小学科学教学资源的开发。

（三）小学科学教材微观分析的内容

1. 教材主题前后内容的联系

从系统论的观点来看，整体是由要素构成的，各个要素既有独立的价值，也相互联系、相互作用，这一特点决定了整体的功能。小学科学教材是具有一定逻辑结构的知识体系。小学科学教材的每一个单元、主题共同构成了整个教材，这些单元或者主题都可以看作整个教材的构成要素，正是各个单元与单元之间、主题与主题之间的相互联系、相互作用，共同发挥小学科学教材在提高学生科学素养的整体功能。因此，教师对小学科学教材进行微观分析时，需要根据课程内容标准的学习进阶特点，准确把握本教材主题与前后教材主题的联系，明确之前的教材主题内容为本主题学习打下了哪些基础，同时，通过本教材主题内容的学习为下一个教材主题的学习奠定基础，顺利实现科学知识学习的螺旋式上升。

2. 教材主题的地位和作用

分析小学科学教材主题的地位和作用的目的在于更好地理解小学科学教材主题在建构科学知识、体验科学探究过程、领会科学方法、培养科学态度、培养科学探究能力等方面全面提高学生科学素养的重要价值。分析教材主题的地位和作用，要分析本教材主题出现在整个知识体系的什么位置，并说明基于什么考虑将其安排在这里；同时，也要分析本主题在发展学生的科学素养方面具有什么价值，对改变学生的学习方式、教师的教学方式具有什么作用等。

拓展阅读：
教科版小学《科学》（2003 年版）五年级下册《热》单元教材的中观分析

拓展阅读：
教科版小学《科学》（2003 年版）五年级下册《沉和浮》单元教材的微观分析

视频：
小学科学教材微观分析案例

### 3. 教材主题知识的建构特点

小学科学教材知识的建构必须反映学生建构科学知识的过程及其特征，这涉及如何根据学科知识逻辑顺序以及学生的认知发展顺序、心理发展顺序来优化小学科学教材的编写。因此，分析小学科学教材主题知识的建构特点，就要研究小学科学教材主题内容是如何编排的，主要包括科学知识的选取与编排顺序、科学探究活动设计、教材内容呈现方式（教材的引言、图片、照片、表格、科学史料、拓展阅读、资料卡片等）等。分析小学科学教材主题知识的建构特点，有助于小学科学教师优化科学教学过程设计，有效地指导学生的科学学习活动。

### 4. 教材主题内容的教学目标

教学目标是教学过程预期达到的学习结果和标准，它是课程目标的进一步细化，在方向上对教学设计起指导作用，为教学评价提供标准和依据。[①] 小学科学教学目标是小学科学教学的出发点，也是归属。分析小学科学教材主题必须分析教材主题内容的教学目标。分析小学科学教学目标要以课程标准、教材内容、学生学情为依据，从科学知识、科学探究、科学态度，以及科学、技术、社会与环境四个维度展开，运用恰当的行为动词进行陈述。

交流与讨论

分析教材是确定教学目标的重要步骤。很多教师能够较好地从教材中把握科学知识目标，但对于科学探究、科学态度目标却很难从教材中直接把握。你如何看待科学教材分析与确定"科学探究""科学态度"目标间的关系？

### 5. 教材主题内容的重点和难点

分析小学科学教材主题的重点和难点的目的是合理安排教学时间，采取有效的教学策略、教学模式和教学方法，以提高小学科学教学质量。所谓教材（教学）的重点，一般是指在教材中对今后进一步学习或解决问题起重要作用的知识点或者科学方法等。教材的重点具有基础性、结构性、典型性等特点。教材重点的确定主要是由教材本身的性质和功能决定的，教材的重点一般包括科学的基本概念、基本规律和科学方法。所谓教材（教学）的难点，一般指在一个班级里多数学生难以理解和掌握的知识点或者科学方法。教材（教学）的难点是根据教材的特点和学生学习科学的思维规律和认知水平特点确定的。确定教材（教学）的难点要从学生实际出发，重视对学生学习心理的分析，重视思维障碍的表现与成因。教师只有准确分析和把握小学科学教材主题内容的重点和难点，领会教材内容所蕴含的关键性知识、方法和思想，才能合理设计小学科学教学活动，采取有效的教学策略、模式和方法突出重点，突破难点，提高小学科学教学效果。

---

① 钟启泉. 课程与教学概论 [M]. 上海：华东师范大学出版社，2004.

（1）小学科学教材主题内容的重点与难点的关系是什么？

（2）举例说明小学科学教学应如何突出重点，突破难点？

### 6. 教材主题内容的育人价值

教材永远具有教育性。小学科学教材不仅仅是科学知识的载体，也是立德树人，全面提高学生科学素养的重要依据，具有重要的育人价值。小学科学教师在分析小学科学教材主题、确定知识点时，应注意深入挖掘教材的育人价值，包括"智力价值"和"情感价值"，以便通过有关科学知识的教学，激发学生的科学学习兴趣，培养和发展学生的科学探究能力，对学生进行科学态度和科学方法的教育，开展 STSE 教育，达到促进学生全面提高科学素养的目标。

（1）除了以上介绍的小学科学教材分析的内容以外，你觉得还可以从哪些视角来分析小学科学教材？

（2）前面学习了小学科学教材微观分析的具体内容，如果给你小学科学教材某一个主题的分析任务，你会按照怎样的流程来操作呢？

## 第三节 小学科学教材分析的基本方法

《小学科学课程标准》给小学科学教师的教学提出了许多新的要求，为了成功地实施小学科学教学，从而实现小学科学教学目标，小学科学教师需要对教材进行全面而深刻的分析，而掌握小学科学教材分析的主要方法，弄清教材分析的关键步骤是教材分析得以顺利进行的前提。那么到底可采用哪些具体的方法来分析小学科学教材呢？

### 一、知识分析法

#### （一）知识分析法的概念

知识分析法是指教师在认真研读《小学科学课程标准》，阅读小学科学教材的基础上，以科学教育新理念为指导，对教材涉及的科学知识内容及其内在联系进行分析，提高科学知识教学效果的一种方法。

知识分析法可以从教材的整体到局部进行分析，即从教材整体（全书）、部分（单元）、主题进行分析。教师要根据课程标准中的内容标准分析教材中的科学知识的对应关系，分析教材中科学知识的内在联系，掌握相关知识结构网络，弄清教材的重点和难点，为确定科学教学目标、选择科学教学策略和方法奠定基础。

　　分析小学科学教材的科学知识编写特点是教材分析的首要工作，因为教材是围绕科学核心概念编写的，而科学核心概念是科学课程的重要内容，是科学知识的重要形式，是学生形成科学素养的最重要的组成部分。显然，知识分析法也是小学科学教材分析最基本的方法。

　　（二）知识分析法的步骤

　　1. 分析教材的知识结构

　　所谓教材的知识结构是指全书或者教材各个单元（主题）的科学知识的主要内在联系方式，是教材的科学知识的逻辑结构。小学科学教师只有把握教材的知识结构，才可能系统地分析各部分教材，才可能根据教学实际和自己的经验，优化科学教学，提高科学教学质量。

　　首先，认真研读《小学科学课程标准》，阅读全书或者各单元（主题）教材，找出教材主要的知识点，即科学的主要概念和学习内容；其次，按照科学知识点的内在逻辑联系，画出知识结构框图（概念图、思维导图）。

　　2. 分析教材的重点与难点

　　小学科学教材的重点一般是指在某一单元或主题（节）中对今后进一步学习或解决问题起重要作用的科学知识点或者科学方法。教材的重点是由教材本身性质决定的。分析小学科学教材重点的主要依据是《小学科学课程标准》规定的主要概念和学习内容，此外，还要分析学生在科学知识建构过程中使用的科学方法。学生的科学知识不是教师简单传授给学生的，而是学生通过积极参与探究活动主动建构的。因此科学探究及科学方法因素的分析也应成为确定教材重点的一个依据。由于长期传统教学的影响，教师对这一点往往认识得不够，新时代的科学教师在进行教材分析时应加以重视。

　　小学科学教材的难点是针对学生而言的，是由科学教材内容特点、学生的思维规律和认知水平决定的。因此，对于小学科学教材难点的确定既要分析教材内容本身和科学方法特点，也要注意分析、研究学生学习的心理特征和思维规律。

## 交流与讨论

　　阅读教科版《科学》六年级下册第二单元主题"物质的变化"，分析其知识结构。

## 二、方法论分析法

　　（一）方法论分析法的概念

　　小学科学教材的方法论分析法指以自然科学方法论为指导，挖掘小学科学教材涉及的科学探究活动中的科学方法因素。方法论分析法有助于小学科学教师把握小学科学教材的科学探究实施与科学方法的关系，设计有效的科学探究教学活动，使学生学习科学方法，领会科学思想，提高科学探究能力。

《小学科学课程标准》十分重视科学探究，把"倡导探究式学习"作为小学科学课程的基本理念之一，同时把"科学探究"作为小学科学课程的四大课程目标之一，并且将科学探究渗透于各个领域之中。科学探究对于全面提高学生的科学素养，转变学生的学习方式，转变教师的教学方式具有重要价值。[①] 开展科学探究式教学是小学科学教学改革的关键所在。在当前小学科学教学实践中，教师开展探究式教学、学生开展探究式学习的效果不尽如人意，这与小学科学教师对小学科学教材进行方法论分析不到位是有较大关系的。

（二）科学探究活动中的科学方法

学生开展科学探究，即进行探究式学习，从本质上说是在教师指导下模拟科学家开展简化的科学研究活动。在整个活动中，提出问题、做出猜想假设、设计实验方案、搜集证据、分析解释现象、获得结论、表达交流等各环节都要运用系列的科学方法，包括观察方法、实验方法、科学抽象方法、资料和事实处理方法、假说方法、模型方法等。科学探究离不开科学方法，科学方法在科学探究中发挥着重要作用。离开了科学方法，是不可能开展科学探究的。科学探究环节与相应的科学方法，如表 3-1 所示。

表 3-1 科学探究环节与相应的科学方法

| 科学探究环节 | 科学方法 |
| --- | --- |
| 提出科学问题 | 观察、实验 |
| 进行猜想和假设 | 推理、假说 |
| 制订计划，设计实验 | 设计实验、控制实验变量 |
| 获取事实与证据 | 观察、测定、实验、记录 |
| 检验与评价 | 分类、图表化、科学抽象、模型化 |
| 表达与交流 | 图表化 |

因此，在小学科学教材分析中，应用自然科学方法论分析教材中蕴含的科学方法因素非常重要。下面是对教科版三至六年级《科学》（2001 年版课标教材）教材涉及的科学方法因素统计的结果，如表 3-2 所示。

表 3-2 教科版三至六年级《科学》教材中的科学方法因素统计

| 年级 | 科学方法 | | | | | | | | | | | |
| --- | --- | --- | --- | --- | --- | --- | --- | --- | --- | --- | --- | --- |
| | 观察 | 实验 | 科学抽象方法 | | | | | | | 资料和事实处理方法 | 假说方法 | 模型方法 |
| | | | 演绎 | 归纳 | 分析 | 综合 | 类比 | 分类 | 比较 | | | |
| 三年级 | 44 | 24 | 1 | 8 | 30 | 7 | 0 | 3 | 18 | 32 | 4 | 2 |
| 四年级 | 50 | 33 | 1 | 10 | 32 | 8 | 3 | 12 | 19 | 36 | 5 | 9 |

---

① 彭蜀晋，林长春. 科学课程与教学论 [M]. 北京：高等教育出版社，2005.

续表

| 年级 | 科学方法 | | | | | | | | | | | |
|---|---|---|---|---|---|---|---|---|---|---|---|---|
| | 观察 | 实验 | 科学抽象方法 | | | | | | | 资料和事实处理方法 | 假说方法 | 模型方法 |
| | | | 演绎 | 归纳 | 分析 | 综合 | 类比 | 分类 | 比较 | | | |
| 五年级 | 54 | 53 | 2 | 22 | 47 | 14 | 4 | 4 | 21 | 30 | 17 | 11 |
| 六年级 | 46 | 32 | 2 | 24 | 33 | 12 | 2 | 7 | 19 | 26 | 11 | 18 |

### （三）科学方法因素分析的途径

在小学科学教材中有关科学方法的因素可以通过课文中的文字描述、图表、实验与观察活动等进行分析。从小学科学教材的这些表现形式中我们可以挖掘科学方法的因素。

交流与讨论

阅读教科版《科学》五年级上册"生物与环境"单元"观察绿豆芽的生长"主题（图 3-2），分析其科学方法因素有哪些。

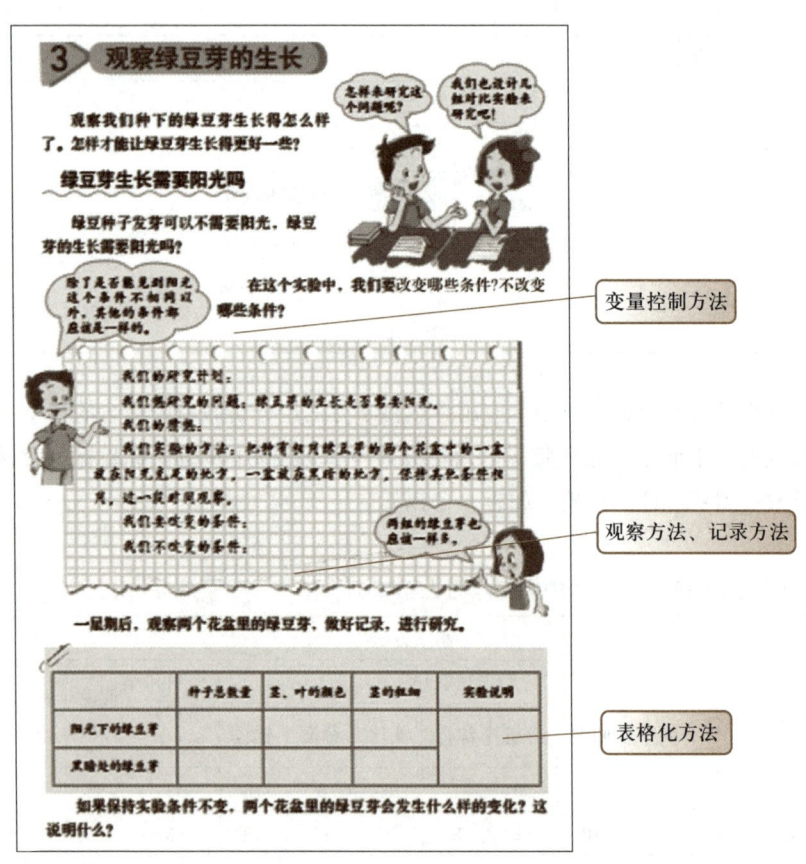

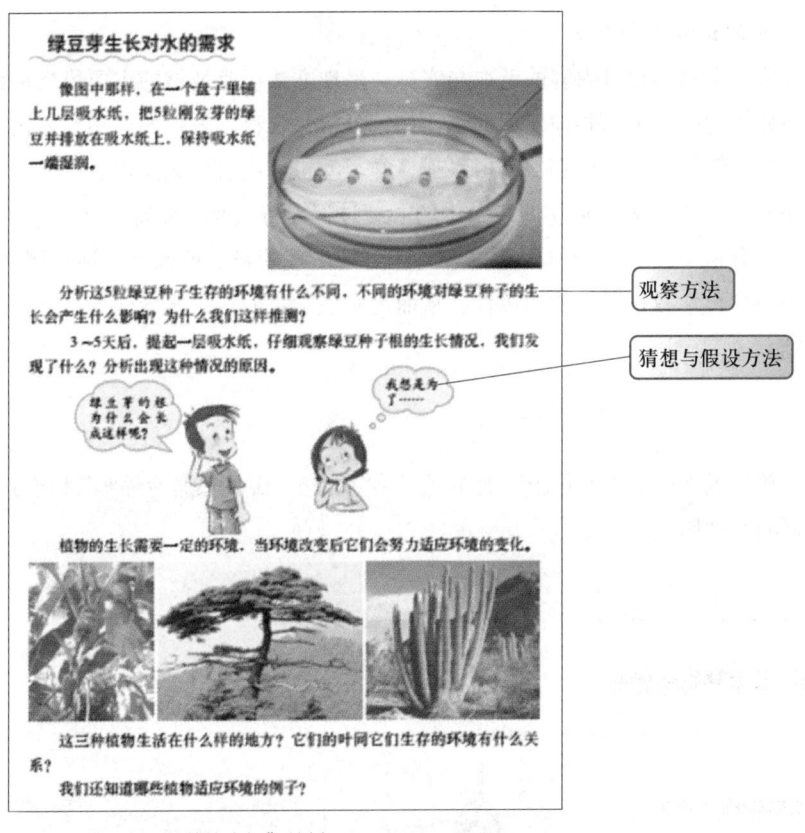

图 3-2 "观察绿豆芽的生长"教材

## 三、心理分析法

### （一）心理分析法的概念

小学科学教材的心理分析法是指教师从学生学习科学的心理过程入手，挖掘和研究小学科学教材中的心理因素。小学科学教材心理分析的内容包括三个方面：（1）智力因素构成的认识过程，包括感知、表象、思维、记忆等；（2）非智力因素构成的意向过程，包括兴趣、情感、动机等；（3）能力、性格等学生的个性特征。它们共同构成了小学生科学学习的心理过程。对小学科学教材进行心理分析，目的是更好地认识小学科学教材编写的心理发展顺序与认知发展顺序、学科逻辑顺序的关系。通过小学科学教材的心理因素分析，科学教师要弄清学生科学学习的思维障碍，突破学习难点，调动学生的学习动力，改善学生的心理素质，提高科学教学效率。

（二）心理分析法的途径

1. 分析教材的心理因素

即分析小学科学教材内容的选取与安排、呈现方式以及教材的主要风格和特点等方面是如何适应学生的心理发展的。比如，分析小学科学教材的插图、表格、实验活动等在调动学生的好奇心、学习兴趣、学习动机方面有什么作用。

2. 分析学生在教材具体学习环节中的心理过程、特点及其障碍

比如，分析学生在学习本主题内容时，可能出现的科学前概念、迷思概念等；分析其与小学科学教材内容的相关性，从而为实现学生的科学概念转变奠定教学设计的基础。

交流与讨论

阅读教科版《科学》五年级下册单元"热"主题"金属热胀冷缩吗"（图 3-3），分析教材的心理因素。

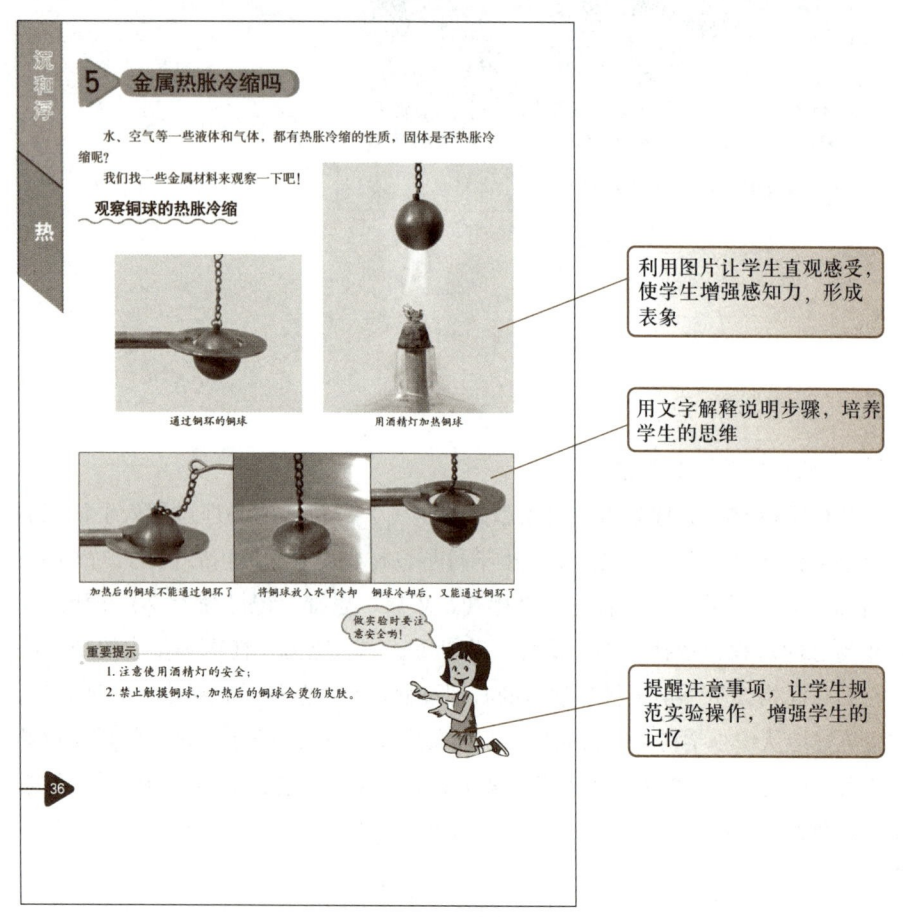

图 3-3  "金属热胀冷缩吗"教材

交流与讨论

除了以上介绍的教材分析的三种基本方法以外，你知道还有哪些方法？

拓展阅读：
参考文献

思考与实践 ⅢⅢⅢⅢⅢⅢⅢⅢⅢⅢⅢⅢⅢⅢⅢⅢⅢⅢⅢⅢⅢⅢⅢⅢⅢⅢⅢⅢⅢⅢⅢⅢ

（1）小学科学教师如何从学生的角度去分析小学科学教材？

（2）从教科版《科学》教材中任意选择一个单元内容进行教材的中观分析、微观分析，撰写教材分析报告。

（3）通过互联网或者期刊、教材，查阅和总结本章教材介绍以外的其他具体的教材分析方法。

（4）任意选择小学科学教材一个单元的主题，分别应用知识分析法、方法论分析法、心理分析法进行分析，写出教材分析报告。

# 第4章　　　　小学科学教材的目标分析

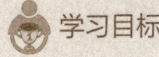 学习目标

1. 理解《小学科学课程标准》提出的四个目标维度的内涵与关系，知道关于学习目标的表述方式。
2. 理解《小学科学课程标准》关于物质科学、生命科学、地球与宇宙科学、技术与工程四个领域不同主题内容的目标表述，并能应用其分析小学科学教学目标。
3. 基于典型案例的分析，理解小学科学教材中科学知识目标，科学探究目标，科学态度目标，STSE（科学、技术、社会与环境）目标的内容与呈现方式。

核心概念

科学教材；科学探究；科学知识；科学态度；STSE（科学、技术、社会与环境）；目标分析

知识导图

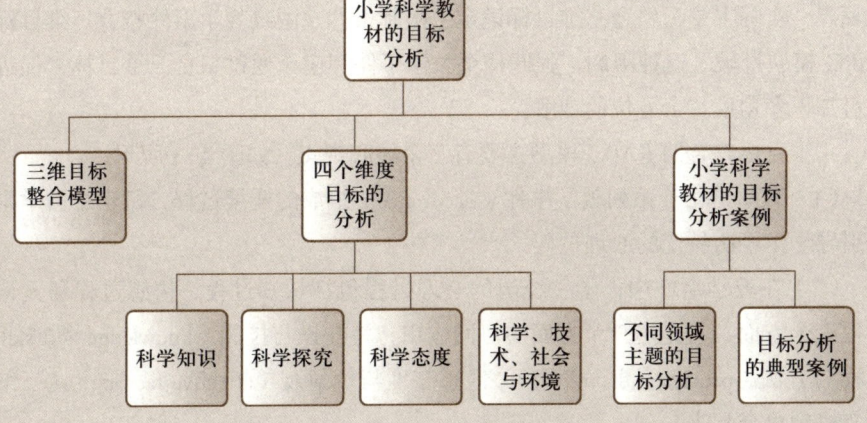

某科学教师在"光的折射"这一课教学中设计了如下教学目标：

"通过引导学生借助激光笔、手电筒进行观察实验活动，让学生知道光在从一种透明物质进入另一种透明物质时，传播方向会发生偏折，这种现象叫作光的折射；能应用光的折射认识并解释生活中的现象；在观察实验活动中培养学生依据事实进行分析问题的习惯，初步具有发现问题和分析问题的能力；激发学生对光的折射现象的研究兴趣，感受生活中的折射现象，培养学生与人合作、认真细致的科学态度。"[①]

教学目标的设计影响教学活动的设计与过程的开展，在《小学科学课程标准》明确了四个维度目标的同时，教师是否需要研究与反思该如何开展小学科学教材目标维度的分析？

改变课程过于重视知识传授的倾向，强调形成积极主动的学习态度，使学生获得基础知识与基本技能的过程，同时也成为学会学习和形成正确价值观的过程，这是新课程推行中的重要理念之一。新《小学科学课程标准》强调四个维度的目标是一个整体，并且在实践层面上必须是四位一体。

## 第一节    三维目标整合模型

埃德加·莫兰（Edgar Morin）在《复杂性理论与教育问题》一书中指出：在参照背景、总体、复杂性而力图实现自我建构时，应该调动认识者对世界所知的一切。根据这一表述，教师在通过教学事件激发和支持学生的内部学习过程时，应充分考虑到学生调动总体知识和一般智能的复杂性，引导学生从知识与技能、过程与方法、情感态度与价值观三个方面，整体建构对所学内容的理解。那种认为只有特殊教学模式才能实现三维目标整合，或者制订教学内容有利于某种目标实现的观点，实际上是为整合三维目标设定了限制条件。围绕教学事件整合三维目标的 KAPO 模型打破了这种限制，强调每个教学事件都应该通过整合三维目标，促进学生对知识多角度、全方位的理解。

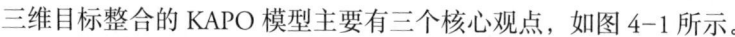

拓展阅读：
三维目标

三维目标整合的 KAPO 模型主要有三个核心观点，如图 4-1 所示。

（1）教学是由一系列教学事件（occurence）组成的连续过程，每一个教学事件都引导学生经历特定的心理过程。

（2）在教学事件中，学生经历的心理过程包括认知过程、情感过程和元认知过程三个方面，正是这三个方面的协同作用，将知识与技能（knowledge and skill）、过程与方法（process and method）、情感态度与价值观（affective factors）这三维目标有机地整合起来。

（3）教学事件是特定教学方法和教学策略的具体表现形式，高效能的教学取

---

① 王素英. 小学科学探究实践：下册［M］. 北京：首都师范大学出版社，2012.

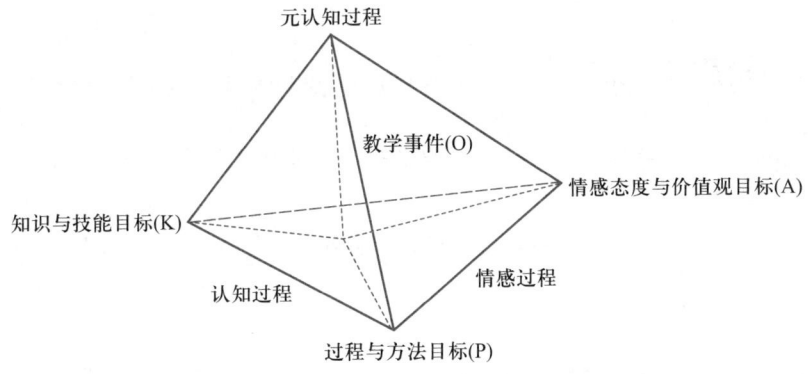

图 4-1　三维目标整合的 KAPO 模型 [①]

拓展阅读：
认知与元认知

决于教学事件整合三维目标的水平。

　　小学科学课程以培养学生的科学素养为总目标，具体分解为科学知识，科学探究，科学态度，科学、技术、社会与环境四个方面。《小学科学课程标准》对学生通过科学课程学习需要达成的目标做出如下规定："学生通过科学课程的学习，保持和发展对自然的好奇心和探究热情；了解与认知水平相适应的科学知识；体验科学探究的基本过程，培养良好的学习习惯，发展科学探究能力；发展学习能力、思维能力、实践能力和创新能力，以及用科学语言与他人交流和沟通的能力；形成尊重事实、乐于探究、与他人合作的科学态度；了解科学、技术、社会和环境的关系，具有创新意识、保护环境的意识和社会责任感。"结合《小学科学课程标准》关于课程目标的规定，并根据 KAPO 模型，我们提出 KEASO 模型（图 4-2），即：科学知识（knowledge）——科学探究（explore）——科学态度（attitude）——科学、技术、社会与环境（science, technology, society and environment）——教学事件（occurrence）。

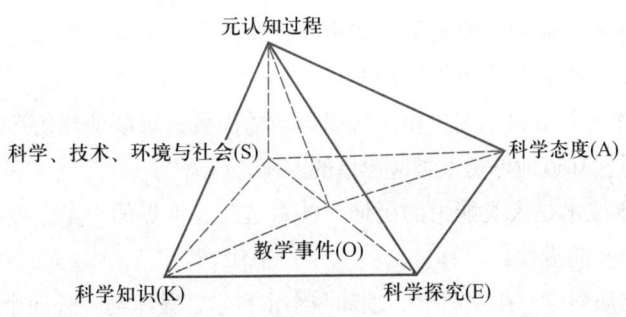

图 4-2　四维目标整合的 KEASO 模型

---

① 李亦菲，朱小蔓. 新课程三维目标整合的 KAPO 模型 [J]. 天津师范大学学报（基础教育版），2010，11（1）：1-10.

**问题与思考** ||||||||||||||||||||||||||||||||||||||||||||||||||||||||||||||||||||||||||||

（1）《小学科学课程标准》提出了四个维度的目标，具体是哪四个维度的目标？这四个维度目标的关系如何？

（2）在小学科学教学中如何将四个维度的目标融合起来？

## 第二节　四个维度目标的分析

通过前面的学习，我们已经知道《小学科学课程标准》提出了科学知识，科学探究，科学态度，科学、技术、社会与环境四个维度的目标。教学目标是教师通过教学事件激发与支持学生整体建构的对所学内容的理解，KAPO 模型为教学目标的分析提供了依据与路径。我们将从《小学科学课程标准》中的物质科学、生命科学、地球与宇宙科学、技术与工程四个领域阐述与分析"科学知识"目标；从"问题与假设""计划与证据""结论与交流""运用与评价"四个方面阐述与分析"科学探究"目标；从情绪情感（E）、价值判断（V）、行为倾向（P）三个方面阐述与分析"科学态度"目标；从科学技术与日常生活的联系、科学技术与社会发展的关系、人类与自然和谐相处三个方面描述"科学、技术、社会与环境"目标。

### 一、课程标准中关于科学知识目标的表述与分类

《小学科学课程标准》将小学科学知识总目标概括为以下几点：

（1）了解物质的基本性质和基本运动形式，认识物体的运动、力的作用、能量、能量的不同形式及其相互转换。

（2）了解生物体的主要特征，知道生物体的生命活动和生命周期；认识人体和健康，以及生物体与环境的相互作用。

（3）了解太阳系和一些星座；认识地球的面貌，了解地球的运动；认识人类与环境的关系，知道地球是人类应珍惜的家园。

（4）了解技术是人类能力的延伸，技术是改变世界的力量，技术推动着人类社会的发展和文明进程。

以下从物质科学、生命科学、地球与宇宙科学、技术与工程四个领域，进行科学知识目标的阐述。

（一）物质科学

物质科学是研究物质及其运动和变化规律的一门基础自然科学。《小学科学课程标准》强调在小学科学教学中，教师应帮助学生形成以下主要概念：

（1）物体具有一定的特征，材料具有一定的性能。

（2）水是一种常见而重要的单一物质。

（3）空气是一种常见而重要的混合物质。

（4）物体的运动可以用位置、快慢和方向来描述。

（5）力作用于物体，可以改变物体的形状和运动状态。

（6）机械能、声、光、热、电、磁是能量的不同表现形式。

同时，《小学科学课程标准》将物质科学领域知识学习目标分为低级、中级、高级三个层级，其中，低级目标（以下用"L"表示）为：观察、描述常见物体的基本特征；辨别生活中常见的材料；知道常见的力。中级目标为（以下用"M"表示）：测量、描述物体的特征和材料的性能；描述物体的运动，认识力的作用；了解不同形式的能量。高级目标为（以下用"H"表示）：初步了解常见的物质的变化；知道不同能量之间的转换。我们将物质科学领域知识的学习目标从主题与等级两大维度进行划分，其中 K 表示的是科学知识，L、M、H 分别表示低、中、高三个层次（表 4-1）。

表 4-1  物质科学领域知识学习目标列举

| 主题 | 学习目标 |
|---|---|
| 物体与材料 | KL1：通过观察，描述物体的轻重、薄厚、颜色、表面粗糙程度、形状等特征<br>KL2：根据物体的外部特征对物体进行简单分类<br>KL3：辨别生活中常见的材料<br>KM1：能够使用简单的仪器测量物体的长度、质量、体积、温度等常见特征，并使用恰当的计量单位进行记录<br>KM2：描述某些材料的导电性、透明程度等性能，说出它们的主要用途<br>KM3：知道固体有确定的形状、体积和质量；液体有确定的体积和质量，液体的表面在静止时一般会保持水平；气体有确定的质量，但没有确定的形状和体积<br>KM4：根据物体的特征或材料的性将两种混合在一起的物体分离开来，如分离沙和糖，铁屑和木屑等<br>KM5：知道有些物体的形状或大小发生了变化，如被切成小块、被挤压、被拉伸，纸被撕成小片等，构成物体的物质没有改变<br>KH1：观察常用材料的漂浮能力、导热性等性能，说出它们的主要用途<br>KH2：知道有些物体发生了变化，如燃烧后的纸、生锈的铁等，构成物体的物质也发生了改变 |
| 水 | KL1：观察并描述水的颜色、状态、气味等特征<br>KL2：知道有些物质能够溶解在一定量的水里，如食盐和白糖等；有些物质很难溶解在水里，如沙和食用油等<br>KM1：知道冰、水、水蒸气在形状和体积等方面的区别<br>KM2：观察并描述一般情况下，当温度升高到 100℃ 或降低到 0℃ 时，水会沸腾或结冰<br>KM3：知道冰、水、水蒸气虽然状态不同，但都是同一种物质<br>KM4：通过观察，描述一定量的不同物质在一定量水中的溶解情况<br>KM5：通过实验，知道搅拌和温度是影响物质在水中溶解快慢的常见因素<br>KH1：列举日常生活中水的蒸发和水蒸气凝结成水的实例，如晒衣服、雾、玻璃窗上的水珠等<br>KH2：知道温度是影响水结冰和水沸腾过程的主要因素 |

| 主题 | 学习目标 |
|---|---|
| 空气 | KL1：观察并描述空气的颜色、状态、气味等特征<br>KM1：知道空气具有质量并占有一定的空间，空气总会充满各处<br>KM2：知道空气中的氧气和二氧化碳对生活具有重要意义<br>KM3：通过观察，描述热空气上升的现象<br>KM4：知道空气的流动是风形成的原因<br>KM5：列举生活中常见的形成风的一些方法<br>KH1：知道空气是一种混合物质，氮气和氧气是空气的主要成分 |
| 运动 | KL1：使用前后左右、东南西北、远近等描述物体所处位置和方向<br>KM1：知道可以用相对于另一个物体的方向和距离来描述运动物体在某个时刻的位置<br>KM2：知道测量距离和时间的常见方法<br>KM3：知道用速度的大小来描述物体运动的快慢<br>KM4：知道自行车、火车、飞机等常用交通工具的速度范围<br>KM5：列举并描述生活中常见物体的直线运动、曲线运动等运动方式<br>KM6：比较不同的运动，举例说明各种运动的形式和特征 |
| 力 | KL1：知道推力和拉力是常见的力<br>KL2：知道力可以使物体的形状发生改变<br>KM1：知道日常生活中常见的摩擦力、弹力、浮力等都是直接施加在物体上的力<br>KM2：举例说明给物体施加力，可以改变物体运动的快慢，也可以使物体启动或停止<br>KH1：知道地球不需要接触物体就可以对物体施加引力 |
| 声能 | KM1：举例说明声音在不同物质中可以向各个方向传播<br>KM2：举例说明声音因物体振动而产生<br>KM3：知道声音有高低和强弱之分；制作能产生不同高低、强弱声音的简易装置，知道振动的变化会使声音的高低、强弱发生改变<br>KM4：知道噪声的危害和防治；知道保护听力的方法 |
| 光能 | KM1：描述行进中的光被阻拦时，就形成了阻拦物的阴影<br>KH1：识别来自光源的光，如太阳光、灯光；识别来自物体反射的光，如月光<br>KH2：知道来自光源的光或来自物体的反射光进入眼睛，都能使我们看到光源或该物体<br>KH3：知道光在空气中沿直线传播<br>KH4：知道行进中的光遇到物体时，会发生反射现象，光的传播方向会发生变化<br>KH5：描述太阳光穿过三棱镜后形成的彩色光带，知道太阳光中包含有不同颜色的光 |
| 热能 | KM1：描述测量物体或空气温度的方法；知道国际上常用摄氏度作为温度的计量单位来表示物体的冷热程度<br>KM2：知道一般物体具有"热胀冷缩"的性质<br>KM3：知道水结冰时体积会膨胀<br>KM4：描述加热或冷却时常见物质发生的状态变化，如水结冰、冰融化、水蒸发和水蒸气凝结<br>KH1：说出生活中常见的热传递的现象，知道热通常从温度高的物体传向温度低的物体<br>KH2：举例说明影响热传递的主要因素，列举它们在日常生活和生产中的应用 |
| 电能 | KM1：说出电源、导线、用电器和开关是构成电路的必要元件，说明形成电路的条件；解释切断闭合回路是控制电路的一种方法<br>KM2：知道有些材料是导体，可以导电；有些材料是绝缘体，极不易导电<br>KM3：列举电的重要用途<br>KM4：知道雷电、高压电、交流电会对人体产生伤害；知道安全用电的常识 |

续表

| 主题 | 学习目标 |
|---|---|
| 磁能 | KL1：列举生活中常用的不同外形的磁铁<br>KL2：描述磁铁可以直接或隔着一段距离对铁、镍等材料产生吸引作用<br>KL3：知道指南针中的小磁针是磁铁，可以用来指示南北<br>KL4：说出磁铁总是同时存在着两个不同的磁极<br>KL5：知道相同的磁极相斥，不同的磁极相吸 |
| 能量的表现形式及其转换 | KM1：识别日常生活中的能量<br>KM2：知道运动的物体具有能量<br>KH1：知道声、光、热、电、磁都是自然界中存在的能量形式<br>KH2：调查和说明生活中哪些器材、设备或现象中存在动能（机械能）、声能、光能、热能、电能、磁能及其之间的转换 |

以"力"为例，科学知识目标涉及 L 层次的目标：知道推力和拉力是常见的力；知道力可以使物体的形状发生改变。M 层次的目标：知道日常生活中常见的摩擦力、弹力、浮力等都是直接施加在物体上的力；举例说明给物体施加力，可以改变物体运动的快慢，也可以使物体启动或停止。H 层次的目标：知道地球不需要接触物体就可以对物体施加引力。

交流与讨论

（1）参照课程标准中明确的"物体与材料"的知识学习目标，举例说明生活实例与现象，哪些属于构成物体的物质没有改变，哪些属于构成物体的物质有改变，并阐述理由。

（2）教材是如何体现以上表中 KM5 和 KH2 两层目标内容的？

针对声能知识目标，具体的教学内容包括：声音是因物体振动而产生的（锣鼓声是由锣面的振动产生的、说话声是由声带的振动产生的）；声音的高低和强弱（音调与振动的快慢、振幅与声音的强弱及人耳可听到的限度）；声音的传播（声音在固体、液体、气体中的传播，声音的传播需要介质）；声音的反射；乐音与噪音；等等。具体到教学中，教师可以引导学生利用各类器材，进行实验与探究活动。如针对"声音是由振动而产生的——在教学中为学生准备音叉、鼓与豆子、吸管等材料，引导学生利用提供的实验器材探究如何发出声音"。在这样的活动过程中，教师引导学生举例说明声音是由物体的振动产生的。

（二）生命科学

生命世界包含人、动物和植物等多种生物类群，它们的生存都需要一定的条件，例如营养物质以及适宜的温度、水和空气等。在此基础上，生物个体能够生长、发育和繁殖后代，从而使生物类群得以延续。植物能够制造营养物质，可供自身利用；而动物和人则不能制造营养物质，只能利用植物等生物制造的营养物质和氧气。生物之间，以及生物与环境之间相互依赖和相互影响，它们组成一个有机的整体。

《小学科学课程标准》强调，通过小学科学教学，教师应帮助学生形成以下主要概念：

（1）地球上生活着不同种类的生物。

（2）植物能适应环境，可制造和获取养分来维持自身的生存。

（3）动物能适应环境，通过获取植物和其他动物的养分来维持生存。

（4）人体由多个系统组成，分工配合，共同维持生命活动。

（5）植物和动物都能繁殖后代，使它们得以世代相传。

（6）动植物之间、动植物与环境之间存在着相互学习依存的关系。

同时，《小学科学课程标准》将生命科学领域知识学习目标分为低级、中级、高级三个层级，其中，低级目标（KL）为：认识周边常见的动物和植物，能简单描述其外部主要特征。中级目标（KM）为：初步了解植物体和动物体的主要组成部分，知道动植物的生命周期；初步了解动物和植物都能产生后代，使其世代相传；能根据有关特征对生物进行简单分类；初步认识人体的主要生命活动。高级目标（KH）为：初步认识人体的主要生命活动和人体健康；初步了解动物与植物之间的相互关系；了解生物的生存条件和生物的多样性。针对生命科学领域知识学习目标，我们按六个主题与三个等级列举，如表 4-2 所示。

表 4-2  生命科学领域知识学习目标列举

| 主题 | 学习目标 |
|---|---|
| 多种多样的生物 | KL1：知道动物和植物都是生物<br>KL2：说出生活中常见动物的名称及其特征<br>KL3：说出动物的某些共同特征<br>KL4：说出周围常见植物的名称及其特征<br>KM1：描述生物的特征<br>KM2：知道生物与非生物具有不同特点<br>KM3：能根据某些特征对动物进行分类<br>KM4：识别常见的动物类别，描述某一类动物（如昆虫、鱼类、鸟类、哺乳类等）的共同特征<br>KM5：列举我国的几种珍稀动物<br>KM6：说出植物的某些共同特征<br>KM7：列举当地的植物资源，尤其是与人类生活密切相关的植物<br>KH1：对常见植物进行简单的二歧分类<br>KH2：说出细胞是生物体的基本组成单位<br>KH3：知道蘑菇和木耳是生活中可以直接看到的微生物<br>KH4：知道感冒、痢疾是由肉眼难以观察到的微生物引起的 |
| 植物 | KL1：说出植物需要水和阳光以维持生存和生长<br>KM1：描述植物一般由根、茎、叶、花、果实和种子组成，这些部分具有帮助植物维持自身生存的相应功能<br>KM2：说出植物通常会经历由种子萌发成幼苗，再到开花、结出果实和种子的过程<br>KM3：举例说出生活在不同环境中的植物其外部形态具有不同的特点，以及这些特点对维持植物生存的作用<br>KH1：知道植物可以吸收阳光、空气和水分，并在绿色叶片中制造其生存所需的养分 |

续表

| 主题 | 学习目标 |
|---|---|
| 动物 | KL1：举例说出动物可以通过眼、耳、鼻等感知环境<br>KM1：举例说出动物通过皮肤、四肢、翼、鳍、鳃等接触和感知环境<br>KM2：举例说出动物适应季节变化的方式；说出这些变化对维持动物生存的作用<br>KH1：举例说出动物在气候、食物、空气和水源等环境变化时的行为 |
| 人体 | KL1：识别眼、耳、鼻、舌、皮肤等器官<br>KM1：简要描述人体用于呼吸的器官<br>KM2：简要描述人体用于摄取养分的器官<br>KM3：列举保护这些器官的方法<br>KH1：举例说出人体对某些环境刺激的反应方式和作用<br>KH2：列举保护这些器官的方法<br>KH3：简要描述脑是认知、情感、意志和行为的生物基础<br>KH4：举例说出为保护脑的健康需要采取的主要措施。比如，人需要充足的睡眠，需要避免长期的精神压力，防止外界的激烈冲撞，保持愉快、积极的情绪等<br>KH5：列举睡眠、饮食、运动等影响健康的因素，养成良好生活习惯<br>KH6：列举噪声、雾霾、污水等对人体健康的影响，养成环保意识 |
| 生命的延续 | KM1：举例说出植物和动物从生到死的生命过程<br>KM2：描述有的植物通过产生足够的种子来繁殖后代，有的植物通过根、茎、叶等来繁殖后代<br>KM3：描述和比较胎生和卵生动物繁殖后代方式的不同<br>KH1：描述和比较植物后代与亲代的异同，如花的颜色，叶子的颜色、大小与形状等<br>KH2：描述和比较动物后代与亲代的异同，如毛皮的颜色、躯体的大小、外形和外貌等<br>KH3：根据化石资料举例描述已灭绝的生物，如恐龙、猛犸象等<br>KH4：描述和比较灭绝生物和当今某些生物的相似之处 |
| 生物与环境关系 | KM1：描述动植物维持生命需要空气、水、温度和食物等<br>KM2：举例说出水、阳光、空气、温度等的变化对生物生存的影响<br>KM3：列举动物依赖植物筑巢或作为庇护所的实例<br>KM4：列举动物帮助植物传粉或传播种子等实例<br>KM5：举例说出人类生产、建筑等活动对动植物生存产生的影响<br>KH1：举例说出常见的栖息地为生物提供光、空气、水、适宜的温度和食物等基本需要<br>KH2：说出不同动物以植物或其他动物为食，动物维持生命需要消耗这些食物而获得能量<br>KH3：说出常见植物和动物之间吃与被吃的链状关系<br>KH4：认识到人与自然环境应该和谐相处<br>KH5：认识到保护身边多种多样的生物非常重要 |

　　例如，在教学过程中，教师通过引导学生经历实验、讨论，明确植物的向性运动，学会对比实验的方法，进而拓展设计植物向地、向水特性的探究实验；在关于植物向光性实验中，引导学生利用对比实验研究两株大小相同、生长情况相近的同种植物的幼苗在有光照与没有光照情况下不同的生长情况，并分析产生现象的原因；进而为学生提供相应的材料，引导学生设计关于植物的向地性、向水性实验，并讨论"植物为什么要向光、向地、向水生长"，在这一教学过程中达成科学知识学习目标，即"能结合实例，说出植物适应环境的特性，如向光性、向水性、向地性"。针对"达尔文和进化论"，教师则可以通过科学史的介绍（介绍达尔文、恐龙等爬行动物是如何进化的、达尔文是怎样得出生物进化结论的），小组讨论交流

（关于鸟类起源的资料），教授与引导（呈现始祖鸟化石的图或模型，以问题引导学生思考鸟类是由哪类动物进化而来的，进一步列举生物进化化石的例子）等，以促进科学知识学习目标的达成，即能简要说出达尔文的研究经历，能说出达尔文生物进化理论的基本观点。

**交流与讨论**

（1）以"植物"为例，某教师针对"果实的结构"这一课时，设计了如下评价知识检测题："辨析果实——柿子椒、姜、豌豆、花椒、土豆、胡萝卜

是果实的：＿＿＿＿＿＿＿＿＿＿＿＿＿＿＿＿＿＿＿＿＿＿＿＿＿＿＿＿；

不是果实的：＿＿＿＿＿＿＿＿＿＿＿＿＿＿＿＿＿＿＿＿＿＿＿＿＿＿＿；

理由：＿＿＿＿＿＿＿＿＿＿＿＿＿＿＿＿＿＿＿＿＿＿＿＿＿＿＿＿＿。"

你认为这样的检测题能否检测学生对"果实内部结构，果实由果皮与种子组成"的知识建构？阐述理由。

（2）以"花的结构"为例，设计"知道白菜花的构造及各部分作用"的知识检测题。

### （三）地球与宇宙科学

在小学科学课程中，地球与宇宙科学领域的研究对象是地球与宇宙中有关的现象、事物和规律，具有时间和空间的复杂性；其研究核心是人类与地球、地球与宇宙的关系，考察和追求人地关系的和谐及可持续发展；其研究方法既有与其他领域共同的方面，又有特殊的方面，需要用到实地观察、长期观测、建构模型、模拟实验、逻辑推理等方法。通过这个领域的学习，学生可以初步了解与地球相关的宇宙环境，科学地认知和解释地球的运动及其引发的一些自然现象，了解地球自身结构的基本特征，了解地球物质的价值和保护它们的重要性。

《小学科学课程标准》强调，通过小学科学教学，教师应帮助学生形成以下主要概念：

（1）在太阳系中，地球、月球和其他星球有规律地运动着。

（2）地球上有大气、水、生物、土壤和岩石，地球内部有地壳、地幔和地核。

（3）地球是人类生存的家园。

同时，《小学科学课程标准》将地球与宇宙科学领域知识学习目标分为低级、中级、高级三个层级。低级目标（KL）为：知道与太阳、月球相关的一些自然现象；知道天气、土壤等对动植物和人类生活的影响。中级目标（KM）为：知道太阳、地球、月球的运动特征，知道与它们有关的一些自然现象是有规律的；初步了解地球上大气、水、土壤、岩石的基本状况；初步认识大自然为人类生存提供了各种自然资源和能源，以及大自然中的一些自然灾害。高级目标为（KH）：知道太阳系及宇宙中一些星座的基本状况，知道昼夜交替、四季变化分别与地球自转和公转有关；初步了解地球上一些与大气运动、水循环、地壳运动有关的自然现象的成因；认识人类与自然资源和能源的关系，知道地球是人类应当珍惜的家园。我们按这三个主题和三个等级将地球与宇宙科学领域知识学习目标具体列表（表 4-3）如下。

表 4-3  地球与宇宙科学领域知识学习目标列举

| 主题 | 学习目标 |
|---|---|
| 星体的运动规律 | KL1：描述太阳每天在天空中东升西落的位置变化；描述怎样利用太阳的位置辨认方向<br>KL2：描述一年中季节变化的现象，举例说出季节变化对动植物和人类生活的影响<br>KL3：描述月相的变化现象<br>KL4：知道太阳能够发光发热，描述太阳对动植物和人类生活有着重要影响<br>KM1：描述一天中在太阳光的照射下，物体影子的变化规律<br>KM2：知道月球是地球的卫星<br>KM3：描述月相变化的规律<br>KM4：知道地球是一个球体，是太阳系中的一颗行星<br>KM5：描述月球表面的概况<br>KM6：知道太阳是一颗恒星<br>KH1：知道地球自西向东围绕地轴自转，形成了昼夜交替与天体东升西落的现象<br>KH2：知道地球自转轴（地轴）及自转的周期、方向等<br>KH3：知道正午时物体影子在不同季节的有规律的变化<br>KH4：知道四季的形成与地球围绕太阳公转有关<br>KH5：知道太阳是太阳系的中心；知道太阳系中有八颗行星，描述它们在太阳系中的相对位置<br>KH6：描述月球、地球和太阳的相对大小和相对运动方式<br>KH7：知道宇宙中有无数星系，银河系只是其中的一个<br>KH8：知道大熊座、猎户座等主要星座；学习利用北极星辨认方向<br>KH9：了解人类对宇宙的探索历史，关注我国及世界空间技术的最新发展 |
| 地球圈层结构 | KL1：知道有阴、晴、雨、雪、风等天气现象<br>KL2：描述天气变化对动植物和人类生活的影响<br>KL3：观察并描述周围的土壤上生长着的植物和生活着的动物<br>KM1：使用气温计测量气温，描述一天中气温变化的大致规律<br>KM2：利用气温、风向、风力、降水量、云量等可测量的量，描述天气<br>KM3：知道气候和天气的概念不同<br>KM4：知道地球表面海陆分布的情况<br>KM5：知道地球陆地表面有河流、湖泊等水体类型<br>KM6：知道土壤是地球上重要的资源<br>KM7：知道组成土壤的主要成分<br>KM8：观察并描述沙质土、黏质土和壤土的不同特点；举例说出沙质土、黏质土和壤土适宜生长不同的植物<br>KM9：知道岩石是由矿物组成的<br>KM10：观察花岗岩、砂岩、大理岩的标本，认识常见岩石的表面特征<br>KM11：知道矿产是人类工农业生产的重要资源<br>KH1：描述雾、雨、雪、露、霜、雹等天气现象形成的原因<br>KH2：描述地球上的水在陆地、海洋及大气之间处于不间断的循环之中<br>KH3：举例说明水在地球上的循环产生了云、雾、雨、雪等天气现象<br>KH4：举例说明水在地表流动的过程中，塑造着地表形态<br>KH5：描述地球内部有地壳、地幔和地核三个圈层<br>KH6：知道地壳运动是地震、火山喷发等自然现象形成的原因<br>KH7：说出地壳主要由岩浆岩、沉积岩和变质岩三大类岩石构成 |

续表

| 主题 | 学习目标 |
|---|---|
| 人类生存的家园 | KL1：说出人类生活离不开动植物的一些实例，初步树立珍惜动植物资源的意识<br>KM1：举例说出人类生活离不开淡水，树立节约用水的意识<br>KM2：说出人类利用土壤进行农业生产的例子，树立保护土壤资源的意识<br>KM3：说出人类利用矿产资源进行工业生产的例子，树立合理开采利用矿产资源的意识<br>KM4：了解台风、洪涝、干旱等气象灾害对人类的影响<br>KH1：了解地球上的海洋为人类生存提供了生物、矿产、能源等多种资源<br>KH2：知道一些自然资源是可再生的，一些自然资源是不可再生的，列举日常生活中一些可回收或可利用的资源，树立回收或再利用资源的意识<br>KH3：树立保护资源的意识，说出自己力所能及的保护资源的举措<br>KH4：描述人类的生产生活离不开能源<br>KH5：知道太阳能是生活中可利用的一种清洁、可再生能源<br>KH6：描述煤炭、石油和天然气是目前人类利用规模最大的能源，知道它们的形成与太阳能有关<br>KH7：树立节约能源的意识，了解开发利用新能源的一些举措<br>KH8：了解地震、火山喷发等自然灾害对人类的影响，知道抗震防灾的基本常识<br>KH9：说出人类不合理活动对自然环境的影响，树立保护环境的意识<br>KH10：举例说出人类保护环境的举措，能够针对现实环境问题提出适当建议 |

交流与讨论

（1）科学概念是科学的重要知识形式之一，以"星体的运动"为例，画出各相关核心概念间的关系（可以用概念图、结构框图或思维导图等可视化工具绘制）。

（2）"地球圈层结构"主题提出了 21 条科学知识目标，选择其中的知识目标，设计评价体现这一科学知识目标的试题。

（四）技术与工程

《小学科学课程标准》重视技术与工程领域。小学的技术与工程教育，可以使儿童有机会综合所学各方面的知识，去观察了解各种人造和天然材料的性质，使用工具，设计和制造东西；可以让儿童知道现在所使用的各种工具和仪器都是设计的产物，利用这些工具和仪器可以更好地了解世界并进行新的设计。小学科学课堂进行技术与工程实践，可以让儿童在已有认知和技能水平上，获得使用工具解决生活中的实际问题以及制作产品的经历和体验，帮助儿童理解科学、技术和生活的关系，培养创造性解决问题的能力。

《小学科学课程标准》强调，通过小学科学教学，教师应帮助学生形成以下主要概念：

（1）人们为了使生产和生活更加便利、快捷、舒适，创造了丰富多彩的人工世界。

（2）技术的核心是发明，是人们对自然的利用和改造。

（3）工程技术的关键是设计，工程是运用科学和技术进行设计、解决实际问题和制造产品的活动。

同时，《小学科学课程标准》将技术与工程领域知识学习目标分为低级、中级、高级三个层级，其中低级目标（KL）为：认识身边的人工世界；了解常见的工具，知道简单工具的功能和使用方法；利用身边可制作加工的材料和简单工具动手完成简单的任务。中级目标（ML）为：知道人工世界是设计和制造出来的；意识到使用工具可以更加精确、便利、快捷；知道设计包括一系列步骤，完成一项工程设计需要分工与合作，需要考虑很多因素，任何设计都受到一定的条件制约。高级目标（HL）为：了解技术是人们改造周围环境的方法，是人类能力的延伸，工程是依据科学原理设计和制造物品、解决技术应用的难题、创造丰富多彩的人工世界的一系列活动；了解科学技术推动着人类社会的发展和文明进程。我们按照三个主题与三个等级列举技术与工程领域知识学习目标，如表 4-4 所示。

表 4-4　技术与工程领域知识学习目标列举

| 主题 | 学习目标 |
|---|---|
| 人工世界 | KL1：知道植物、动物、河流、山脉、海洋等构成了自然世界，而建筑物、纺织产品、交通工具、家用电器、通信工具等构成了人工世界<br>KL2：知道我们周围的人工世界是由人设计并制造出来的<br>KL3：体会生活中的科技产品给人们带来的便利、快捷和舒适<br>KM1：区分生活中常见的天然材料和人造材料<br>KM2：举例说出制造技术、运输技术、建筑技术、能源技术、生化技术、通信技术的产品<br>KH1：知道重大的发明和技术会给人类社会发展带来的深远影响和变化<br>KH2：知道某些科技产品可能对人类生活和环境产生负面影响 |
| 技术 | KL1：认识周围简单科技产品的结构和功能<br>KL2：认识常见工具，了解其功能<br>KL3：使用工具对材料进行简单加工<br>KL4：描述肉眼观察和简单仪器观察的不同<br>KM1：知道一些著名工程师、发明家的研究事迹，了解他们的设计和发明过程<br>KM2：举例说出改变方法和程序可以提高工作效率<br>KM3：使用和制作简易的古代的测量仪器模型，如日晷、沙漏等<br>KM4：知道使用工具可以更加准确、便利和快捷<br>KH1：知道很多发明可以在自然界找到原型，能够说出工程师利用科学原理发明创造的实例<br>KH2：认识生活中保温、防霉、防锈等技术的应用<br>KH3：知道完成某些任务需要特定的工具<br>KH4：知道杠杆、滑轮、轮轴、斜面等是常见的简单机械<br>KH5：使用杠杆、滑轮、轮轴、斜面等简单机械解决生活中的实际问题 |
| 设计 | KL1：利用提供的材料和工具，通过口述、图示等方式表达自己的设计与想法，并完成任务<br>KL2：对自己和他人的作品提出改进建议<br>KM1：举例说出，一项工程运用到的科学技术和原理，如汽车刹车系统的设计中运用到的科学与技术<br>KM2：知道工程设计的基本步骤包括明确问题、确定方案、设计制作、改进完善等<br>KM3：针对一个具体的任务，按照设计的基本步骤来设计一个产品或完成指定的任务<br>KM4：对自己或他人设计的想法、草图、模型等提出改进建议，并说明理由<br>KM5：在制作过程中及完成后进行相应的测试和调整 |

续表

| 主题 | 学习目标 |
|---|---|
| 设计 | KH1：了解一项工程需要由多个系统组成，如建造住宅需要考虑结构、供水、采光、供暖系统等<br>KH2：利用摄影、录像、文字与图案、绘图或实物，表达自己的创意与构想<br>KH3：将自己简单的创意转化为模型或实物<br>KH4：根据现实的需要设计简单器具、生产物品或完成任务<br>KH5：根据设计意图，分析可利用的资源<br>KH6：简单评估完成一个产品或系统的可行性，预想使用效果<br>KH7：从经济效益、社会效益、环境效益等方面评价某个工程设计，并提出改进或完善建议 |

交流与讨论

（1）科学、技术、工程与数学（STEM）教育是国际科学教育发展中提出的新方向之一，也凸显于美国《新一代科学标准》中，谈谈你对 STEM 教育的理解，阐述 STEM 在科学教材中的体现。

（2）选择某一个主题中的一条知识目标，设计评价 STEM 目标达成的检测题，并阐述设计的依据。

## 二、科学探究

《小学科学课程标准》将小学科学探究目标概括如下：

（1）了解科学探究是获取科学知识的主要途径，是通过多种方法寻找证据、运用创造性思维和逻辑推理解决问题，并通过评价与交流等方式达成共识的过程。

（2）知道科学探究需要围绕已提出和聚焦的问题设计研究方案，通过收集和分析信息获取证据，经过推理得出结论，并通过有效表达与他人交流自己的探究结果和观点；能运用科学探究方法解决比较简单的日常生活问题。

（3）初步了解分析、综合、比较、分类、抽象、概括、推理、类比等思维方法，发展学习能力、思维能力、实践能力和创新能力，以及运用科学语言与他人交流和沟通的能力。

（4）初步了解通过科学探究达成共识的科学知识在一定阶段是正确的，但是随着新证据的增加，会不断完善和深入，甚至会发展变化。

《小学科学课程标准》提出科学探究的要素包括提出问题、作出假设、制订计划、搜集证据、处理信息、得出结论、表达交流、反思评价八种，考虑到不同要素之间的关联性和具体目标的阐述至少涉及两种或两种以上要素，我们将这八种要素进一步划分为四个维度，即问题与假设、计划与证据、结论与交流、运用与评价，具体如表 4-5 所示。

表 4-5　科学探究目标列举

| 维度 | 目标表述 |
|---|---|
| 问题与假设 | E1：通过观察，描述一定量的不同物质在一定量水中的溶解情况<br>E2：通过实验，观察常见的推力、拉力、摩擦力、弹力、浮力和重力，了解这些力对物体的作用，以及对物体体积和形状的改变，如弯曲、拉伸等<br>E3：尝试用推、拉的方式让物体启动、加速、减速或停止，观察力改变以后物体运动的变化<br>E4：观察物体发出声音时伴随着物体的振动，了解声音产生的原因<br>E5：观察影子、形成影子，设法改变影子的形状、大小和方向，认识形成影子的条件<br>E6：通过测量、统计和分析全班同学的肺活量，讨论呼吸系统保健、呼吸系统传染病、抽烟、一氧化碳中毒、大气污染等与呼吸有关的问题<br>E7：通过多种途径获取资料，探讨生命起源、恐龙灭绝、鸟类起源、人类进化等有关进化的问题<br>E8：能够针对一个具体问题，提出相应解决问题的设想 |
| 计划与证据 | E1：通过观察描述物体的轻重、厚薄、颜色、表面粗糙程度、形状等特征<br>E2：收集身边常见的物体，如石块、铁钉、橡皮、玻璃和大米粒等，观察和描述它们的特征，尝试从颜色、轻重、软硬等方面对它们进行分类<br>E3：观察水、油、醋和牛奶等液体，尝试归纳总结它们的一些共同特征。比如，都可以倾倒，具有流动性；有固定的质量和体积；形状可以改变，等等<br>E4：观察并描述空气的特征，如颜色、状态、气味等<br>E5：通过观察描述热空气上升的现象<br>E6：用线绳、直尺等工具测量物体的位置，描述物体的位置<br>E7：尝试让各种物体运动起来，观察物体前进、后退、转弯、旋转、滚动、振动、绕圈等各种不同的运动形式，描述其特点，用图示、文字等方式描述物体运动的状态与过程<br>E8：尝试乘坐自行车、公共汽车、轮船、火车、飞机等，体验和比较不同交通工具的速度，尝试说明判断运动快慢的依据<br>E9：制作能产生不同高低、强弱声音的简易装置，知道振动的变化会使声音的高低、强弱发生改变<br>E10：尝试让各种物体发出声音，感知声音高低和强弱的变化<br>E11：将发声体放入水中，观察声音的传播<br>E12：设计实验，尝试用弦线、皮筋、直尺等物品产生不同高低和强弱的声音<br>E13：观察人耳的模型，了解人耳的结构<br>E14：举例说出生活中常见的光源，如太阳、灯等；尝试在黑暗的环境中观察物体，了解人眼是如何看到物体的<br>E15：观察光的行进，以及光在射到镜子表面后传播方向的变化，了解光的直线传播与反射<br>E16：将压瘪一个小坑的乒乓球放在热水中，观察其变化；结合水的三态变化以及热胀冷缩现象，感知加热和冷却可以对物体的形状和状态产生影响<br>E17：将铁棒、塑料棒、木棒、铝棒等放入热水中，在每个棒的顶部涂上动物油，观察动物油的变化，了解热的传递现象，了解物质的导热性<br>E18：用小灯泡、导线、电池和开关连接成简单电路，尝试让小灯泡亮起来，了解电路形成的条件<br>E19：将木条、金属、橡皮、硬币等接入电路，观察灯泡是否被点亮，了解物体的导电性能<br>E20：观察各种类型的磁铁，尝试发现能被磁铁吸引的物体<br>E21：观察两个磁铁放在一起时发生的现象，探索磁极的相互作用<br>E22：用电池、铁棒、导线制作一个电磁铁，观察电磁铁产生磁力的现象<br>E23：参观动物园或养殖场，观看各种媒体资料，利用动物图片进行分类<br>E24：在校园和社区中观察常见的树木，为校园或社区树木挂标牌；查阅本市的市花或市树的有关资料<br>E25：用显微镜观察洋葱表皮细胞，观察各种动植物细胞图片等<br>E26：亲手种下盆栽植物的种子，观察和记录种子萌发成幼苗，再到开花结果的过程<br>E27：利用图片等资料对比沙漠中、盐碱地及海底的植物在外部形态上的异同 |

| 维度 | 目标表述 |
|------|----------|
| 计划与证据 | E28：观察向日葵、含羞草或猪笼草等植物对刺激产生的反应<br>E29：通过视觉、听觉、嗅觉、味觉、触觉分别感受不同的食物或物体，了解不同感觉器官的功能<br>E30：通过观察某种脊椎动物（例如：猫）的呼吸运动，了解呼吸系统的主要组成部分，并初步了解其功能<br>E31：通过观看燕子冬季飞往南方，夏季又返回北方等图片或视频，初步了解动物适应季节变化的多种方式<br>E32：观察种子的结构<br>E33：用简单的实验或依据生活经验，探讨水、阳光、空气、温度、肥料等因素对植物生长的影响。例如，探究水对种子萌发的影响<br>E34：尝试制作一个生态瓶，观察它是如何维持平衡的<br>E35：使用气温计测量一天中不同时段或不同地点的气温，描述一天中气温变化的大致规律；观察、测量、记录一段时间的天气现象<br>E36：运用地球仪或世界地图，简要说明地球上的海陆分布状况，以及陆地上有不同类型的水体；做与地球水循环有关的成云致雨的模拟实验<br>E37：观察土壤标本，知道土壤的基本成分，做对比实验，比较沙质土、黏质土和壤土的特征，设计和完成不同土质的土壤对植物生长有着不同的影响的对比实验<br>E38：观看岩石和矿物标本，初步了解常见岩石和矿物的特征和特性；通过模拟实验，初步了解岩石风化的成因和过程<br>E39：利用图片和视频资料，或通过模拟实验，初步了解地震和火山喷发形成的成因<br>E40：查阅和分析资料，认识一些资源、能源及其形成过程<br>E41：调查、考察当地水体或空气污染情况，提出一些防治水体或空气污染的合理化建议<br>E42：模拟自然景观、水土等自然资源被破坏的实验<br>E43：观看台风、洪涝、干旱等气象灾害，以及地震、火山喷发等自然灾害的图片或视频资料，了解防御各种灾害的措施<br>E44：在解决问题的时候，能够分析可利用的资源<br>E45：通过阅读等活动了解一些著名工程师和发明家，如鲁班、蔡伦、黄道婆、詹天佑、瓦特、爱迪生、乔布斯、艾伦·图灵（人工智能之父）等<br>E46：观察一些生物运动系统的主要结构，了解它们和仿生机械之间的关系。例如：通过模拟蝙蝠捕食的过程，分析蝙蝠捕食的各个要素，绘制蝙蝠捕食的流程图；将其与雷达捕捉飞机信息的过程进行对比，找到两者之间的共性。通过检索、阅读各种资料，分析工程师和发明家的研究过程，如爱迪生发明电灯灯丝的探索过程，体会设计和发明离不开创新的勇气、坚强的毅力和持续的努力<br>E47：比较和辨别各种纸的性质和特征，通过改变纸的形状、结构等来改变纸质材料的承受力<br>E48：观察不同结构对稳固程度的影响，在设计和搭建结构时采用一些基本方式来加强结构的稳固性<br>E49：操作和使用锤子、刀具、温度计、酒精灯，对身边的物品进行简单加工、测量、加热等<br>E50：识别生活中常见的测量仪器，运用基本测量仪器来测量和比较长度、时间、温度等量的大小，如制作日晷和沙漏，比较手表、秒表、沙漏、日晷等计时工具的准确性，体会使用工具的优越性<br>E51：通过使用杠杆、滑轮、轮轴、斜面等简单机械，体会机械能够省力，工作更加方便；在生活中寻找常见的简单机械的应用实例，观察简单机械装置的结构和作用，运用杠杆、滑轮、齿轮等简单机械装置的传递改变力的大小。了解运动的不同形式和转换方式，在设计中初步运用某些机械装置来实现这些运动形式之间的转换 |
| 结论与交流 | E1：通过实验，知道搅拌和温度是影响物质在水中溶解快慢的常见因素<br>E2：观察并描述一般情况下，当温度升高到 100℃ 或降低到 0℃ 时，水会沸腾或结冰<br>E3：观察冰融化和水结冰的过程，知道温度是影响这些过程的主要因素<br>E4：观察磁铁吸引回形针，了解磁力可以隔着一段距离产生作用 |

续表

| 维度 | 目标表述 |
|---|---|
| 结论与交流 | E5：轻轻敲击课桌、楼梯扶手、墙面等，将耳朵贴在远离敲击点的不同方位，倾听声音，了解声音可以在固体中沿各个方向传播<br><br>E6：调查和说明生活中哪些器材和设备中存在声能与其他能量之间的转换<br><br>E7：触摸放在热水中的金属勺的勺柄、测量包裹在薄棉被中的冰块的温度变化等，了解热在物体与环境、物体与物体之间，同一物体不同部分之间传递的方式，认识到热量通常从温度高的物体传向温度低的物体<br><br>E8：调查自然界和生活中各种电现象，制作安全用电的小报<br><br>E9：讨论动物与人类的关系，开展保护动物的宣传活动<br><br>E10：交流栽培植物和饲养小动物的经验和体会，展示观察记录<br><br>E11：制作合理开发利用地球资源（包括能源），保护地球环境为主要内容的专题墙报，进行校内外宣传<br><br>E12：认识自己家的住房环境系统，了解家庭电力的供应系统，并知道安全使用常见的家用电器，了解梁柱、楼板、墙、门窗、楼梯等材料，以及各个系统（如供水、采光、供暖系统等）及各个系统是如何协调工作的<br><br>E13：讨论一些基本的科学技术伦理问题，如对待转基因食品，对待克隆；参与和实施家庭的垃圾分类和回收活动等 |
| 运用与评价 | E1：调查生活中可能损害我们耳朵鼓膜的因素，提出保护听觉的建议<br><br>E2：调查学校周围的噪声情况，撰写小报，发起保护耳朵的班级倡议<br><br>E3：调查和说明生活中哪些器件、设备或现象中存在光能与其他能量之间的转换<br><br>E4：列举日常生活中常见的温度，如气温、人体的温度、水结冰的温度等，了解表示物体冷热程度的单位<br><br>E5：观察常用的各种开关，了解控制电路的方法，制作简易开关<br><br>E6：调查当地主要的经济作物、观赏植物、珍稀植物；调查当地近年来新出现的食用植物品种<br><br>E7：制订自己的作息计划<br><br>E8：从健康的角度评价家庭生活质量（可以从饮食、家居环境、生活习惯等方面评价）<br><br>E9：自制展示典型生物生命过程的标本<br><br>E10：制作地球内部结构模型<br><br>E11：调查日常生活中垃圾分类、资源回收、物品重复使用等情况<br><br>E12：能够通过阅读程序流程图、产品说明书、组装图等来完成一项科技任务，如组装某器具或使用某工具<br><br>E13：能够利用提供的材料等来设计一个产品，完成指定的任务，如利用电线、电池接成通路驱动玩具马达等<br><br>E14：能够简单评估一个产品或系统的重要因素，预想其使用效果<br><br>E15：能够诊断简单的故障，以发现事物或系统不能正常工作的原因，并尝试加以修复<br><br>E16：能够利用语言、影像，如摄影、录像、文字与图案、绘图或实物表达自己的创意与构想<br><br>E17：能够将自己简单的创意转化为实物或模型<br><br>E18：能够根据现实的需要，设计简单器具、生产物品或完成任务<br><br>E19：能够在观察和提问的基础上，对他人的想法、草图、模型等提出自己的意见和建议<br><br>E20：能够在制作过程中及完成后进行相应的机能测试、调整<br><br>E21：在改良作品时，能够研究变化的原因，获得对物质性质的了解，凭借科学知识来着手改进<br><br>E22：通过按图装配、按流程完成等程序性说明书，完成一架玩具飞机的组装，讨论设计图、说明书和成品之间的关系<br><br>E23：在家里或校园中观察常见的物品，寻找这些物品的不足和缺陷；查阅有关资料，设计方案加以改进<br><br>E24：设计通过不同途径传递信息的简单方案，如声音传播消息、制作"土电话"来传送声音信息、闪光传递信息等<br><br>E25：使用手机、电饭煲、洗衣机、卷笔刀等常见的科技产品，掌握使用的方法<br><br>E26：调查当地的工程项目，了解其设计进程和功用 |

拓展阅读：
关于科学探究目标的评价

## 三、科学态度

《小学科学课程标准》将小学科学态度目标概括为：

（1）对自然现象保持好奇心和探究热情，乐于参加观察、实验、制作、调查等科学活动，并能在活动中克服困难，完成预定的任务。

（2）具有基于证据和推理发表自己见解的意识；乐于倾听不同的意见和理解别人的想法，不迷信权威；实事求是，勇于修正与完善自己的观点。

（3）在科学学习中运用批判性思维大胆质疑，善于从不同角度思考问题，追求创新。

（4）在科学探究活动中主动与他人合作，积极参与交流和讨论，尊重他人的情感和态度。

《小学科学课程标准》按照探究兴趣、实事求是、追求创新、合作分享四个维度描述科学态度的学段目标。

考虑到科学态度是一个以个体或群体的需要为基础，围绕特定事物或观念建立起来的，影响个体认识和行为的动力系统，我们采用李亦菲等人的分类角度[①]，将科学态度分为情绪情感（E）、价值判断（V）、行为倾向（P）三个方面。其中，价值判断是从自我角度出发，对任务情境和条件进行的，其实质是元认知知识。由于价值判断既是情绪情感的认知基础，也是行为倾向的动力基础。因此，价值判断是科学态度目标的核心——具体表现为"崇敬自然，崇尚文明，尊重差异，尊重制度，自尊自信，崇尚科学"。情绪情感与行为倾向也可以用具体的词语表述，情绪情感具体表现为"赞美自然，爱护器物，热情乐观，热爱祖国，珍惜生命，积极进取"；行为倾向具体表现为"好奇求知，传承文化，乐群合作，宽容礼让，独立自主，勇于创新"等。我们按照情绪情感、价值标准和行为倾向三个维度来具体划分小学科学态度目标，如表 4-6 所示。

表 4-6  科学态度目标列举

| 维度 | 目标表述 |
| --- | --- |
| 情绪<br>情感<br>（E） | E1：增强探究物质世界奥秘的好奇心<br>E2：增加了解和认识自然界的兴趣<br>E3：形成热爱大自然、爱护生物的情感 |
| 价值<br>标准<br>（V） | V1：形成"世界是物质的"的观点<br>V2：感受到物质科学对促进社会进步、提高人类生活质量的重要作用<br>V3：形成生物体结构与功能、局部与整体、多样性与共同性相统一的观点<br>V4：意识到动植物与人类关系密切，以及保护生物多样性的重要性<br>V5：初步认识动植物之间、动植物与环境之间的相互依赖性 |

---

① 李亦菲，俞林军. 小学科学 [M]. 北京：北京师范大学出版社，2009.

续表

| 维度 | 目标表述 |
|---|---|
| 价值<br>标准<br>（V） | V6：建立科学的世界观、自然观和宇宙观<br>V7：意识到人们的生活离不开各种生产工具，工具是人的力量的一种延伸<br>V8：意识到科技产品给我们的生活带来的方便和舒适，意识到创意设计能够改变生活质量<br>V9：意识到技术进步会带来某些不良的影响，如环境污染问题等 |
| 行为<br>倾向<br>（P） | P1：初步养成乐于观察、注重事实、勇于探索的科学品质<br>P2：初步认识人体的结构组成以及保健常识，进而形成健康生活的意识，养成良好的生活习惯和行为<br>P3：提高环境保护意识<br>P4：形成人类与自然协调发展的意识<br>P5：树立节约用水的意识<br>P6：树立保护土壤资源的意识<br>P7：树立合理利用矿产资源的意识<br>P8：树立回收或再利用资源的意识<br>P9：树立节约能源的意识<br>P10：增强热爱自然、珍爱生命、保护环境的意识、行为和社会责任感<br>P11：增强合理利用资源、能源的意识<br>P12：关注周围技术发展，体验科学技术对个人生活、社会发展的影响<br>P13：体会每个时代的特征，了解科学技术对人类社会生活的影响 |

从小学科学课程涉及的物质科学、生命科学、地球与宇宙科学、技术与工程四个领域来看，我们可以列举具体的内容与上面呈现的科学态度目标对应。"生命世界"旨在让学生尽可能多地去认识不同种类、不同环境中的生物，进而对多样的生物有较全面的认识，它包括"多样的生物""生命的共同特征""生物与环境"等主题。以"生物与环境"为例，其涉及的科学态度目标包括：了解生物与环境的关系，树立环保意识，逐步形成可持续发展的观点；形成热爱大自然、爱护生物的情感等。"物质世界"旨在引导学生探索物体与物质、运动与力、能量的表现形式等方面的内容。以"能量的表现形式"为例，其涉及的科学态度目标包括：在探究声音是怎么产生的过程中，体会透过现象看本质的科学思想；在比较不同材料的传热性能时，体验实验科学的严谨性；通过学习能量的不同表现形式及其转换，增强合理利用资源、能源的意识等。"地球与宇宙"旨在了解地球的概貌与地球的物质、地球运动与所引起的变化、天空中的星体等内容。以"地球的概貌与地球的物质"为例，其涉及的科学态度目标包括：具有了解地球，探索地球的兴趣，产生求知的欲望；意识到人类生存与陆地物质的密切关系及保护陆地物质的重要性；意识到水是生命之源，树立节约用水的意识；了解人类活动对大气层产生的不良影响，意识到空气是人和动植物生存的必要条件及保护大气层的重要性；分享他人的智慧，体验探究的乐趣。"技术与工程"旨在了解自然世界和人工世界的不同、工具是一种物化的技术、工程设计的内涵等内容。以"自然世界与人工世界"为例，其涉及的科学态度目标如：体会生活中的科技产品给人们带来的便利、快捷和舒适；通过观察、阅读、制作等活动，意识到工程师和科学家的不同等。

拓展阅读：
关于科学态度的
评价

## 四、科学、技术、社会与环境

《小学科学课程标准》将科学、技术、社会与环境目标概括为：

（1）初步了解所学的科学知识在日常生活中的应用。

（2）初步了解人类活动对自然环境、生活条件以及社会变迁的影响；了解社会需求是推动科学技术发展的动力；了解科学技术已成为社会与经济发展的重要推动力量。

（3）初步了解在科学技术的研究与应用中，需要考虑伦理和道德的价值取向；热爱自然，珍爱生命，具有保护环境的意识和社会责任感。

下面从科学技术与日常生活的联系、科学技术与社会发展的关系和人类与自然和谐相处三个维度描述科学、技术、社会与环境的学段目标（表 4-7）。

表 4-7  科学、技术、社会与环境目标列举

| 维度 | 目标表述 |
| --- | --- |
| 科学技术与日常生活的联系（TS） | TS1：说一说周围用塑料制成的物品，如塑料袋、塑料杯、塑料积木和塑料吸管等，比较一下它们的透明程度和软硬程度，谈一谈这些用塑料制成的物品给人们的生活带来了哪些方便<br>TS2：举例说明影响热传递的主要因素，列举它们在日常生活和生产中的应用<br>TS3：观察热水瓶的结构，了解热水瓶保温的方法，了解影响热传递的各种因素<br>TS4：举例说出工程师设计和开发的产品在生活中的运用<br>TS5：能举例说出生活中常见精密仪器和工具的名称和功能，如显微镜、传感器等<br>TS6：会使用杠杆、滑轮、轮轴、斜面等简单机械解决生活中的实际问题<br>TS7：会比较现代科技产品给人类生活带来的便利，如电灯、手机<br>TS8：举例说出生活中常见的科技产品，如洗衣机、电饭锅等，会比较人力和机器的区别<br>TS9：会对生活中常见的食品进行保存、加工，如密封、冷藏、风干等，意识到食品安全问题，如食品添加剂等<br>TS10：能提出日常生活中如何进行垃圾减量、物品重复使用、资源回收的可行办法并具体实践<br>TS11：举例说出生活中的保温、防霉、防锈等技术运用<br>TS12：体验生活中不断出现的新技术、新产品给人们带来的更为舒适的生活<br>TS13：了解生活中经常使用的食品加工技术，比如发酵、酿酒等工艺<br>TS14：通过利用生活周边容易取得的材料，例如：石块、泥土、树枝、藤蔓、塑料瓶、铁罐、铝罐或绳子等，设计简易的工具或器具，了解和比较不同时代使用的典型工具和生活场景<br>TS15：知道互联网给人类生产和生活方式带来的影响和变化 |
| 科学技术与社会发展的关系（STS） | STS1：知道很多发明可以在自然界找到原型，能够说出工程师利用科学原理发明创造的实例，如仿生学技术等<br>STS2：知道一些重要的科技创新与发明，如电的发现和电灯发明、蒸汽机的发明和改进、计算机和互联网的产生等<br>STS3：知道工程技术人员在不断开发新产品以满足人们的需求，如手机功能的发展和创新等<br>STS4：比较农村和城市的不同，比较现代大都市和古代城市的不同，体会科技对人类社会的改变 |

续表

| 维度 | 目标表述 |
|---|---|
| 科学技术与社会发展的关系（STS） | STS5：知道同一件科技产品也在不断改进和发展，影响改进和发展的根本原因是科学技术的发展<br>STS6：新的科技产品和科学技术的出现推动着社会文明的发展和生活方式的改变，如互联网的出现、交通工具的发展<br>STS7：通过选定一个主题，例如：食物储存或烹调方法、纺织技术或衣物材料、建筑技术、运输工具或交通设施等，探讨在农业时代、工业时代与信息时代，科技发展所带来的影响<br>STS8：通过了解身边的高新技术现象，如人造地球卫星在通信、导航中的应用；先进的金属材料及先进陶瓷材料等；激光加工、激光医疗、激光武器等；核能的利用、海洋能的开发利用等；污染水处理技术、绿色食品和绿色产业等，意识到我们生活在一个技术包围的世界里 |
| 人类与自然和谐相处（SE） | SE1：讨论人类保护自然环境、维持生态平衡的重要性，及人类如何与自然和谐相处，保持可持续发展<br>SE2：列举人类不合理活动对自然环境的影响<br>SE3：举例说出人类保护环境的一些举措，能够针对现实环境问题提出一些建议<br>SE4：说明人类虽然不能够消灭自然灾害，但能够采取措施降低其影响<br>SE5：知道人们的生活和生产会产生对环境有害的物质 |

对于科学、技术、社会与环境的教育理念在小学科学教材中体现得极为广泛，我们以教科版《科学》三年级上册第三单元"我们周围的材料"为例来说明：

该章内容以学生生活中常见的材料为对象，通过观察，比较它们的硬度、韧性、吸水性等，认识材料的特点。针对每种典型的材料（金属、塑料、砖瓦等），会以任务或问题方式引导学生认识材料的循环再利用及对环境污染的处理。

交流与讨论

（1）《小学科学课程标准》提出的科学、技术、社会与环境（STSE）目标的内涵指什么？

（2）针对"蒸发会吸收热量，降低温度"这一知识点的应用，某科学教师设计了如下检测题：

举例说明日常生活中利用蒸发可降低温度，并阐释为什么夏天我们在大树下感到凉爽。

请帮助解释这一生活现象，并阐述这一检测题设计的合理性。

（3）可以从科学技术和日常生活的关系（TS）、科学技术对社会发展的推动（STS）、人类活动对自然环境的影响（SE）等方面具体化。以"身边的高新技术及应用"为例，设计评价科学、技术、社会与环境的目标的检测题。

## 第三节　小学科学教材的目标分析案例

本节将基于《小学科学课程标准》明确的目标维度，结合案例分析阐述这一特定目标涉及的知识点及其在教材中的体现，进而结合某一具体的案例，从多个方面分析三套相关教材中的活动设计与目标体现。

### 一、不同领域主题的目标分析

小学科学从内容来看分为物质科学、生命科学、地球与宇宙科学、技术与工程四大领域，下面就这四个领域的目标进行案例分析。

#### （一）科学知识

科学知识目标在不同版本教材中有不同的呈现方式，通常以文字表述的形式呈现，在引导学生得出结论的过程中，通常会引入各种方式，如：科学探究、科学实验、科学史等内容，使知识目标的达成体现在过程中，让学生对知识目标的领会更透彻。下面详细列举几个例子来具体说明科学知识目标在教材中的体现。

［案例 4-1］"光"的核心内容

物质世界中的"光"是教科版《科学》五年级上册的单元内容，这一单元包括"光和影""阳光下的影子""光是怎样传播的""光的反射""光与热""怎样得到更多的光和热""做个太阳能热水器""评价我们的太阳能热水器"等主题及阅读资料（牛顿的发现、看不见的光线），其核心内容结构具体如图 4-3 所示。

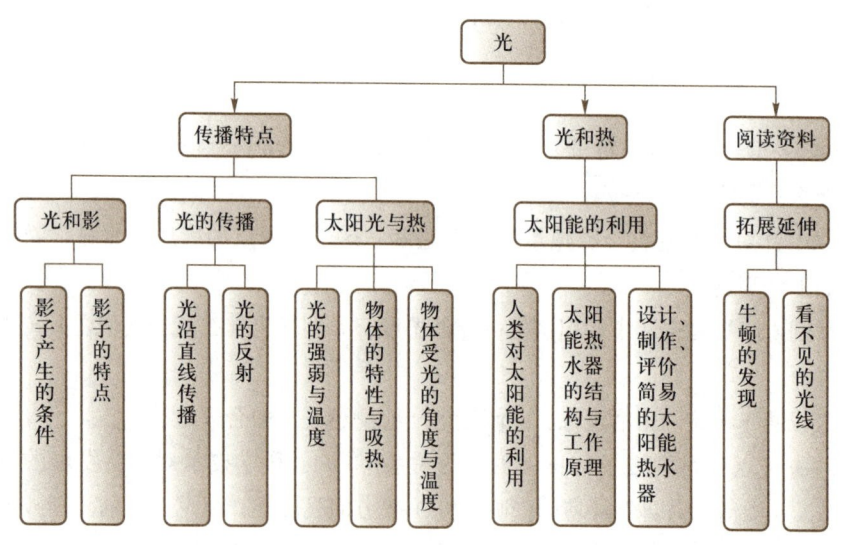

图 4-3　"光"的核心内容结构

以"光的传播"内容为例，其涉及的科学知识目标包括：

（1）知道光在空气中沿直线传播。

（2）了解光的反射原理在生产生活中的应用广泛，但有时候反光也会给我们带来不便和危害。

科学探究目标包括：

（1）探究影子产生的条件，观察影子、光源、物体之间的关系，寻找影子的变化规律。

（2）用日影观测仪观察记录一天中影子的变化，对自然现象和实验结果做出有依据的推测或解释。

科学、技术、社会与环境目标包括：

（1）认识到科技的发展可以使人们更好地利用自然资源与自然规律。

（2）体会到科学技术具有双刃性。

为了达成"光的传播"的目标，在"光的直线传播""光被阻挡形成阴影"两部分知识学习中采用的活动建议与设计包括：

（1）"光与影"实验活动。

（2）"光的传播"实验。

（3）"光的反射"实验。

"光与影"实验活动旨在认识光的传播特点，即影子的方向和长短与光源的方向和位置高低（照射的角度）有关系（图4-4）——只改变光源的方向和位置（照射的角度），不改变光源离物体的远近；光源的位置用直射、斜射（照射物体的光线和水平面之间夹角为90°时为直射，其余为斜射。角度越小，斜射得越厉害）描述；直射时如果看不见影子，就要把物体稍微提起来一点，这时影子最短。影子的大小与物体离光源的距离有关（图4-5）。影子的形状和物体被照射面的形状有关（图4-6）。

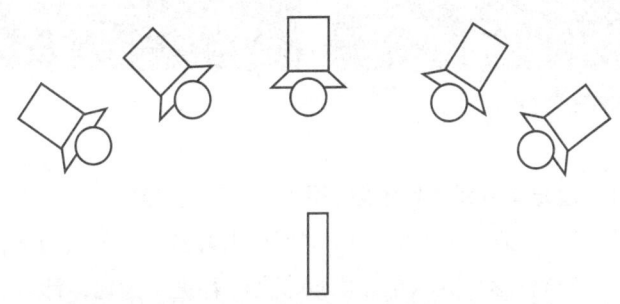

图4-4　影子方向（长短）与光源方向（角度）关系

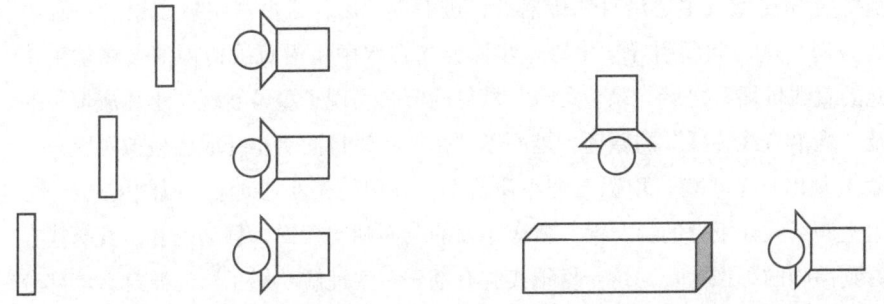

图4-5　影子的大小与物体离光源的距离关系　　图4-6　影子的形状与物体被照射面的形状关系

"光的传播"实验旨在让学生经历探究，认识光是沿直线传播的。

（1）光是怎样照射到物体上的（画出可能的光路图）（图 4-7），要求学生说出所画的路线图的依据，即思考：为什么认为光是沿直线传播的？

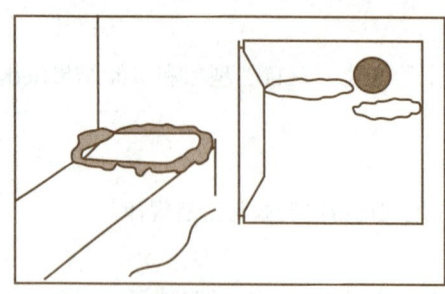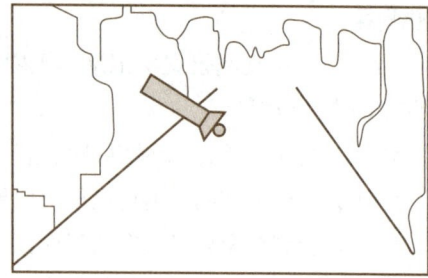

图 4-7　光照射到物体上可能的光路

（2）验证光的传播路线（图 4-8），不仅要理解实验的操作方法、实验的目的，及实验结果是怎样验证推测的，还要解释为什么影子总是在背光的一面。

图 4-8　光射向打孔纸的实验

"光的反射"指光在传播过程中碰到物体，改变了传播方向，被反射回去的现象；反射光也是直线传播的（图 4-9）。该部分内容具体在苏教版《科学》五年级上册第二单元"光与色彩"这一单元中以"光的行进"为题，针对"光的直线传播"这一知识点是以"动手"活动呈现的，即以在空气中手电筒照射三张带有小孔的纸板探究光在空气中是沿直线传播的，进而以"用什么办法可以观察光在水中行进的方向"这一问题引导学生进一步探究光在水中是沿直线传播的。在学生认识"光的直线传播"之后，以"资料"栏目的形式呈现了墨子发现"小孔成像"的史实及"光沿直线传播"的原理，进而以"拓展"栏目演示小孔成像模拟实验——在纸盒上割出一个小窗；用铝箔把小窗盖上，并用钉子小心地在小窗中心贴一个孔；用透明纸蒙住纸盒的另一面；将有小窗的一面朝向窗户，移动纸盒，直至能在纸上看到清晰的影像为止。这一模拟实验有助于学生理解"影子"的概念。该部分"光被阻挡形成阴影"的内容则需要教师基于"光在空气、水中以直线传播"实验

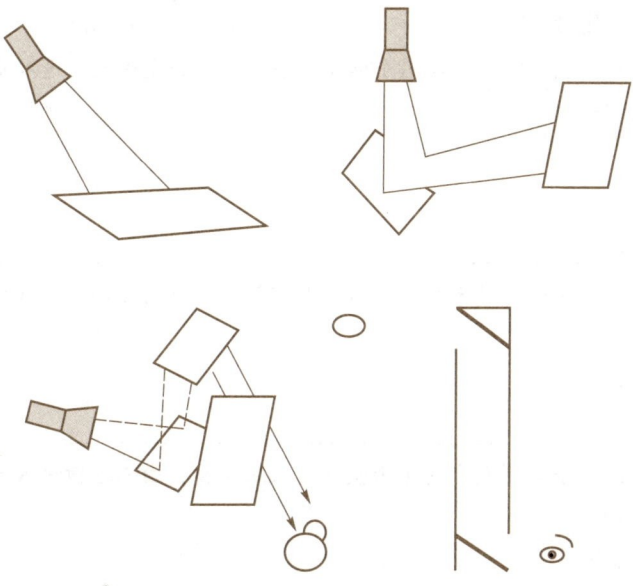

图 4-9 "光的反射"实验活动

具体阐释。这一主题内容并没有直接呈现"阴影"这一概念，这需要教师在实际教学中给予强调和说明。

河北版《科学》教材将该部分知识呈现于三年级下册第三单元"光"这一单元中，以"光的传播""透明与不透明"为主题。主题"光的传播"对于"光的直线传播"采用探究实验的方式呈现，以提出问题、实验验证、得出结论、表达交流等探究得知"光是沿直线传播的"。主题"透明与不透明"不仅明确了"透明""不透明"的概念，而且结合"光照在不透明物体上时会有什么现象"这一动手栏目引导学生探究影子的形成及特点。

交流与讨论

（1）对"光从空气进入水中时传播路线会怎样"这一问题，不同学生表达了如下的理解：

学生 A：光进入水中传播方向不会有变化，在水面处会发生反射现象。

学生 B：光进入水中后是波纹状的，因为水面会动。

学生 C：光进入水中后会分散，之后一部分被反射回来⋯⋯

针对学生可能的前概念，你如何设计活动引发学生的认知冲突？如何设计检测题来评价学生已获得新的认知建构？

（2）观察水中的筷子，并阐释现象呈现的缘由——从杯口上方观察，看到什么样的现象？从杯子侧面观察，看到什么样的现象？

### 关于"光的折射现象"建构过程的实验记录单设计

学习光的折射现象，需要教师评价学生的设计实验能力、观察能力及从实验现象到得出结论的能力。下面是针对"光的折射现象"的实验记录。

　　研究问题一：激光笔（可以用手电筒代替）发出的光由空气进入水中的传播方向（图 4-10）

　　实验方法：

　　记录现象：

　　结　　论：_____

　　研究问题二：激光笔发出的光由水进入空气中的传播方向（图 4-11）

　　实验方法：

　　记录现象：

　　结　　论：_____

　　研究问题三：手电筒发出的光由空气进入三棱镜，由三棱镜进入空气中的传播方向（图 4-12）

　　实验方法：

　　记录现象：

　　结　　论：手电筒发出的光由空气进入三棱镜（或由三棱镜进入空气）时的传播方向_____。

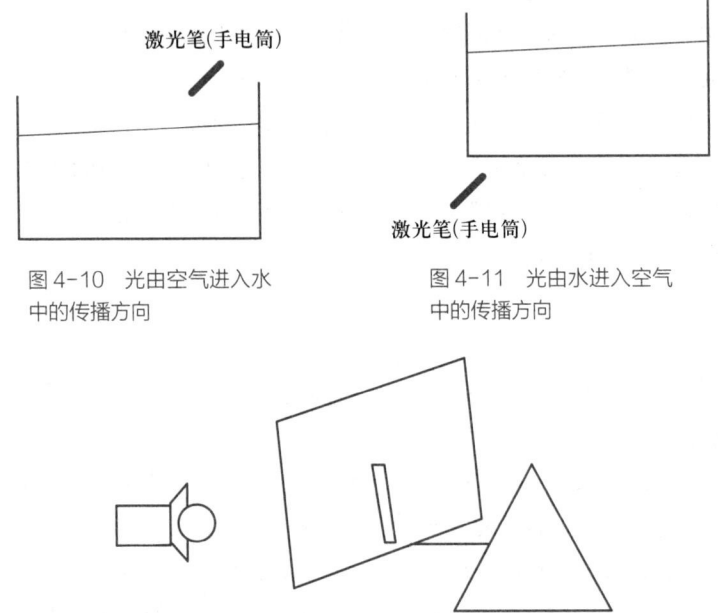

图 4-10  光由空气进入水中的传播方向　　　图 4-11  光由水进入空气中的传播方向

图 4-12  光由空气进入三棱镜

## （二）科学探究

　　科学探究在教材中所占的比例较大，这也说明了小学科学课程对于学生探究能力培养的重视，小学科学探究目标意在教给学生基本的探究方法、步骤以及一些探究需要注意的问题，使学生养成探究的兴趣和良好的探究习惯，并善于应用探究学习。下面以"水和空气"为典型案例具体阐述科学探究目标在教材中的体现，该主题目标涉及：能用观察和实验的方法对水和空气进行较系统、持续、细致的比较；能在事实的基础上识别或认知有关空气、水和其他液体的特征；能想办法借助别的媒介或通过实验等来观察空气、水和其他液体的特征；能利用文字、图表、图画等方式来描述观察、实验和测量的结果，并且能用维恩图、对比表格等对观察结果进行对比分析；能运用口头、书面的形式，有目的地进行探究活动的交流。

在科学探究目标中，"计划与证据"这一维度下的第四个目标为"E4. 观察并描述空气的特征，如颜色、状态、气味等"。由于空气是看不见摸不着的，教材试图通过该探究活动使学生掌握"观察"这一搜集证据的方法；又由于空气是不易观察到的，教材试图通过实验使不易观察到的现象容易被观察，使学生理解观察是可以以多种手段进行的。即"空气"这一内容的科学探究目标主要是使学生学会"观察"的方法。

教科版《科学》三年级上册"空气"这一内容的核心结构如图 4-13 所示，包括"我们周围的空气""空气占据空间吗""空气有重量吗"，教材力图通过系列探究活动引导学生认识"空气是无色无味透明的气体，但它还是能占据空间，有一定的重量"以及"空气的体积可变化、流动性更强，这与水的特性不同"。

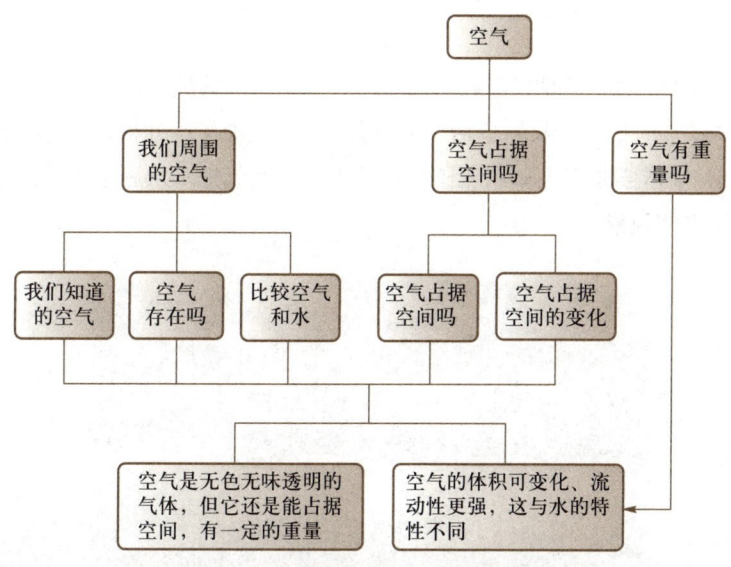

图 4-13　教科版《科学》"空气"内容的核心知识结构

在"比较空气和水"的活动中，教材通过分层次的比较促进学生理解（图 4-14），在明确水具有"看得见、摸得着、比较重、从高处流向低处"的特性时，阐述空气具有"看不见、摸不着、很轻、流动方向不明"的特性，但空气与水都有"透明、无色无味、会流动、无固定形状、没有硬度、都是物体"等特性；通过进一步比较，提出相对于"水占据空间多少不易变化""空气占据空间多少易变化（易压缩或扩散）"，但两者都需要占据空间；之后，又在比较中明确空气与水一样，都有重量。

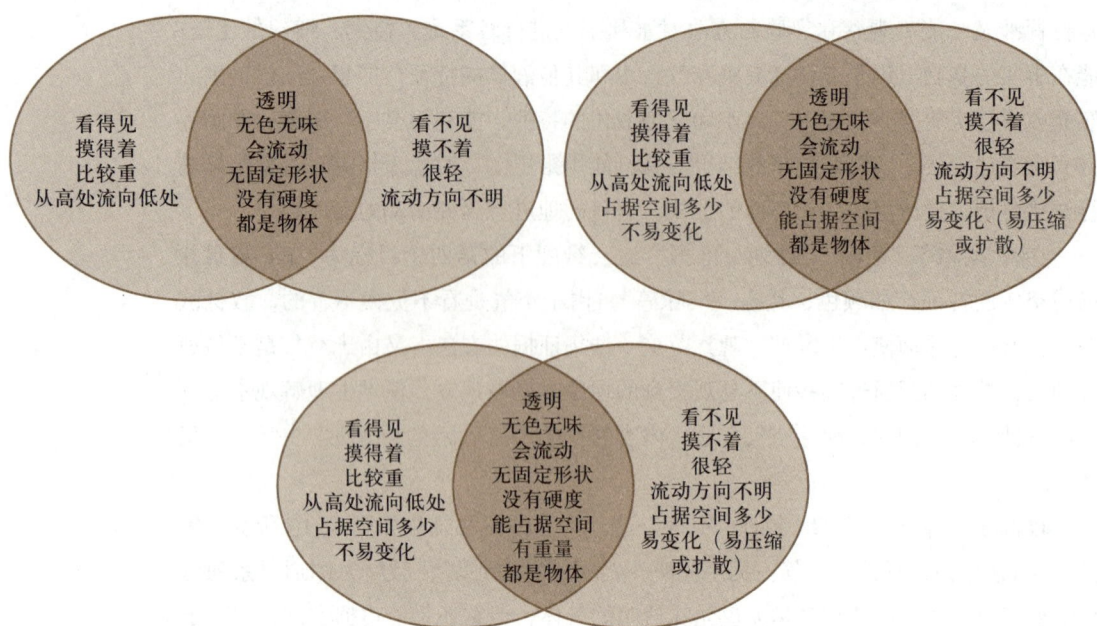

图 4-14   分层次比较空气和水

　　针对"空气占据空间吗",教材基于"乌鸦喝水"的故事,设计了"空气把水挤出来"的实验,提供的材料包括一个装有一些水的瓶子、几根吸管与一块橡皮泥(图 4-15),要求学生在不倾斜瓶子的情况下,用空气把水从瓶子中挤出来,并解释实验中发生的现象。

图 4-15   有关"空气占据空间吗"的实验材料

　　针对"空气有重量吗",教材通过比较空气与水(水有重量),引导学生猜想、实验与证明:做一个小天平,在一根细木棍上用尺子确定一个中心点,并作上记号;再在细木棍中心点的两个侧面按上图钉,拴上细线。在木棍的一侧拴上一个没有充气的气球,另一侧拴上笔帽,再提起系在木棍中心点的细绳,想办法使木棍达到平衡——引导学生比较天平两侧拴上充气的气球与不充气的气球时的平衡情况，激发学生思考空气是否有重量。教材通过比较空气与水各自呈现的重量、流动性、占据空间等方面的实验活动，引导学生学会对比观察的方法。

在苏教版《科学》教材中"空气"这一内容在四年级上册第一单元"我们周围的空气"中，呈现了"问题、动手、记录、讨论"等多种活动。"空气的性质"这一主题以"用注射器抽气后注入水中""用塑料袋兜空气"两个活动，引出对"还有什么方法证明空气的存在？"这一问题的思考；进而以吹瓶子里的气球、平衡气球、体验用手压"气球"的感觉等五个实验演示了空气的性质，旨在说明尽管空气是看不见、摸不着的，但我们可以借助一些手段、实验现象观察不能直接用肉眼看到的现象，进而阐述空气的性质，体现科学本质中"区别观察与推测"的要义。

河北版《科学》教材"空气"内容在三年级上册第六单元"空气"中，"认识空气"这一主题以三个"活动"展开：

（1）配合图片中的"找空气"活动，提出"在哪里可以找到空气？"的问题。

（2）在"比较空气和水"的活动中，通过与水的对比来描述空气。

（3）以"空气占据空间吗？"活动让学生假设，并通过实验验证假设，以记录实验过程，得出结论。

前两个活动分别侧重问题与实验，第三个活动试图让学生经历科学探究的全过程。

交流与讨论

（1）针对"空气占据空间"这一科学概念的学习过程，设计科学探究目标检测题，并阐释设计的依据。

（2）检测学生学习"空气占据空间"的前概念，并阐释如何设计探究活动激发学生的认知冲突，以及考虑采用什么样的教学策略。

（三）科学态度

科学态度目标意在培养学生的科学情感与价值观，帮助学生形成良好的品德和社会责任感。科学态度不以内化的知识形式存在，而是以外显的行为作为衡量标准，因此没有系统的评价方式，但对学生成长是不可或缺的。科学态度目标不同程度地体现于三套教材的内容及其呈现方式中。以实例在教材中体现科学态度目标尤为重要——以"水"这一主题为例，科学态度目标涉及：通过对水和空气认知的各种探究活动，培养学生愿意与他人合作、乐于交流的学习态度；在探究活动中，帮助学生内化形成尊重事实、重视证据的科学态度；引导学生通过实际感受和收集资料等活动，认识到水和空气是地球上十分重要的物质，使学生潜移默化地形成保护水和空气，珍爱生命的情感、态度与价值观；通过使用量筒和天平进行测量的活动，让学生认识到测量是有误差的，多次测量和重复实验可以帮助减少误差。

教科版《科学》三年级上册"水"这一内容的核心知识结构如图 4-16 所示，

包括"水""水和食用油的比较""谁流得更快一些""比较水的多少"4 个主题,力图通过比较水与食用油活动中"流动比赛"的设计、"水重还是油重"等系列探究活动引导学生认识"水是一种会流动、形状不固定、有一定体积、无色透明的液体""水的流动性、黏度、颜色、轻重等方面和其他的液体不同""水的体积多少是可以通过各种方式比较和测量的"。其核心知识结构见图 4-16。

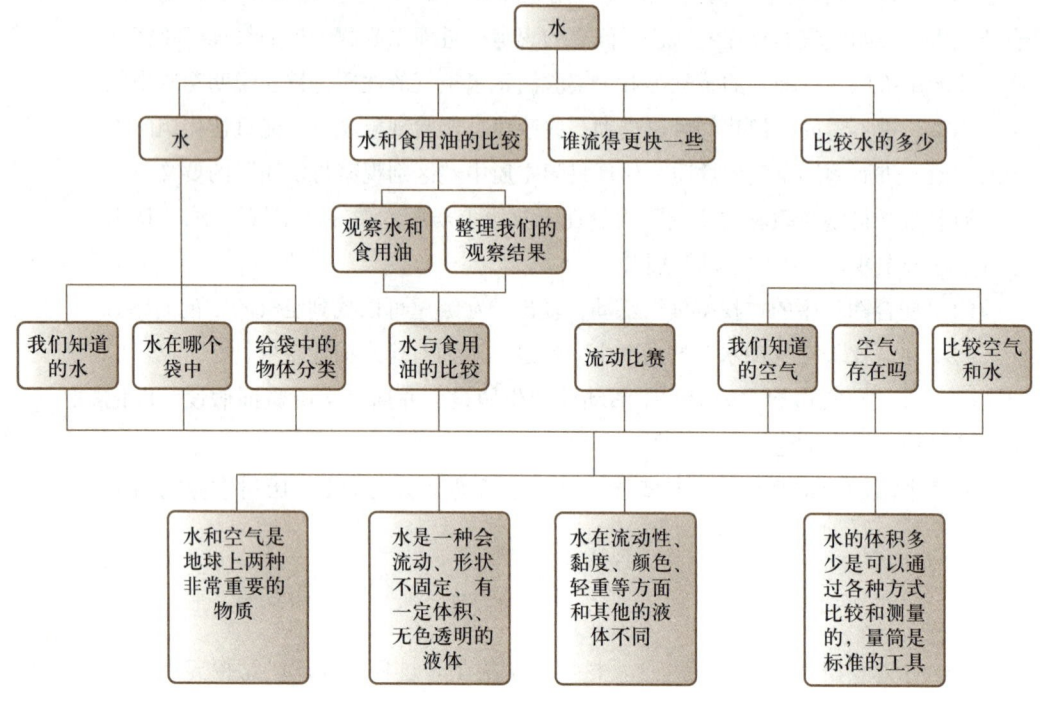

图 4-16   教科版《科学》"水"内容的核心知识结构

例如,教材针对"谁流得更快一些",设计了一个"流动比赛"(图 4-17),使学生对水有初步的认识:还有针对"水和食用油的比较",设计"水重还是油重"的比较实验,引导学生设计实验(图 4-18)。

图 4-17   教材关于"流动比赛"的设计

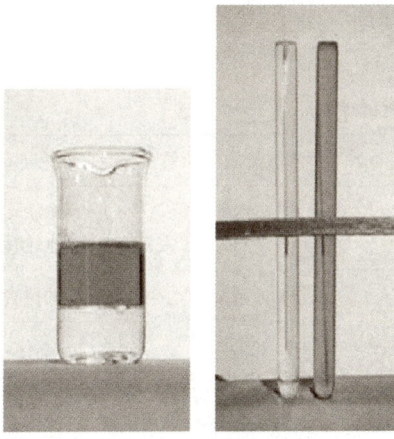

图 4-18 "水重还是油重"实验

　　教科版《科学》教材还在六年级下册"环境和我们"单元"一天的生活用水"主题中进一步引导学生对水展开认识，以"我一天用了多少水""用水量的比较""制订我的节水计划"三个活动进行。学生通过记录自己一天的用水量并关注生活中不同习惯用水量的比较，知道一些生活节约用水的方法，并根据这些方法制订自己的节水计划，将节约用水的观念进一步落实在实际生活中，进而达成科学态度目标。

　　苏教版《科学》三年级上册在第三单元"生命之源——水"的主题"地球上的水"中以"地球上的水主要分布在哪里？"为题，结合"地球上水的分布图"，引导学生"读图"，在活动中了解地球上海洋水和陆地水的比重，意识到地球淡水资源缺乏，初步形成节约用水的观念。教材进一步通过呈现一些水污染图片，引导学生认识到绝大多数的水污染是人类活动引起的，以使学生形成水资源危机的意识。而针对水资源危机，教材介绍了"用过滤方法净化水""咸水变淡水"的技术，结合活动，引导学生理解科学技术与社会生活的关系，促进科学态度目标的达成。

　　河北版《科学》三年级上册在第五单元"水"的主题"节约用水"中，以"用颜色表示海水、冰、可供利用的淡水的份数"活动与"科学在线"资源介绍了海水和淡水的比重，引发学生对淡水资源匮乏的认识。教材进一步以问题"我们应该怎样合理地利用宝贵的淡水"，引导学生思考、讨论和记录，并要求学生将建议以板报或宣传画的形式展示出来。通过这个过程，学生会意识到水资源并不是取之不尽用之不竭的，应该合理节约用水。教材还设计了"家庭用水调查""统计家里6个月的用水量"和"对周围浪费水的现象进行调查"活动，这些活动有助于学生将已经形成的观念转化为行动。

知识拓展

　　　　　　"水是有力量"的探究活动

　　关于"水"具有无色、无味、会流动、没有一定形状等特性，学生已有认识。在知道水的性状之后，我们通过探究如何使小水轮转得更快，认识到流动的水有力量。以下是"小水轮的转动"探究实验记录（表 4-8）。

表 4-8　"小水轮的转动"实验记录表 [①]

| 研究问题 | | 水流量的大小是否影响小水轮转动的快慢？ | |
|---|---|---|---|
| 猜想 | | 水流量（大、小），小水轮转得快<br>水流量（大、小），小水轮转得慢 | |
| 实验设计 | 条件 | 水位、水流量、水冲击在叶片的位置、水量、水同时流下来 | |
| | | | |
| 实验现象 | | 水流量大 | 水流量小 |
| | | | |
| 结论 | ＿＿＿＿＿影响小水轮转动的快慢；＿＿＿＿＿，小水轮转得快；＿＿＿＿＿，<br>小水轮转得慢 | | |

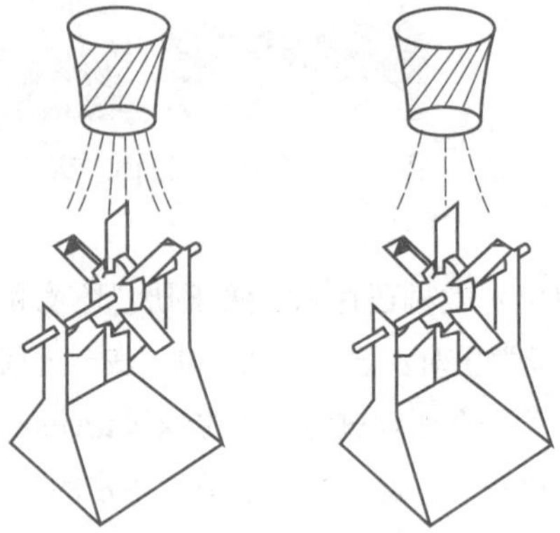

### （四）科学、技术、社会与环境

科学、技术、社会与环境的学习主要强调科学技术与社会生活的密切联系，使学生意识到一方面科学技术进步给人类生活和社会进步带来改变；另一方面人类活动、社会进步也可能促进（阻碍）科学技术的发展。科学、技术、社会与环境课程目标的落实有助于学生建立科学、技术、社会与环境的联系，以联系、综合的眼光审视科学，培养应用科学知识的能力和创新、创造能力。如三套科学教材关于"食物"内容与呈现，如表 4-9 所示。

表 4-9　三套科学教材中"食物"内容与呈现

| 教材版本 | 册本 | 单元标题 | 主题 | 篇幅（页） | 栏目 |
|---|---|---|---|---|---|
| 教科版 | 四年级下册 | 食物 | 5. 面包发霉了<br>6. 减慢食物变质的速度 | 5 | 无 |

---

[①]　王素英. 小学科学探究实践：上册 [M]. 北京：首都师范大学出版社，2012.

续表

| 教材版本 | 册本 | 单元标题 | 主题 | 篇幅（页） | 栏目 |
|---|---|---|---|---|---|
| 苏教版 | 六年级上册 | 显微镜下的世界 | 3. 馒头发霉了 | 2 | 动手、讨论、记录 |
| 河北版 | 六年级上册 | 丰富多彩的生命世界 | 6. 生活中的真菌 | 4 | 活动、记录、猜想与假设、讨论、表达与交流、拓展 |

　　教科版《科学》教材将"食物"内容呈现在相应单元第五、第六主题中，通过"观察发霉的面包""面包发霉的条件""哪一块面包上的霉菌生长得快"等活动，引导学生关注"如何减慢食物变质的速度"，并以观察对比"腐败的小鱼、发馊的面条和发霉的面包有哪些相似的地方"活动探究面包发霉的条件，从而提出"储存食物的各种方法"。整个活动、实验引导学生将科学知识与日常生活相联系，让学生通过观察、实验、探究等在过程中体会科学技术与日常生活的联系，感受科学技术给人类生活带来的影响。

　　苏教版《科学》教材以"用显微镜观察、对比、记录不同物品上的霉"的活动，引发学生思考"在哪些条件下馒头容易发霉"，并以对比实验探究温度、干湿情况下对食物发霉的影响，进而以问题"怎样防止食物和其他物品发霉"开展讨论，引导学生理解生活中常见的真空包装、干燥剂、低温保存及太阳曝晒等防霉方式。对"霉的功与过"的介绍也进一步彰显了对科学知识与日常生活的联系，以体现课程目标。

　　河北版《科学》教材针对该内容，引导学生通过观察、记录食物霉变的过程，针对"食物在什么条件下容易发霉"提出假设，根据假设设计实验（要求写出实验目的、实验材料、实验方法、实验结果、实验结论），进一步基于交流明确防止（减少）食物发霉的多种可能方法，并在介绍各种食品保鲜的基础上，尝试设计一种食品保鲜技术。多种活动的设计，有助于学生认识到科学技术进步给人类生活带来的便利，并大胆想象未来科学技术进步下的食品保鲜技术，理解科学技术与社会生活的密切联系。

## ❓ 问题与思考

　　以"食物"为例，设计科学、技术、社会与环境目标的评价检测题，并阐释设计的依据。

## 二、目标分析的典型案例

这里从《小学科学课程标准》、三套教材的内容与呈现，分别阐述"声音"中的目标分析。义务教育小学、初中科学课程标准在四个维度方面关于"声音"的目标表述如表 4-10 所示。

表 4-10　义务教育两个科学课程标准关于"声音"的目标表述

| 四个维度的目标 | 义务教育初中科学课程标准的具体内容与表述 | 义务教育小学科学课程标准的具体内容与表述 |
|---|---|---|
| 科学知识 | 知道声音是由物体的振动产生的，能区分声音的大小与高低；知道声音要通过物质传播到达人的耳朵；能区分乐音和噪音；解释各种常见乐器的发声方法；判断在月球上能不能听到声音 | 举例说明声音在不同物质中可以向各个方向传播；举例说明声音因物体振动而产生；知道声音有高低和强弱之分；识别眼、耳、鼻、舌、皮肤等器官；举例说出人体对某些环境刺激的反应方式和作用 |
| 科学探究 | 制作土电话，或做实验，了解声音在不同物质中的传播情况 | 制作能产生不同高低、强弱声音的简易装置，知道振动的变化会使声音的高低、强弱发生改变；将发声体放入水中，了解声音在液体中的传播；轻轻敲击课桌、楼梯扶手、墙面等，将耳朵贴在远离敲击点的不同方位，倾听声音，了解声音可以在固体中沿着各个方向传播；尝试让各种物体发出声音，感知声音高低和强弱的变化；观察物体发出声音时伴随着物体的振动，了解声音产生的原因；设计实验，尝试用弦线、皮筋、直尺等物品产生不同高低和强弱的声音 |
| 科学态度 | — | — |
| 科学、技术、社会与环境 | 了解噪音的危害和防治方法；提出在公共场所防止噪音污染的各种建议；讨论对各种声音的感受以及减小噪音和保护听力的方法，如轻声关门，不大声喧哗，在吵闹场所捂耳朵等 | 知道噪声的危害和防治；知道保护听力的方法；列举保护这些器官的方法 |

🄿 问题与思考 ‖‖‖‖‖‖‖‖‖‖‖‖‖‖‖‖‖‖‖‖‖‖‖‖‖‖‖‖‖‖‖‖‖‖‖‖‖‖‖‖‖‖‖‖‖‖‖‖‖‖‖‖‖‖‖‖‖‖

设计"声音"这一主题有关科学、技术、社会与环境目标的评价检测题，并阐释设计的依据。

拓展阅读：
STC 教材关于"声音"的目标阐述

教科版《科学》教材"声音"这一内容在四年级上册中，其核心知识结构如图 4-19 所示，包括"声音是怎样产生的""声音的变化""声音的传播""我们是怎样听到声音的"等，试图通过探究皮筋、尺子等是怎样发出声音的，来引导学生理解声音是由振动产生的；通过探索尺子音高的变化、探究声音强弱的变化等，引导学生认识声音的强弱可用音量（振幅）来描述，声音的高低可用音高来描述；通过音叉振动传声、"土电话"传声实验探究活动等，引导学生认识到声音以波的形式传播；进一步通过对铝箔、棉线、尼龙、木质米尺等不同材料中声音传播的比较与探究，引导学生认识到声音的传播需要介质（空气），声音在不同介质中的传播情况不同。

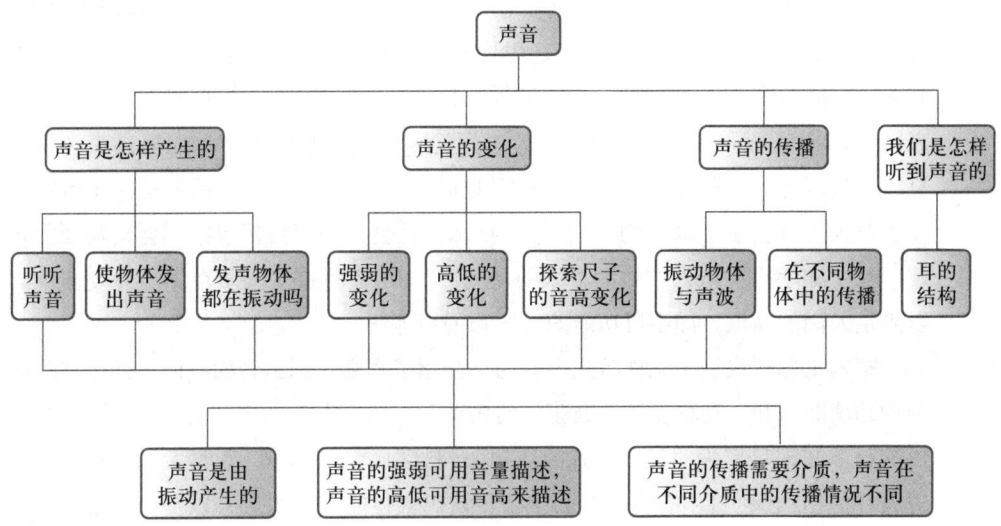

图 4-19　声音的核心知识结构

　　教科版《科学》教材"声音"内容分七个主题，第一主题"听听声音"要求学生倾听周围的声音，感受不同物体发出的声音；对比两种大小不同的音叉发出的声音，了解音叉可以用来调试乐器和测试音高；最后以敲击小铁钉的实验活动感受不同的声音。第二主题"声音是怎样产生的"尝试使不同物体发出声音，并将击打过的音叉轻轻触及水面来观察水面的变化，观察发出声音的物体使水面产生波纹，以此说明振动是物体发声的原因。第三主题"声音的变化"介绍了声音的高低和强弱变化，通过拨动钢尺的探究性实验来体会物体振动幅度大小和声音强弱的关系，由此得出声音的强弱取决于物体振动的幅度；通过敲击不同盛水量的玻璃杯来感受声音的高低，通过拨弹不同松紧程度的橡皮筋来感受橡皮筋发出的声音的变化，由此得出声音的高低取决于物体振动的频率。该主题体现的科学知识目标为"知道声音有高低和强弱之分"；科学探究目标包括"制作能产生不同高低、强弱声音的简易装置，知道振动的变化会使声音的高低、强弱发生改变""尝试让各种物体发出声音，感知声音高低和强弱的变化"。

　　第四主题"探索尺子的音高变化"通过探究尺子伸出桌面的长度和声音高低的变化关系，让学生能基于方案设计、预测、实验和记录数据，将结果以统计图的形式表述出来。该主题体现了科学探究目标，即"设计实验，尝试用弦线、皮筋、直尺等物品产生不同高低和强弱的声音"。第五主题"声音的传播"以振动物体在水中产生的波动来模拟声波，明确振动的音叉可以引起水面波动；进一步以"土电话"传声实验探究活动，引导学生思考声音是如何从"土电话"的一端传到另一端的；在知道声音是通过介质以波的形式传播后，教材设计了"声音在不同物质中的传播"对比实验，使学生在感受、记录与讨论中明确声音在不同介质中的传播情况是不同的，空气是传播声音的重要介质。该主题体现的科学知识目标包括"举例说明声音在不同物质中可以沿各个方向传播""能说出常见的信息传递媒介与传播方式，会利用声音、光等媒介来传播信息"；科学探究目标包括"将发声体放入水中，观察声音的传播""轻轻敲击课桌、楼梯扶手、墙面，将耳朵贴在远离敲击点的不同方位，倾听声音，了解声音可以在固体中沿各个方向传播""通过制作'土电话'来传送声音信息，会设计简单的通过不同途径传递信息的方案，如通过声音传消息、通过闪光传递信息等"；科学态度目标包括"体会每个时代的特征，了解科学技术对人类社会生活的影响"；科学、技术、社会与环境目标包括"会比较现代科技产品（如手机）给人类生活带来的便利""知道工程技术人员在不断开发新产品以满足人们的需求，如手机功能的发展和创新等"。

第六主题"我们是怎样听到声音的"介绍了耳朵听到声音的原因，通过"耳的结构和功能"和"观察比较'鼓膜'的振动"介绍了人听到声音的过程。该主题体现的科学知识目标为"说出人耳的结构"；科学探究目标为"观察人耳的模型，了解人耳的结构"；科学态度目标为"初步认识人体的结构组成，以及保健常识，进而形成健康的生活意识，养成良好的生活习惯和行为"。第七主题"保护我们的听力"提出了"保护听力"的问题，通过对噪声的介绍提出人类保护听力的措施，思考用什么办法使发声罐发出的声音变轻；结合对减少噪声举措的调查，了解控制物体发声的作用与方法。教材进一步以"资料库"的形式介绍了我们的发声器官和听觉器官，以强调保健常识，形成健康生活的意识，养成良好的生活习惯与行为。该主题体现的科学态度目标包括"意识到科技产品给我们的生活带来的方便和舒适，意识到创意设计能够改变生活质量""意识到技术进步会带来某些不良的影响，如环境污染问题等""关注周围技术世界的发展，体验科学技术对个人生活、对社会发展的影响"。科学、技术、社会与环境目标包括"体验生活中不断出现的新技术、新产品给人们带来的更为舒适的生活""知道人们的生活和生产会产生对环境有害的物质"。

苏教版《科学》教材"声音"内容放在四年级上册第三单元"奇妙的声音王国"中，分"声音的产生""声音的传播""我们是怎样听到声音的""不同的声音"四个主题。第一主题"声音的产生"通过"保鲜袋发声""弹拨尺子""敲击鼓面""吹瓶口""敲击音拨"等活动，使学生感受物体发声的方法，由此探究声音产生的原因。其体现的科学知识目标为"举例说明声音因物体振动而产生"；科学探究目标包括"观察物体发出声音时伴随着物体的振动，了解声音产生的原因"。第二主题"声音的传播"通过"讨论""动手""问题""资料""拓展"栏目介绍了声音的传播。其中，隔着沙子、水和空气敲击桌面的探究实验说明了在不同介质中声音的传播效果不同；做"土电话"说明声音的传播方向；"伏罂而听"的故事说明声音在固体中传播的原理；最后的拓展活动意在使学生知道空气是声音传播的重要介质。这个主题体现的科学知识目标包括"举例说明声音在不同物质中可以沿各个方向传播""能说出常见的信息的传递媒介与传播方式，会利用声音、光等媒介来传播信息"；科学探究目标包括"轻轻敲击课桌、楼梯扶手、墙面，将耳朵贴在远离敲击点的不同方位，倾听声音，了解声音可以在固体中沿各个方向传播""通过制作'土电话'来传送声音信息，会设计简单的通过不同途径传递信息的方案，如通过声音传消息、通过闪光传递信息等"；科学态度目标包括"意识到科技产品给我们的生活带来的方便和舒适，意识到创意设计能够改变生活质量""关注周围技术世界的发展，体验科学技术对个人生活、对社会发展的影响"；科学、技术、社会与环境目标包括"体会每个时代的特征，了解科学技术对人类社会生活的影响""会比较现代科技产品（如手机）给人类生活带来的便利""体验生活中不断出现的新技术、新产品给人们带来的更为舒适的生活""知道工程技术人员在不断开发新产品以满足人们的需求，如手机功能的发展和创新等"。

第三主题"我们是怎样听到声音"分别以"资料""动手""问题""讨论"栏目介绍了人耳的构造和"助听器"以及噪声。该主题体现的科学知识目标为"说出人耳的结构"；科学探究目标为"观察人耳的模型，了解人耳的结构"；科学态度目标包括"意识到技术进步会带来某些不良的影响，如环境污染问题等""初步认识人体的结构组成以及保健常识，进而形成健康生活的意识，养成良好的生活习惯与行为"；科学、技术、社会与环境目标为"知道人们的生活和生产会产生对环境有害的物质"。

第四主题"不同的声音"设计了"弹拉紧的橡皮筋""弹变短的橡皮筋""弹粗细不同的橡皮筋"三个活动，"橡皮筋吉他""拇指钢琴""排箫"等的制作，能使学生理解"音量"和"音调"的概念，知道引起声音强弱、高低的原因。该主题体现的科学知识目标为"知道声音有高低和强弱之分"；科学探究目标包括"制作能产生不同高低、强弱声音的简易装置，知道振动的变化会使声音的高低、强弱发生改变""尝试让各种物体发出声音，感知声音高低和强弱的变化""将发声体放入水中，观察声音的传播""设计实验，尝试用皮筋、直尺等产生不同高低和强弱的声音"。

河北版《科学》教材有关"声音"的内容在三年级下册第二单元"声"中，分"倾听声音""物体传声""自制小乐器""声音与生活"四个主题。第一主题"倾听声音"以"寻找声音""观察物体发声时的现象""用什么办法能使物体停止发声"等系列活动，理解"声音是由物体振动产生的"。该主题体现的科学知识目标为"举例说明声音因物体振动而产生"；科学探究目标为"观察物体发出声音时伴随着物体的振动，了解声音产生的原因"。

第二主题"物体传声"首先以"你听到了吗""水能传声吗？"等实验，以及"为什么我们在地球上可以听到声音？"等活动回答了声音是如何传到我们耳朵里的，明确在真空条件下是不能听到声音的，由此得出"声音的传播需要介质"的结论。该主题体现的科学知识目标包括"举例说明声音在不同物质中可以沿各个方向传播""能说出常见的信息的传递媒介与传播方式，会利用声音、光等媒介来传播信息"；科学探究目标包括"将发声体放入水中，观察声音的传播""轻轻敲击课桌、楼梯扶手、墙面，将耳朵贴在远离敲击点的不同方位，倾听声音，了解声音可以在固体中沿各个方向传播"。

第三主题"自制小乐器"通过制作乐器的过程介绍了"音调""音色"等概念，使学生知道乐器产生高低、强弱不同声音的原因。该主题体现的科学知识目标为"知道声音有高低和强弱之分"；科学探究目标包括"制作能产生不同高低、强弱声音的简易装置，知道振动的变化会使声音的高低、强弱发生改变""尝试让各种物体发出声音，感知声音高低和强弱的变化"。

第四主题"声音与生活"一方面介绍了声音对人类有益的方面，另一方面介绍了噪声对人类的危害，并通过"拓展"栏目"无噪声书房"的设计使学生将科学技术与科学创新联系起来。该主题体现的科学态度目标包括"意识到科技产品给我们的生活带来的方便和舒适，意识到创意设计能够改变生活质量""意识到技术进步会带来某些不良的影响，如环境污染问题等""关注周围技术世界的发展，体验科学技术对个人生活、对社会发展的影响""体会每个时代的特征，了解科学技术对人类社会生活的影响"。科学、技术、社会与环境目标包括"体验生活中不断出现的新技术、新产品给人们带来的更为舒适的生活""知道人们的生活和生产会产生对环境有害的物质"。

## 问题与思考

（1）以"声音"主题为例，设计科学知识，科学探究，科学态度，科学、技术、社会与环境目标的评价检测题，并阐释设计缘由。

（2）以"声音"主题为例，画出各相关核心概念（如振幅、频率、响度、振动、介质）间的关系，可以是概念图、结构框图或思维导图等。

## 思考与实践

（1）什么 KAPO 模型与 KEASP 模型？

（2）《小学科学课程标准》描述的四个维度目标分别是什么？这四个维度目标的关系如何？

（3）科学知识目标包括哪些方面？选择某一主题内容为例，阐述教师如何进行科学知识目标维度的分析。

（4）选择某一主题内容为例，阐释如何设计目标维度的评价检测题，并阐述设计依据。

（5）以"光""空气""水""植物"为例，结合具体的教材设计与内容表述，阐述各维度目标的分析；进一步以"声音"主题内容为例，思考如何进行目标维度的分析，并设计相应的评价检测题。

（6）以"资料卡片""问题与思考""知识拓展"等栏目设置，在具体内容的问题回答、活动反思中，理解小学科学目标维度的分析。

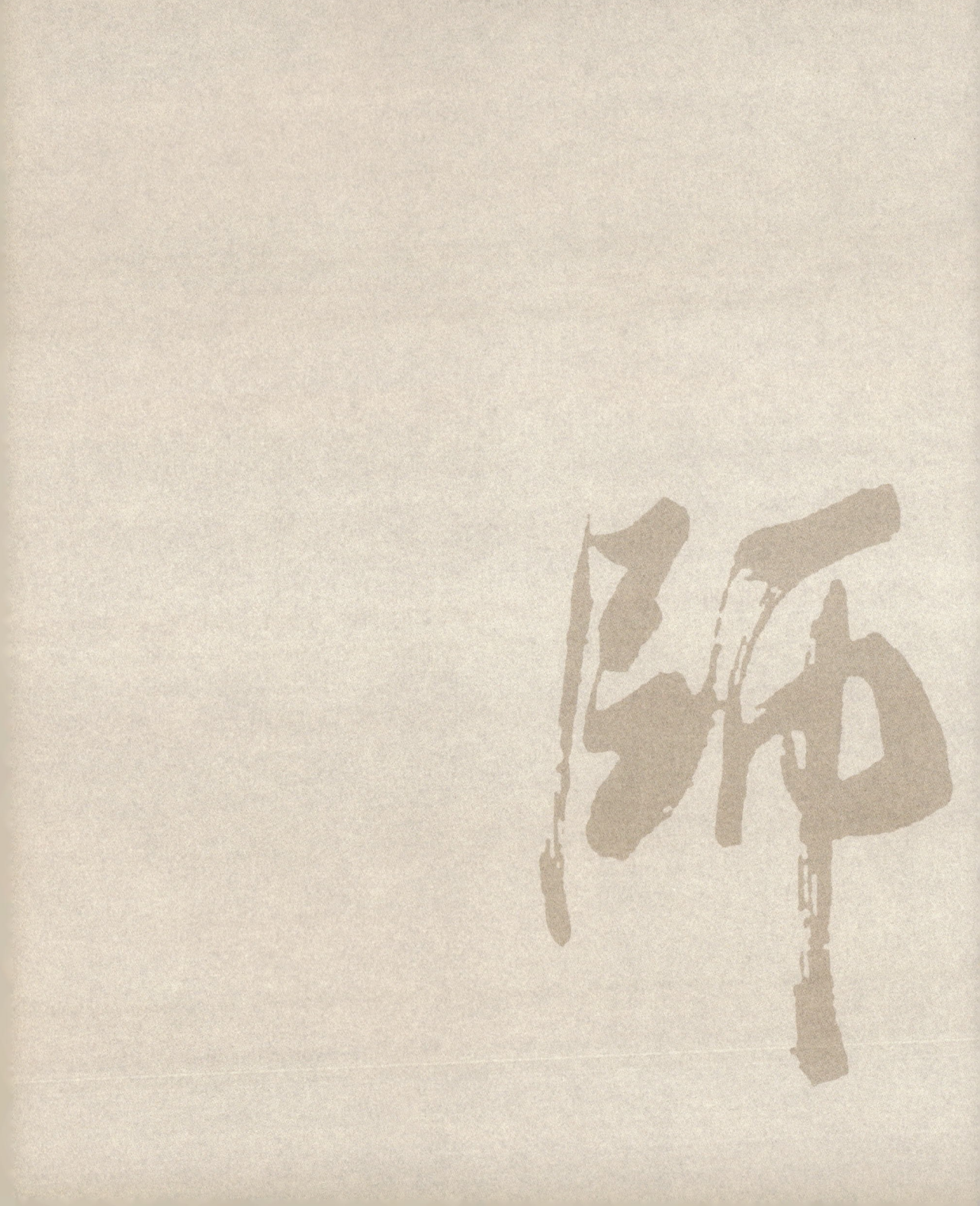

# 第 5 章　　　　小学科学教材的专题分析

 **学习目标**

1. 能够根据科学探究的内涵与特点，分析小学科学教材中科学探究涉及的基本要素。
2. 能够根据科学实验的含义与分类，分析相关科学教材中的科学实验内容。
3. 理解科学史的含义，学会相关教材中的科学史内容分析方法。
4. 能基于对 STS 与 STSE 的区别，正确分析相关科学教材中 STSE 的内容。

 **核心概念**

科学教材；科学探究；科学实验；科学本质；科学史；STSE

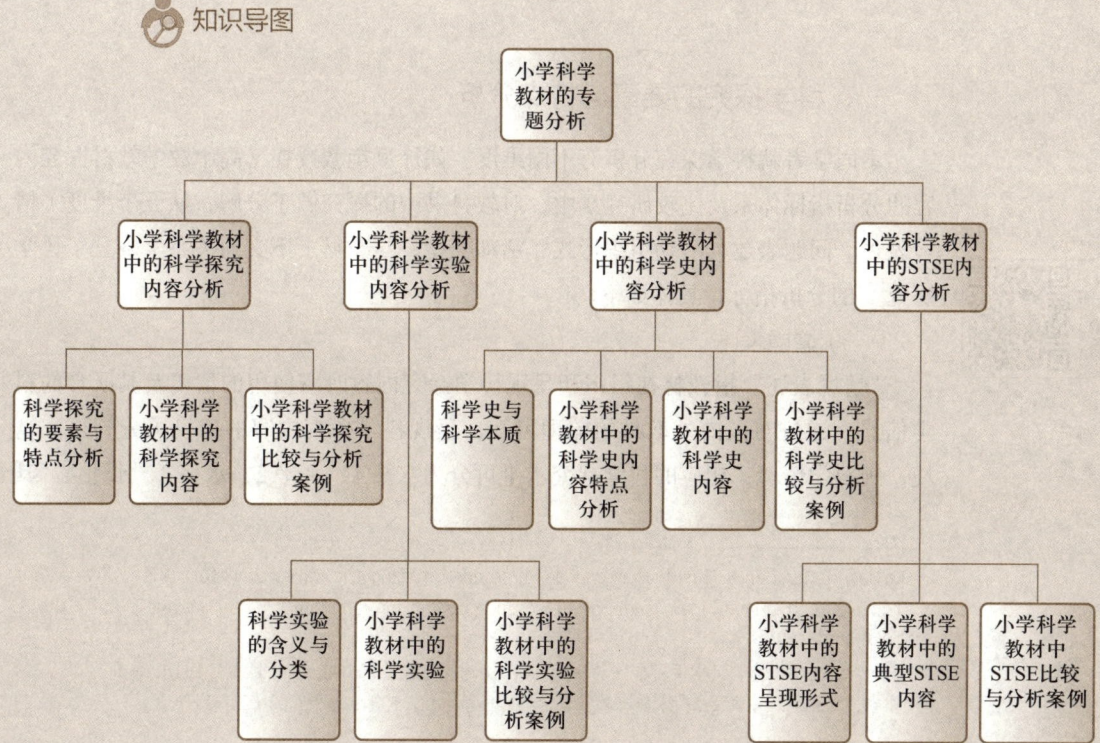 **知识导图**

国际科学课程改革由"作为学科知识的科学"到"作为相关知识的科学",再到"作为不完善知识的科学"[①]。科学探究、科学实验、科学本质、科学史与 STSE 教育等被世界各国视为科学课程改革的重点,并在各国的科学教育文件中得以彰显。科学教材依据课程标准编写,是重要的课程资源,是如科学探究等专题内容得以实现的重要载体。这些专题内容在课堂中的实施成功与否和教材的编写有直接关系。由此引发一些思考,即:不同版本教材中这些专题内容是否相同,呈现方式是否一致,与课程标准的规定是否一致,等等。这里我们以国内不同版本的教材为例进行专题分析。

# 第一节　小学科学教材中的科学探究内容分析

1996 年,美国《国家科学教育标准》将"作为探究过程之科学"作为科学教育的内容之一,2013 年新出台的《新一代科学标准》以"科学实践"丰富了科学探究的内涵,旨在提升学生科学素养的科学教育将科学探究视为目标、重要的教学内容与教学方法;伴随着科学探究内涵的不断转变,科学探究实现了科学教育价值倾向及范式转变。[②] 我国于 21 世纪初开展的新一轮课程改革尤其强调科学探究,这特别表现于课程标准的修订中,修订者提出科学的核心是探究。基于课程标准的不同版本的教材也凸显了对科学探究的重视,但科学探究内容、类型及呈现方式在不同教材中是否一致? 对这一问题的探讨有助于科学教师对科学探究内容的理解与活动的开展。

拓展阅读:
学者眼中的科学探究

## 一、科学探究的要素与特点分析

不同学者就科学探究分析有不同维度。如徐斌艳教授在《高中数学教材探究内容的分析指标体系及比较研究》中,对教科书中的探究做了分解,从五个维度(情境表述、问题表述、活动组织形式、活动类型、与教材上下文的关系)确立了科学探究[③]的分析指标,具体如下。

(一)情境表述

"情境表述"指教材在组织和呈现科学探究内容时所使用的情境及其所含的科学信息。通过对国内外教材的梳理可知,呈现科学探究内容的情境可分为真实情境、纯科学情境,相应的科学探究水平可分为水平 1、水平 2、水平 3、水平 4。其

拓展阅读:
文件中的科学探究表述

---

① Wallace J, Louden W. Curriculum change in science: riding the waves of reform [M] //Fraser B J, Tobin K G. International handbook of science education. London: Kluwer Academic Publishers, 1998: 471-485.

② 李雁冰. 科学探究、科学素养与科学教育 [J]. 全球教育展望, 2008, 37 (12): 14-18.

③ 陈琴, 庞丽娟. 科学探究: 本质、特征与过程的思考 [J]. 教育科学, 2005 (2): 1-5.

具体含义如表 5-1 所示。

表 5-1  科学探究内容情境表述的指标含义描述

| 情境表述 | 情境类型 | 真实情境 | 来自日常生活、外部现实世界（自然、艺术、体育、人文等），或文学作品、科幻作品等的故事情节 | | |
|---|---|---|---|---|---|
| | | 纯科学情境 | 纯粹科学问题表述 | | |
| | 科学探究水平 | 内容 | 问题与假设 | 探究程序 | 探究结论 |
| | | 水平 1 | 教科书 | 教科书 | 教科书 |
| | | 水平 2 | 教科书 | 教科书 | 学生 |
| | | 水平 3 | 教科书 | 学生 | 学生 |
| | | 水平 4 | 学生 | 学生 | 学生 |
| 操作规则 | 统计时将最适合的类目记为 1 | | | | |

拓展阅读：
PISA 测评中的科学
探究

### （二）问题表述

"问题表述"一方面指教材在提出问题时所用的句式（分为陈述句和疑问句两种），另一方面指所提问题的类型（分为封闭式和开放式）。其具体含义如表 5-2 所示。

表 5-2  科学探究内容问题表述指标含义描述

| 问题表述 | 句式 | 陈述句 | 直接陈述一个科学事实、任务或活动要求，句末一般用句号表示 |
|---|---|---|---|
| | | 疑问句 | 用询问或者反问等方式表述科学任务或活动要求，句末一般用问号表示 |
| | 问题类型 | 封闭式 | 答案和解答方法都唯一 |
| | | 开放式 | 没有规定学生使用某种方法或策略解决问题，也没有预设的结论，学生探究的过程或结论是多元的 |
| 操作规则 | 统计时将最适合的类目记为 1 | | |

### （三）活动组织形式

"活动组织形式"包括个人、同伴或团队的探究活动。其具体含义如表 5-3 所示。

表 5-3  科学探究活动组织形式指标含义描述

| 活动组织形式 | 个人 | 没有明确要求两个人及两个人以上合作探究的所有活动 |
|---|---|---|
| | 同伴 | 两个人合作进行探究活动 |
| | 团队 | 三个人及三个人以上小组或团队合作进行探究活动 |
| 操作规则 | 统计时将最适合的类目记为 1 | |

### （四）活动类型

"活动类型"指教材在设计科学探究内容时，为学生创造的活动条件和空间。比如这些科学探究是出现在教师的解释或讲授之后，还是在学生阅读完课本之后，或是在解释公布以前用以引发学生对新概念进行探究。它们包括解答、实验、科学写作、项目、阅读等活动。其具体含义如表 5-4 所示。

表 5-4　科学探究活动类型的指标含义描述

| | | | |
|---|---|---|---|
| 活动类型 | 解答 | 验证反思 | 对自己或者他人已有的解答过程或结论进行验证或反思 |
| | | 计算证明 | 利用科学原理和定律进行计算、证明或者作图等 |
| | | 推测解释 | 根据问题情境对可能的解答过程或结论进行推测、判断或解释 |
| | 实验 | 科学类 | 设计或参与小型的物理、化学、生物等实验，观察、分析实验 |
| | | 日常生活 | 通过日常的活动（游戏、体育等），体验发现活动中的科学规律 |
| | 科学写作 | 实验性科学写作 | 亲自参与实验操作，根据得到的实验结果或真实资料，用写作的方式合理地解释科学观点 |
| | | 解释性科学写作 | 运用以前学习过的科学文字来描绘新事件的特征，并在原有科学概念的基础上，对事件的特征做出科学的解释。如关于糖在冷水、热水中不同的溶解速度这一现象的描述及解释 |
| | | 报告性科学写作 | 这是相对比较正式的科学写作。学生通过自己收集到的资料，对某一科学问题进行描述。如关于 AIDS 感染、光的本质等的描述 |
| | | 传记性科学写作 | 以科学史实、科学家等为主题进行写作。在这种传记性的科学写作过程中，学生体会到科学中的人文因素和社会因素 |
| | | 说明性科学写作 | 通过资料来针对某一特定问题、现象进行写作，以表达自己的观点 |
| | 项目 | 文本作品 | 围绕某主题活动，并以文本类作品作为活动成果 |
| | | 实物作品 | 围绕某主题活动，并以实物类作品作为活动成果 |
| | | 电子作品 | 围绕某主题活动，并以电子或计算机类作品作为活动成果 |
| | 阅读 | 有问题 | 阅读文本，并回答所提问题 |
| | | 无问题 | 仅阅读文本，不需要回答问题 |
| 操作规则 | 统计时将最适合的类目记为 1 | | |

### （五）与教材上下文的关系

科学教材中的探究内容不是孤立的，在某些科学探究内容中，学生的调查研究与阅读材料被整合在一起，而在其他探究中，它们被编排在独立的章节中，在一章或一本书的后面或在独立的实验手册里。它对章节内其他内容起着不同的作用，主要有导入新知、承上启下、归纳总结和应用拓展四种。这一指标的具体含义如表 5-5 所示。

表 5-5　科学探究内容与教材上下文的关系指标含义描述

| 与教材上下文的关系 | 导入新知 | 探究内容仅与其后面的单元或知识点有联系 |
|---|---|---|
| | 承上启下 | 探究内容与其前后的单元或知识点都有联系 |
| | 归纳总结 | 探究内容仅与其前面的单元或知识点有联系 |
| | 应用拓展 | 探究内容被应用于其他科学内容或其他学科内容中，或被扩充 |
| 操作规则 | 统计时将最适合的类目记为 1 | |

　　上述是分析科学探究维度的一种方法，基于科学探究活动的开展，科学探究维度分析有不同的方式与过程。我们将基于各国科学课程标准（纲要）明确的科学探究的共同要素来进行科学探究维度的分析。表 5-6 呈现了美国《国家科学教育标准》、我国的义务教育科学课程标准（初中与小学）及我国台湾地区《自然与生活科技纲要》中科学探究的基本要素分析及由此得到的共同要素。这些共同要素构成了科学探究的基本要素，但每一个科学探究活动不是必须包含所有要素的，有些探究活动关注了其中一个或几个，都可以称为科学探究。

表 5-6　不同科学课程标准（纲要）中科学探究的基本要素

| 不同科学课程标准（纲要） | 科学探究的基本要素 |
|---|---|
| 美国《国家科学教育标准》 | 提出问题，形成假设，设计实验方案，搜集资料并处理实验数据，得出实验结论，表达见解与交流信息 |
| 我国《义务教育科学课程标准》（初中） | 提出科学问题，进行合理的猜想和假设，制订计划、设计实验，获取事实与证据，解释、检验与评价，表达与交流 |
| 我国《义务教育科学课程标准》（小学） | 提出问题，作出假设，制订计划，搜集证据，处理信息，得出结论，表达交流，反思评价 |
| 我国台湾地区《自然与生活科技纲要》 | 由情境引导学生发现问题；给出解决问题的方法；计划和设计解决问题的方案；通过观察、实验、对比、探索和记录等科学方法获取信息；做变量与应变量之间相应关系的分析；对自己的研究成果做科学性的描述 |
| 共同要素 | 提出问题，形成假设，设计实验，获取证据，解释与评价，表达与交流 |

　　基于上述对科学探究基本要素的分析，对科学教材中科学探究的分析也表现出一些基本的特征，即学生基于科学性问题开展探究活动。首先，学生应该从证据中找到合理的解释，并对科学性问题做出有证据的回答，然后对比其他不同的可能解释（特别是有些表现出科学性理解的可能解释）来批判自己得出的解释，交流和评价各自所给出的解释。

　　依据上述科学探究要素，我们将对国内三套典型的小学科学教材（教科版、苏教版与河北版）中的科学探究内容进行分析与比较。由于三套科学教材都设计了丰富多样的栏目，为了更准确地明确科学教材中的科学探究内容及其呈现方法，我们对教材中科学探究内容的判断标准进行简要概括。

（1）栏目的内容涉及提高学生的科学素养和对科学本质的认识水平，加强学生对科学探究所需技能的训练和对科学探究的理解。

（2）栏目包含部分或全部的科学探究要素。

（3）在活动过程中，以"问题、假设、解释、证据"为核心要素。

（4）在活动的表述中有一些重要的动词，如调查、交流、讨论、制作、设计、观察、参观、辩论、报告、设计方案、提出见解、解释等。

三套教材所设计的栏目与内容如表 5-7 所示。

表 5-7　教科版、苏教版与河北版三套科学教材中的科学探究

| 教材版本 | 探究活动栏目 |
| --- | --- |
| 教科版 | 聚焦（问题）、探索、研讨（2018 年审定） |
| 苏教版 | 问题、动手、记录、资料、拓展、交流 |
| 河北版 | 活动、猜想与假设、讨论、记录与思考、拓展、表达与交流、安全、材料与工具；情境与问题、探究与发现、应用与拓展（2017 年审定） |

教科版《科学》教材（基于《小学科学课程标准》编写）一、二年级的教材围绕"聚焦、探索与研讨"的栏目展开科学探究活动。"聚焦"栏目主要是"提出可探究的问题"，如二年级上册"我们看到的月相是什么样的？"，一年级下册"如果把物体装进盒子里，怎样装得更多？"。"探索"栏目主要针对问题的解决过程，如"认知物体的形状"这一主题，要通过将圆柱形、球形、正方形、长方形四种不同形状的物体分别平铺在盒子里，比较哪种物体放的数量最多，哪种平铺方法能装得更多。"观察月相"这一主题，设计了"观察与记录月相"的探索活动，包括观察月相图片、描述月相；实施观察与记录月相（涂黑或剪白活动）。"研讨"栏目主要引导学生通过"探索"活动，回答问题与表达观点。如"观察月相"主题，有"不同夜晚月相相同吗？""连续观察几天，我们观察到的月相是怎样变化的"；"认知物体的形状"主题，"同一物体的两种平铺方法，结果一样吗？说说你的看法"。基于《小学科学课程标准（实验稿）》编写的教科版《科学》教材没有单独设置探究活动栏目，其科学探究设计与呈现方式有的是体现在具体知识内容中，有的则是关于某一内容的探究专题。在探究专题中，以小标题的形式呈现探究的过程，例如：观察、推测、验证、记录等。在具体知识内容中，穿插相应的探究过程与方法，例如：在"交流"标题下呈现需要学生进行交流的内容；"研究方法"介绍了观察、调查等科学探究方法；"观察记录""统计记录"指导学生科学记录；"思考"提出了一些关于探究内容和方法的问题；"讨论"引导学生针对内容进行讨论；除此之外，还有"猜一猜""试一试""体验""研究计划"等体现探究过程的内容，这些小标题散落在整套教材的不同内容中，贯穿整个《科学》教材，体现出科学探究在科学教材中的比重很大，同时也强调了科学探究对

于小学科学教与学的重要性。

　　苏教版《科学》教材（基于《小学科学课程标准》（实验稿）编写）在三年级上册一开始就介绍了科学探究的相关步骤：提出问题、做出猜测、寻找证据、得出结论。除此之外，在每册教材的最末一个单元详细介绍了科学探究的具体步骤和方法等内容，分别是：提出问题（三年级上册）、观察与测量（三年级下册）、排序和分类（四年级上册）、调查与预测（四年级下册）、解释与建立模型（五年级上册）、交流与质疑（五年级下册）、假设与实验（六年级上册）、拓展与应用（六年级下册）八个单元。在苏教版教材中，探究是通过若干栏目呈现出来的：首先，"问题"栏目针对学习内容提出探究问题。其次，让学生通过"动手"栏目对探究内容进行实验、观察、比较，从而实现对问题的深入探究，并通过"记录"栏目对探究结果进行正确记录；还通过"资料"栏目进一步补充知识点，扩充知识。最后，"拓展""交流"等栏目使学生将通过探究习得的知识与同学交流，在实际情境中应用，实现探究目的。基于《小学科学课程标准》编写的一、二年级《科学》教材则以"思考与练习""拓展与延伸"来凸显科学探究的问题，开展观察、实验、测量以及记录与交流等过程。

　　河北版《科学》教材（基于《小学科学课程标准》（实验稿）编写）将探究的过程与方法隐含在探究活动内容中，指导学生掌握科学探究的正确方法与步骤。探究内容通过不同形式呈现，如"活动"栏目。

"活动"栏目

## 二、小学科学教材中的科学探究内容

　　基于《小学科学课程标准》（实验稿）编写的教科版、苏教版与河北版三套小学科学教材中的科学探究内容，从类型上可以分为观察类、测量类、实验（活动）类、设计制作类与调研类。而从三至六年级各册的教材分析来看，从低年级到高年级，观察类普遍递减，实验（活动）类增加；观察类的探究活动主要以生命科学领域的主题内容为主，其次是地球与宇宙科学主题内容，而测量、实验（活动）类与制作类则主要呈现为物质科学领域的内容。现将教科版、苏教版与河北版三套小学科学教材中的科学探究内容列出，详见二维码。

教科版、苏教版与河北版三套科学教材中的科学探究内容

## 三、小学科学教材中的科学探究比较与分析案例

　　基于前一部分对科学探究不同类型的划分，下面我们以《小学科学课程标准》提出的物质科学、生命科学、地球与宇宙科学、技术与工程四大领域中心内容为具体案例，分析三套教材中科学探究的内容、类型与表现方式。

### [案例5-1] 物质科学（表5-8）

表5-8   探究物体的沉浮在三套科学教材中的呈现

| 教材版本 | 册本 | 单元标题 | 主题 | 所占篇幅（页） | 呈现形式 | 栏目设置 |
|---|---|---|---|---|---|---|
| 教科版 | 五年级下册 | 沉和浮 | 1.1 物体在水中是沉还是浮 | 3 | 文字、图片、表格 | 无 |
| 苏教版 | 三年级下册 | 固体和液体 | 3.2 把固体放到水里 | 3 | 文字、图片 | 动手、拓展、问题、资料、讨论 |
| 河北版 | 三年级上册 | 水 | 5.2 浮与沉 | 4 | 文字、图片、表格 | 活动、记录、表达与交流 |

教科版《科学》教材以"物体在水中是沉还是浮？哪些物体在水中是下沉的，哪些物体在水中是上浮的呢？"将探究问题引出，让学生观察物体的沉浮和观察更多物体在水中的沉浮，并结合观察砖块、木块、塑料块在水中的沉浮情况，进一步以列表呈现不同物体的沉浮情况（图5-1），引导学生在预测物体在水中沉浮的情况下，通过观察、实验、记录得出结论，分析原因。该内容在教材中体现为问题、假设、操作、观察、记录等探究活动，充分体现了探究性。

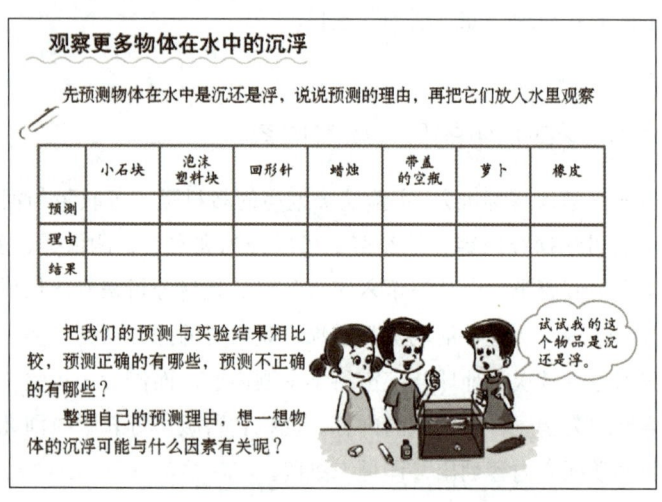

图5-1   教科版《科学》教材"观察更多物体在水中的沉浮"

苏教版《科学》教材以"把固体放到水里"引导学生预测固体是沉还是浮，进而以实验验证假设，并进一步提出问题：预测不同大小的相同物体的沉浮情况是否相同。在一系列探究活动后，"拓展"栏目进一步提出"为什么小石子会下沉，而轮船却能浮在水面"的问题，引发学生进一步探究物体沉浮的条件，这体现了科学知识在社会生活中的应用。

河北版《科学》教材以展示生活现象的图片方式引出"图中哪些物体会浮起来？哪些物体会沉下去？"的问题，激发学生基于预测以实验判断物体的浮沉情况。教材进一步以记录表的形式呈现沉、浮的物体，同时引导学生反思通过实验得到的结论是否与预测相同。

[案例 5-2] 生命科学（表 5-9）

表 5-9  种子萌发的条件在三套科学教材中的呈现

| 教材版本 | 册本 | 单元标题 | 主题 | 所占篇幅（页） | 呈现形式 |
| --- | --- | --- | --- | --- | --- |
| 教科版 | 五年级上册 | 生物与环境 | 1.1  种子发芽实验（一）<br>1.2  种子发芽实验（二） | 5 | 文字、图片、表格 |
| 苏教版 | 三年级下册 | 植物的一生 | 2.1  果实和种子 | 3 | 文字、图片 |
| 河北版 | 五年级上册 | 生物生长的需要 | 1.1  小苗的诞生 | 3 | 文字、图片、表格 |

（一）教科版

"种子萌发的条件"这一知识内容呈现于教科版《科学》五年级上册第一单元"生物与环境"的"种子发芽实验（一）"和"种子发芽实验（二）"两个主题中。具体探究过程如下。

1. 科学发芽实验（一）

（1）讨论种子发芽的条件。在这一部分中提出问题并作出假设。

（2）设计种子发芽实验。学生要根据小组讨论确定研究的问题并做出实验计划。教材给出实验计划的模板，包括提出的问题、推测以及两个组相同的条件、两个组不同的条件和实验的方法几个部分。

（3）种子的发芽实验。这一部分列出了具体的实验步骤和实验记录表模板。

2. 科学发芽实验（二）

（1）整理、分析实验信息。与其他组的同学交流从实验中获取的信息，收集相同实验小组的实验信息来共同分析。

（2）交流实验信息。认真听取不同实验小组介绍他们的实验方法和获取的信息；和其他组的同学交流，了解他们有什么发现，看看他们是怎样用实验中的数据来解释实验结果的；看他们的实验结果和实验前的预测是否一致。汇集全班同学的实验结果，分析绿豆种子发芽需要的条件。

（二）苏教版

"种子萌发的条件"这一知识内容呈现于苏教版《科学》三年级下册第二单元"植物的一生"的"果实和种子"这一主题中。具体探究过程如下。

1. 动手

以探究实验的方式探究种子萌发需要的条件：在 4 只瓶里各放入两张纸巾、撒上一些种子；将 1 号瓶瓶盖拧紧；分别在 2、3 号瓶内洒一点水，将 4 号瓶内的种子完全浸泡在水中，然后都拧紧瓶盖；将 2 号瓶放入冰箱，将 1、3、4 号瓶放到碗柜里；五六天后观察 4 只瓶子。

2. 交流

同学间根据实验情况相互交流、讨论适合种子萌发的条件。

3. 拓展

教材要求学生尽可能提出其他一些和种子萌发有关的、自己能研究的问题。如：大种子发芽快还是小种子发芽快？并在栏目后增加了补充实验"告诉你一个观察种子萌发的好方法"。

（三）河北版

"种子萌发的条件"呈现于河北版《科学》五年级上册第一单元"生物生长的需要"的"小苗的诞生"主题中。具体探究过程如下。

1. 活动

即研究种子萌发的外界条件。教材要求学生通过思考和交流，假设种子萌发的条件，并设计实验证明自己的假设。教材列出了实验方案模板，包括假设、实验材料、实验方法、实验步骤、对实验现象的解释、结论以及还想研究的问题等，指导学生进行具体探究，要求学生参考该方案并根据自己的猜想设计实验，提示学生征求老师的意见，以进一步改进设计，进行实验。

2. 表达与交流

学生要将本组的实验设计、现象和结论以及在实验中遇到的问题与同学交流，比一比哪个小组的设计更合理；最后通过交流达成共识。

三套教材关于"种子萌发的条件"这一科学探究内容的呈现方式虽有不同，但整体上都符合科学探究的过程，即提出问题、作出假设、制订计划、搜集证据、处理信息、得出结论、表达交流、反思评价。三套教材以不同方式引导学生进行科学探究，指导学生学习科学探究的方法并激发其科学探究的兴趣。科学探究的内容是学生能够理解的，是发生在学生身边的事情并能够激起学生学习兴趣的，学生能够在学习时立刻投入真实的学习环境中。在这个过程中，学生能培养提出科学问题（什么因素影响种子的萌发），进行假设和猜想（如光照将影响种子的萌发），制订计划（实验计划），设计实验过程，观察获取事实与证据（通过对比实验观察种子的萌发过程并记录数据），检验与评价（对所得的结果进行检验并分析），表达与交流等方面的能力，同时能激发探究欲望和对科学学习的热情。

[ 案例 5-3 ] 地球与宇宙科学（表 5-10）

表 5-10  探究水土流失在三套科学教材中的呈现

| 教材版本 | 册本 | 单元标题 | 主题 | 所占篇幅（页） | 呈现形式 | 栏目设置 |
|---|---|---|---|---|---|---|
| 教科版 | 五年级上册 | 地球表面及其变化 | 3.8  减少对土地的侵蚀 | 2 | 文字、图片 | 无 |
| 苏教版 | 三年级下册 | 土壤与生命 | 1.4  土壤的保护 | 1 | 文字、图片 | 动手、资料、拓展 |
| 河北版 | 三年级上册 | 土壤 | 3.2  土壤的保护 | 3 | 文字、图片、表格 | 记录、讨论、拓展 |

（一）教科版

教科版《科学》教材将"水土流失"内容放在"地球表面及其变化"单元中，这个单元主要介绍了地球表面的各种变化。该探究活动的引入意在说明暴雨对地表形态的改变。该探究活动主要以实验展开，通过暴雨对土壤侵蚀的模拟实验说明暴雨可能会引发灾害，从而进一步提出保护水土的措施。该实验设置在五年级，内容有一定的深度，其探究问题的提出与专业知识联系较为密切，在探究结束之后要求学生调查"人们采取了哪些措施防止这类灾害的发生，以及尽量减少灾害造成的危害"，因此需要学生有较强的探究能力。

（二）苏教版

苏教版《科学》教材以模拟类探究实验"分别在无植被土壤和有植被土壤上浇水，通过观察土壤蓄水能力探究植被对于土壤保护的重要作用"，引导学生思考在森林被砍伐、植被遭破坏后，土壤的蓄水能力会发生什么变化；进而以"资料"方式补充其他会对土壤产生破坏作用的物质的有关知识。该探究活动的目的主要是使学生通过实验深刻地意识到植被对于土壤的重要性，增强学生对于植物和土壤保护的意识。

（三）河北版

河北版《科学》教材基于黄河的图片提出"你知道黄河的水为什么是黄色的吗？"的问题，由此引出探究实验。实验通过向有植被和无植被的两盒土壤浇水来模拟无植被覆盖的土壤蓄水能力差的情况。实验图下面提出"每个盒里的土壤发生了什么变化？"的问题，提示学生仔细观察。在问题的下面是"记录"栏目，栏目中呈现了记录表，"讨论"栏目要求学生针对"盒中的草对土有什么作用？"展开讨论，进而从实验延伸到实际生活中，提出"如果森林被砍伐了，暴雨或洪水对土壤有什么影响？"的问题。学生要通过以上学习并结合事实回答第一个问题"黄河水变黄的原因"，进而完成"拓展"栏目"调查土壤还会受到哪些破坏"。该探究活动由问题引出，要求学生通过实验和资料搜集证据，最终得出结论并联系生活实际展开进一步调查与研究，有完整的探究过程。

[ 案例 5-4 ] 技术与工程（表 5-11）

表 5-11　材料在三套科学教材中的呈现

| 教材版本 | 册本 | 单元标题 | 主题 | 所占篇幅（页） | 呈现形式 | 栏目设置 |
|---|---|---|---|---|---|---|
| 教科版 | 三年级上册 | 我们周围的材料 | 3.1　我们周围的材料 | 2 | 文字、图片、表格 | 无 |
| 苏教版 | 三年级上册 | 它们是什么做的 | 4.1　常见材料 | 3 | 文字、图片 | 讨论、问题、动手、选择 |
| 河北版 | 三年级下册 | 常见材料 | 1.1　身边的材料 | 3 | 文字、图片、表格 | 活动、讨论、拓展 |

（一）教科版

教科版《科学》教材以我们知道的材料和调查身边的材料活动构成该节课的内容。教材首先要求学生找出并试图描述六种最常见的材料，在掌握了一些基本材料的特性后充分观察身边的物体，调查这些物体的组成材料并做好记录，知道生活中的物体都是由什么材料做成的，并对材料进行归类。该探究内容与生活联系紧密，学生在探究过程中可以掌握一些材料的基本特性以及材料的作用和分类等知识，同时理解科学技术与社会生活的关系。

（二）苏教版

苏教版《科学》教材以"讨论"栏目提出问题"看看教室里的各种物品是由什么材料做成的"，然后通过图片展示和文字材料补充有关天然材料和人造材料的知识，进而要求学生举出更多的天然材料和人造材料的例子，以便基本掌握天然材料和人造材料的特性及区别。教材以"讨论""动手""问题"等栏目要求学生观察教室或者家里的物品都是由什么材料做成的，进而围绕问题深化探究。

（三）河北版

河北版《科学》教材以"活动""表达与交流""拓展"等栏目展开探究，分别以"下面的物品分别是用什么材料制成的？""认识人造材料与天然材料""找一找，教室里的物品是用什么材料做的？"活动呈现，引导学生探究生活中常见物品的组成材料，并将材料分类，最后以"拓展"栏目提出要求"调查自己家中的用品是由哪些材料制成的"。教材充分展示了生活中常见物品的图片，引导学生探究生活中的物体组成材料，并在每一个活动后用记录表引导学生积极地将探究结果记录下来。

## 第二节　小学科学教材中的科学实验内容分析

科学实验在科学教育中的重要性一直受到关注，《小学科学课程标准》与科学教材也彰显了科学实验的重要性。不同学者提出实验不仅是建立科学概念和掌握科学规律、理解和掌握科学知识的重要环节，还能提高学生的思维能力、动手能力、观察能力、分析和解决问题能力、合作交流能力等。但不同版本的小学科学教材中的实验内容、类型及呈现方式各有特点，下面我们通过相关科学教材中的科学实验内容与呈现方式的比较分析来明确。

### 一、科学实验的含义与分类

人们对科学实验有不同的阐释。《中国大百科全书·哲学》将科学实验界定为：是人们为实现预定目的，在人工控制条件下研究客体的一种科学方法。它是人类获得知识、检验知识的一种实践形式。科学实验萌芽于人类早期的生产活动中，后来逐渐分化出来，从 16 世纪开始成为独立的社会实践形式，并且成为近代自然科学的重要标志。

牛顿关于科学实验的观点可以从以下语句中反映出来："上星期六我曾写信给您，指出实验科学只能从现象出发，并且只能用归纳来从这些现象中推演出一般的命题。相互吸引的证明就是这样。一切物体具有不可知性、能动性、力的作用以及运动定律等，它们的论证也都是这样。如果一个人在实验哲学方面要例外地反对这些论证中的任何一个，那么，即使他的归纳方法有一定的力量，也必须从实验或现象出发，而不是从纯粹的假说出发来提出他的反对理由。……您知道，探求事物属性的准确方法是从实验中把它们推导出来。我对您说过，我之所以相信我所提出的理论是对的，不是由于它来自这样一种推论，因为它不能别样而只能这样，也就是说，不是仅仅由于驳倒了与它相反的假说，而是因为它是从得出肯定而直接的结论的一些实验中推导出来的。所以考察它的方法，就在于考虑我所提出的实验，是否确实证明了这个理论中应用了这些实验的那些部分，或者是去进行为理论自身的验证而提出其他实验。"[①]

在这里，我们将科学实验理解为人们根据研究目的，利用实验仪器设备人为地控制或者模拟自然现象、排除干扰、突出主要因素，在最有利的条件下去研究和认识自然规律的活动。小学科学实验可以理解为在教师的指导下，学生运用其感官及仪器等资源有目的地认识在人为控制条件下的事物现象与规律的一种手段与方法。

基于对小学科学实验内涵的理解，不同学者将小学科学实验的设计按照学段的不同进行了不同的分类。如有学者提出科学实验的设计需顾及学生本身的知识结构水平，结合学生的固有概念，进而提出低年级应以基础性实验为主（学会基本技能操作便可）；高年级学生应在学会基本技能的基础上，侧重以科学、环境、技术为出发点，在实验过程中体验与探究。因而，他们将小学科学实验分为基本实验、基础实验、科学－社会－生活－环境实验、科学探究实验（图5-2）。

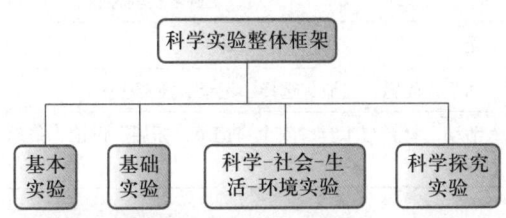

图 5-2　科学实验的分类

基本实验指能认清基本材料、物品，学会基本仪器的操作方法，知道实验中的观察对象是什么，并用适当、准确的语言对实验对象进行描述与解释。基础实验指能运用掌握的实验知识与技能表述实验原理、方法、步骤、操作注意事项及实验要点等，并对简单的文字资料与图标进行说明、总结与概述。科学－社会－生活－环境实验指学生运用学过的知识自行设计实验来解决实际生活问题。科学探究实验

拓展阅读:
实验的分类

---

① 牛顿，H. S. 塞耶. 牛顿自然哲学著作选［M］. 王福山，等，译. 上海：上海译文出版社，2001.

是指基于对实验原理的理解，挑选实验仪器与材料，对问题进行猜想与假设等，设计实验方案、开展实验。

按照《小学科学课程标准》对课程内容的分类，我们可以将小学科学教材中的实验类型分为物质科学实验、生命科学实验、地球与宇宙科学实验和技术与工程科学实验。其中物质科学实验包括"通过简单的实验，证实空气的存在""通过观察和实验，感知常见的力"等；生命科学实验包括"探究水对种子萌发的影响"等；地球与宇宙科学实验包括"通过模拟实验和建构模型等方法，了解由于地球的自转和公转运动产生的昼夜交替、四季变化等自然现象和规律""通过对比实验、辩证分析和逻辑推理等方法，初步认识地球物质不断变化并且互相影响，形成多种自然现象"等；技术与工程领域未明确提出实验教学内容，而是在"动手做"过程中渗透科学实验的步骤，如"观察一些生物运动系统的主要结构，了解它们和仿生机械之间的关系""尝试将周围简单科技产品分解，了解其各部分之间的功能"，等等。

依据这种划分，我们对国内三套小学科学教材（教科版、苏教版与河北版）中的科学实验进行分析与比较。为了更准确地明确科学教材中的科学实验类型及其呈现方法，我们对这三套教材中的科学实验类型的判断标准作简要概括。

（1）栏目的内容涉及加强学生对科学实验所需方法的训练和对科学实验的理解。

（2）栏目包含部分或全部科学实验过程。

（3）活动的表述中有一些重要的动词，如观察、记录、对比、设计实验、模拟、操作等与实验相关的表述。

三套科学教材所设计的栏目与内容如表 5-12 所示。

表 5-12　教科版、苏教版与河北版三套科学教材中的科学实验栏目

| 教材版本 | 科学实验栏目 |
| --- | --- |
| 教科版 | 无 |
| 苏教版 | 动手、问题、交流、选择、记录、注意…… |
| 河北版 | 活动、材料与工具、安全、记录、拓展、讨论、猜想与假设、表达与交流、专题研究 |

教科版《科学》教材（基于《小学科学课程标准》编写）围绕"聚焦、探索、研讨"栏目展开科学实验（活动），主要呈现于"探索"栏目中。而基于《小学科学课程标准（实验稿）》的三至六年级《科学》教材，并未以栏目的形式对各部分教学内容进行区分，即科学实验的呈现与其他教学内容的呈现之间没有明显区分，教师需要利用教材中的"设计实验""检验假设""实验记录""得出结论"等提示性语句，在教学设计过程中挖掘科学实验内容。

苏教版《科学》教材（基于《小学科学课程标准》编写）的科学实验栏目包括"观察""动手""记录""思考""交流"等。如"树叶黄了"要求学生观察秋天

哪些树叶变黄（观察），猜测银杏树叶是怎样变黄（整体慢慢变黄、从中间向边缘变黄、从边缘向中间变黄等），以"动手"栏目寻找证据、验证猜想。基于《小学科学课程标准（实验稿）》的三至六年级《科学》教材没有固定的栏目，但教师可以从教材中概括出一些典型的词，如"观察""假设""实验设计""实验结果""活动记录"等。以"研究电磁铁的磁力大小与哪些因素有关"的实验为例，教材具体呈现了"电磁铁的磁力大小与什么有关"的问题，提出了"与铁钉粗细有关"的假设，在实验设计中明确"电池节数、导线粗细、绕线圈数"是不变的因素，铁钉的精、细是改变的因素，进而通过实验得到粗铁钉吸回形针的个数与细铁钉吸回形针个数的关系。

河北版《科学》教材（基于《小学科学课程标准》编写）中设有"情境与问题""探究与发现""应用与拓展"栏目，科学实验主要在"探究与发现"栏目中。基于《小学科学课程标准（实验稿）》的三至六年级《科学》教材，将科学实验内隐在知识性内容和操作性内容中，主要通过各个栏目设置科学实验。如"活动"栏目提出问题，引导学生思考生活中的科学现象，开展模拟实验等，并"记录"实验现象，进而讨论、分析和总结，或表达与交流实验结果。例如"研究斜面的作用"，要求学生从三个角度分析斜面的工作图，提出自己的猜想：认为斜面有什么作用？通过实验证明自己的假设；将实验结果记录在表中；在分析上述实验数据后，有什么发现？研究结论与自己的假设是否一致？

## 二、小学科学教材中的科学实验

二维码中列举出了三套小学科学教材有关物质科学、生命科学、地球与宇宙科学、技术与工程四大领域涉及的科学实验。

教科版、苏教版与河北版三套科学教材中的科学实验

## 三、小学科学教材中的科学实验比较与分析案例

[ 案例 5-5 ] 物质科学（表 5-13）

表 5-13　磁铁不同部位的磁力大小在三套科学教材中的呈现

| 教材版本 | 册本 | 单元标题 | 主题 | 所占篇幅（页） | 呈现形式 | 栏目设置 |
| --- | --- | --- | --- | --- | --- | --- |
| 教科版 | 三年级下册 | 磁铁 | 4.3　磁铁的两级 | 2 | 文字、图片、表格 | 无 |
| 苏教版 | 五年级上册 | 电和磁 | 3.4　研究磁铁 | 4 | 文字、图片 | 动手、记录、交流、资料、问题、选择 |
| 河北版 | 三年级下册 | 磁 | 5.1　磁铁的力量 | 4 | 文字、图片、表格 | 活动、记录、讨论、猜想与假设、拓展 |

教科版《科学》三年级下册第四单元"磁铁"第三主题"磁铁的两级"以"磁铁不同部位吸小钢球，观察到什么现象？可能的原因？"问题引出对"磁铁什么地方的磁力大？"的探究；针对实验中的问题，即"把磁铁分为几部分测量呢？怎样测量各部分磁力的大小呢？"呈现实验示意图，引导学生在条形磁铁的 N 极、S 极共四个不同位置放置四枚回形针，在回形针下面挂数量不一的回形针，以磁铁两端挂的回形针的数量多少判断磁铁在不同位置的磁性强弱；进而引导学生通过实验分析数据，得出结论：磁力最强的部分叫磁极，磁铁有两个磁极。

苏教版《科学》五年级上册第三单元"电和磁"第四主题"研究磁铁"以不同种类和形状的磁铁引导学生动手探究磁铁的性质，用磁铁的不同部位去吸铁，多做几次看结果是否一样，通过多次实验观察得到"磁力最大的部位是磁极。磁铁指向北的一端是北极，指向南的一端是南极"的结论。

河北版《科学》三年级下册第五单元"磁"第一主题"磁铁的力量"第三个"活动"即呈现了相应的科学实验，首先提出"磁铁的什么部位吸引力最强？"的问题，然后让学生"猜想与假设""磁铁的两端、磁铁的中间、磁铁各部分吸引力相同"等，在此基础上，要求学生设计一个实验来证明自己的预测，之后用蹄形磁铁和环形磁铁分别验证假设，最后以图文呈现实验结果，并得出结论：磁铁的两端磁力特别强，称为磁极；不论什么形状的磁铁，都有两个磁极。

在三套教材中，苏教版的实验内容与呈现比较简单，教科版的介绍最为详细。三套教材都以回形针作为工具探究磁铁不同位置的磁力强弱，通过磁铁不同位置能吸起的回形针的数量来反映磁力大小。三套教材介绍的实验均操作简单、明了，易于理解，符合小学生的认知水平和接受能力。三套教材因将磁铁有关内容设置在不同年级，因此设计的科学实验的难易程度也不同，但都很好地验证了"磁铁不同位置磁力不同"这一知识点，通过实验将"磁极"这一抽象的概念转化为学生能看见和接受的现象。

[案例 5-6] 生命科学（表 5-14）

表 5-14  植物根的作用在三套科学教材中的呈现

| 教材版本 | 册本 | 单元标题 | 主题 | 所占篇幅（页） | 呈现形式 | 栏目设置 |
|---|---|---|---|---|---|---|
| 教科版 | 三年级下册 | 植物的生长变化 | 1.3  我们先看到了根 | 2 | 文字、图片 | 无 |
| 苏教版 | 三年级下册 | 植物的一生 | 2.2  根和茎 | 2 | 文字、图片 | 讨论、动手 |
| 河北版 | 五年级上册 | 生物生长的需要 | 1.4  根和茎 | 4 | 图片、文字、表格 | 活动、猜想与假设、表达与交流 |

在教科版《科学》教材中"研究根的作用"部分主要以文字的形式呈现实验内容，详细介绍了具体的实验步骤："（1）选择一颗带根的植物装入有水的试管中。（2）将植物的根浸泡在试管里的水中。（3）在水面上滴些植物油，使试管中

的水不会被蒸发到空气中，并在水面处做好标记。（4）观察试管中的水量有什么变化。"并给出了一幅实验图片，实验之后提出问题：试管中水量的变化说明了什么？引导学生基于实验、思考得到并理解"植物的根能够吸收土壤中的水分和矿物质，满足植物生长的需要，还能将植物固定在土壤中"的结论。

在苏教版《科学》教材中该内容包含两个实验：（1）"比较菠菜的根和葱的根"，发现根的种类不同；（2）"观察一颗盆栽植物的根"，学习根的特征，通过观察、比较，得出根"将植物牢牢地固定在土壤中，同时又从土壤中吸收植物生长所必需的水分与养料"的结论。该内容主要以观察实验为主，专门设置操作实验讨论不同有根植物的分类，这是因为根的作用的实验现象并不明显，不易直接通过实验得出。

河北版《科学》教材以"研究根的作用"展开实验，呈现了与根的作用有关的四幅图片，涉及一些与根的作用有关的现象，让学生基于"猜想与假设"开展实验，并用图记录实验结果，交流、表达研究结果，得出结论。

### ［案例 5-7］地球与宇宙科学（表 5-15）

表 5-15  测量降雨量在三套科学教材中的呈现

| 教材版本 | 册本 | 单元标题 | 主题 | 所占篇幅（页） | 呈现形式 | 栏目设置 |
|---|---|---|---|---|---|---|
| 教科版 | 四年级上册 | 天气 | 1.5  降水量的测量 | 2 | 文字、图片、表格 | 无 |
| 苏教版 | 三年级下册 | 关心天气 | 4.3  雨下得有多大 | 2 | 文字、图片 | 讨论、动手、记录、资料 |
| 河北版 | 四年级下册 | 天气 | 1.3  观测天气 | 1 | 文字、图片 | 表达与交流 |

教科版《科学》教材以问题"怎样才能知道降水的多少"引出内容，提出雨量器是测量降水量多少的装置，并具体介绍了雨量器的制作过程，进而呈现"测量降水量"的活动。教材用喷壶模拟降雨，引导学生用自己制作的雨量器收集和测量降水量，记录降水量等级表；教材还给出降水量柱状图，教给学生用柱状图记录实验结果的方法。该实验材料简单易得、操作简单，能激发学生动手的兴趣，同时与生活实际紧密结合。

在苏教版《科学》教材中实验"雨下得有多大"以动手"做个雨量器测一测"引出雨量器制作的具体步骤："（1）沿塑料瓶的肩部剪开，取下部。（2）在瓶子的侧面贴上量尺，再贴一层透明胶带。（3）将剪下的瓶顶部倒扣在瓶子上。"在雨量器制作完成后，教材以讨论的形式提出比较各小组测得的数据是否相同，并说说是为什么，之后又提出"用不同大小的雨量器量雨，行吗"这一问题。教材还辅以资料"关心天气"介绍了天气预报中各种降雨的界定，以及下雨与人类生产、生活的关系，以渗透科学、技术、社会与环境教育理念。

河北版《科学》教材介绍了简易雨量器的制作方法，基于雨量器的制作，要求学生把自己制作的成果展示给同学，并根据同学的意见改进，从而引导学生将成果展示、交流并不断改进。

[ 案例 5-8 ] 技术与工程（表 5-16）

表 5-16  定滑轮与动滑轮实验在三套科学教材中的呈现

| 教材版本 | 册本 | 单元标题 | 主题 | 所占篇幅（页） | 呈现形式 | 栏目设置 |
|---|---|---|---|---|---|---|
| 教科版 | 六年级上册 | 工具和机械 | 1.5  定滑轮和动滑轮 | 2 | 文字、图片、表格 | 无 |
| 苏教版 | 五年级下册 | 神奇的机械 | 1.5  国旗怎样升上去 | 2 | 文字、图片 | 问题、动手、记录 |
| 河北版 | 五年级下册 | 巧妙的用力 | 1.3  轮子的妙用 | 5 | 文字、图片 | 活动、记录、讨论、表达与交流、拓展 |

教科版《科学》教材分别讲了定滑轮和动滑轮，先以模拟升旗的装置引出对旗杆顶部滑轮作用的实验研究，探讨"向什么方向用力，是不是有省力的作用"等，进而引导学生记录研究数据，明确定滑轮的作用。对于动滑轮则从其定义"随着重物一起移动的滑轮"引出"组装一个动滑轮实验装置"的活动，引导学生从实验中探究动滑轮的作用，进而比较定滑轮、动滑轮，思考其使用条件。

苏教版《科学》教材以问题"国旗是怎样升上去的"引出滑轮这一简单机械，并通过"仔细观察滑轮构造，说说它有哪些，起什么作用"的活动，总结定滑轮和动滑轮的概念；通过假设"两种滑轮装置可能起到什么作用"，以"学习组装定滑轮和动滑轮"活动，引导学生验证假设。

河北版《科学》教材以观察"吊车图片"情境引出学生对"吊车上使用了几种'轮子'？它们有什么作用"的探究，通过对吊车上不同轮子的研究，得出动滑轮和定滑轮这两种滑轮的类型。教材进一步设计滑轮拔河比赛实验，引导学生在体验性的实验中感受定滑轮和动滑轮的作用，进而交流、讨论、分析滑轮在比赛中的作用，理解定滑轮和动滑轮的优缺点。

# 第三节  小学科学教材中的科学史内容分析

对于科学的理解，仅局限于科学内部是不够的，需要立足其他学科的视角，如科学史、科学哲学、科学社会学等学科的理论成果。科学史的教育价值一直以来受到重视，但如何将科学史融入科学课程，帮助学习科学概念、提升科学态度、增进对科学本质的理解，是需要对教材中的科学史进行分析的。

## 一、科学史与科学本质

什么是科学史？科学史学家乔治·萨顿（G. Sarton）把科学史定义为：科学史是客观真理发现的历史，是人的心智逐步征服自然的历史。它描述漫长而无止境的为思想自由，为思想免于暴力、专横、错误和迷信而斗争的历史。《简明不列颠百科全书》对于科学史的解释是：科学史一直是关于知识不断积累以及科学战胜无知和迷信的成功历程的记述。《辞海》对科学史的解释是：以科学发展为研究对象的历史科学，是人类文化史的重要组成部分。它描述和解释科学知识产生、发展与系统化的进程，是近代科学发展到一定阶段的产物。科学史的发展一直与对科学本质的探究有着密切的联系。我们可以从科学知识的本质、科学方法的本质、科学文化事业的本质来理解科学本质（表 5-17）。

表 5-17　对科学本质的理解

| | | |
|---|---|---|
| 科学知识的本质 | 基于证据 | 科学建立在对自然世界的观察上，但科学家对自然现象的接触并不是直接的，而是通过知觉感官和复杂的仪器去进行观察，并用精细的理论框架对现象进行解释的 |
| | 暂时性 | 科学知识虽然是可靠、持久的，但永远不会是绝对正确的，会受到新的观察或对观察的重新解释的影响 |
| | 理论和定律的区别 | 定律描述了对自然的观察及解释，它提供的是有关事实的知识，而不是对事实或现象为何如此的解释。理论提供的是对自然现象及其因果机制的解释，是说明为什么存在着某个现象及现象如何发生的 |
| | 主观性 | 科学不会始于价值中立的观察，即观察是渗透文化的，并会受科学家原有的知识、学科背景、信仰、经历的影响，而这些因素也会影响人们研究方法的选择、对观察的解释等 |
| | 想象力和创造性 | 科学是实证的，但科学知识的产生也包括人类的想象力与创造性，模型及物种等科学实体包含了对自然的推测，是功能性理论模型而非对现实的忠实复制 |
| | 区分观察和推测 | 观察指通过人类感官及借助仪器收集信息。推测是对这些观察的解释，是不能直接从被观察物体中得出的 |
| | 渗透社会与文化 | 科学作为人类事业，在复杂的社会文化情境中产生，受社会组织、权力结构、政治、社会经济因素、价值观以及宗教信仰等因素的影响，在某种程度上社会的价值观与文化期望决定着科学家从事的研究及怎样开展、如何解释 |
| 科学方法的本质 | 科学调查都是从一个问题开始的，但不一定要检验一个假设 | |
| | 在所有的科学调查中没有一套单一的步骤和顺序（即没有单一的科学方法） | |
| | 探究程序以所提问题为指导 | |
| | 不同科学家执行相同的研究程序可能得不到相同的结果 | |
| | 探究程序的先后会影响探究结果 | |
| | 研究结论必须与收集的数据一致 | |
| | 科学数据与科学证据不同 | |
| | 解释是由收集到的数据和已知的数据组合而成的 | |

续表

| 科学文化事业的本质 | 伦理与道德原则 | 从事科学研究必须考虑伦理与道德原则 |
|---|---|---|
| | 科学家的身份 | 科学家兼具有科学专业及公民的身份 |
| | 科学社群的重要性 | 科学研究受到科学社群的影响 |
| | STS（科学－技术－社会） | 科学、技术与社会具有交互影响的关系 |

### （一）科学知识层面

科学知识是人类想象力与逻辑推理创作的结果，是对自然现象的描述与解释；科学知识无法达到绝对真理的地步，但是逼近真理的。任何科学家发展出来的理论，都必须受到科学共同体的认同，蕴含着一定的价值观。科学知识可能会因观察工具的进步或出现反例而被修改，被更好的假说所取代。

### （二）科学方法层面

加里森和劳威尔（Garrison & Lawwill，1993）认为科学史是达成科学教学的目标，即引导学生对科学探究过程理解的必备要素。科学史的个案研究可说明科学家在建构科学理论时，在特定的技术背景、概念架构中所选择的方法。科学史表明，不同的科学家即使在相同地点，观察相同的现象，所得到的观察结果也可能不同，即观察是渗透了理论的。针对同一主题，科学家会采用不同的方法，甚至是引用其他领域的方法来解决问题。

### （三）科学事业层面

科学事业层面的认识涉及对科学家身份与形象的认识，科学研究过程受科学社群、伦理道德及社会文化等诸因素的影响。"对科学家的形象"的认识是认识科学事业本质的内涵之一，科学史可以使学生了解科学家从事科学活动的过程及对科学实验的态度、科学观点的提出及论证过程，可以从这些科学活动中认识到科学家表现的并非是纯价值中立的，会因持有不同的范式对同一科学实验现象有不同的解释。同一范式下发展出来的知识也须由科学共同体决定其价值，考虑社会的伦理与道德，科学与社会、环境是互为联系的。对科学教材中呈现的科学史内容与形式的统计分析，对科学史个案的分析与探讨，有助于引导学生理解科学家的身份与形象，以及科学发现与研究过程中社会文化价值的影响等。

拓展阅读：
科学史引入小学
科学教材的意义

## 二、小学科学教材中的科学史内容特点分析

基于科学史与科学本质的密切关系，我们对小学科学教材中科学史的分析也离不开科学本质内容的体现。在《小学科学课程标准》中科学史涉及的方面包括：（1）科学家传记；（2）关于科学发现的说明；（3）关于科学观点的变化及其当时背景的说明。小学科学教材是如何体现科学史内容并加以体现的呢？葡萄牙教育工作者劳琳达·莱特（Laurinda Leite）发展了一种分析量表，用来分析、评价教科书中的科学史内容，并希望这种工具能对教师选择教学材料、进行课堂教学有用

处。劳琳达·莱特首先根据要分析的内容和维度，设计了 8 个相关维度：科学史内容的类型与组织、科学史内容的呈现形式、科学史内容的正确性和精确性、与科学史相关的背景（情境）、科学史内容在教材中的地位、课堂上如何使用科学史的内容、科学史内容与科学教材的一致性、教材中科学史内容的来源（表 5-18）。劳琳达·莱特主要采用了定量分析的方法描述教材中的科学史内容，对教材中的科学史内容以"处"作为分析单元进行统计，即某项内容只要出现一次就算一处，而不涉及内容的长短。劳琳达·莱特没有对科学史内容作深度的定性分析。

表 5-18　劳琳达·莱特分析科学史的维度量表 [①]

| 主要维度 | 次级维度 |
| --- | --- |
| 科学史内容的类型与组织 | 科学家的生活（履历资料、个人特征、生活片段）<br>科学进展（科学发现的描述、科学争论、科学种群） |
| 科学史内容的呈现形式 | 科学家的图像；所使用的仪器和实验室的图画；原始的发言稿；二手资料；等等 |
| 科学史内容的正确性和精确性 | 科学史内容是科学的、精确的 |
| 与科学史相关的背景（情境） | 科学、技术、社会、政治、宗教 |
| 科学史内容在教材中的地位 | 在科学教与学中的作用（是基础的、必要的，还是补充的）；所针对的学生群体（是面向所有学生，还是针对尖子生，或让学生自主选择） |
| 课堂上如何使用科学史的内容 | 是一般性介绍还是深入学习；是通过引导性阅读、查找传记还是分析历史数据、重复历史实验等活动 |
| 科学史内容与科学教材的一致性 | 在各章中的分布是否均衡 |
| 教材中科学史内容的来源 | 历史性的科学书籍 |

刘娟 [②] 在对科学史内容体现科学本质的 3 个维度（科学知识、科学过程、科学文化）进行分析时，将这 3 个主要维度又划分为多个次级维度，如科学知识维度划分为"持久性、暂时性、创造性和可预测性"；科学过程维度划分为"质疑性、实证性、逻辑推理性、科学的限制、公开交流"；科学文化维度划分为"伦理与道德原则、科学家的身份、科学社群的重要性、科学与技术、科学与社会"。其中关于科学过程的次级维度和操作定义如表 5-19 所示。

表 5-19　关于科学过程的次级维度和操作定义

| 子类目 | 操作定义 |
| --- | --- |
| 质疑性 | 如在教材中发现"怀疑""反常"等字眼 |
| 实证性 | 如在教材中发现"证实""确证"等字眼 |
| 逻辑推理性 | 教材介绍科学理论的推理过程 |

---

① 刘娟. 我国初中科学教材中的科学史：关于科学本质的分析 [D]. 广州：广州大学，2006.
② 江美华. 小学科学教材中不同类型的实验 [J]. 中小学实验与装备，2008，(1)：6-7.

续表

| 子类目 | 操作定义 |
| --- | --- |
| 科学的限制 | 如在教材中发现"尚待解决"等字眼 |
| 公开交流 | 科学家们对其他科学家的成果进行评估 |

柳珊珊[①] 对科学史内容从科学知识、科学过程、科学文化 3 个维度、14 个次级维度进行分析，并且给出相应的操作定义，如对科学过程维度的划分如表 5-20 所示。

表 5-20  关于科学过程维度的操作定义

| 各因素 | 操作定义 |
| --- | --- |
| 实证性 | 如教材涉及"证实""证明"等字眼 |
| 方法多样性 | 如教材涉及科学家在研究过程中采用了不同的研究方法 |
| 逻辑推理性 | 如教材涉及科学家根据观察、试验等做出推论、总结 |
| 非客观性 | 如教材涉及科学家受不同观念的影响对科学做出不同的解释 |

这里我们将着重对教材中呈现的科学过程内容进行具体的分析，以期挖掘教材在选择和编写科学史内容方面的一些特点，并在分析文献的基础上设计出科学过程内容的分析类目表（表 5-21）。其中，科学过程内容的分析类目表主要参考了刘娟、柳珊珊分析科学过程内容所设的维度，不过，通过对教材的初步分析，我们发现公开交流跟其操作定义不是很匹配，而且公开交流不能涵盖教材编写者或他人对某科学家的成果评估，因此我们将公开交流这个维度用评价性来替换。另外，非客观性也是科学过程内容所体现的一个特点，因此我们也把它作为一个维度。

表 5-21  科学过程内容的分析类目表

| 子类目 | 操作定义 |
| --- | --- |
| 实证性 | 如教材涉及"证实""证明""验证""实验表明"等字眼 |
| 方法多样性 | 如在教材中使用了观察实验法、数学方法（包括代数、几何、三角）、思维方法（包括比较、分析和综合、归纳和演绎、抽象和概括、类比与假设）中的两种或者两种以上方法 |
| 逻辑推理性 | 如教材涉及比较、分类、类比、概括、归纳演绎、分析与综合的方法 |
| 质疑性 | 如在教材中发现"怀疑""反常""疑问""反驳""否定"等字眼 |
| 科学的限制 | 如在教材中发现"尚待解决""只适用于""目前还困扰的问题"等字眼 |
| 评价性 | 科学家对他人的评价（包括他们的科学态度、科学精神、科学贡献），或者编写者对科学家、科学在技术中应用的评价 |
| 非客观性 | 科学家受不同观念的影响对科学做出的不同解释，即受人为因素的影响，如在教材中出现"××的观念""××的信念"等字眼 |

① 柳珊珊. 初中理科教科书中科学史的文本分析：对科学本质的体现 [D]. 南京：南京师范大学，2008.

依据上述内容，我们对国内三套相关的小学科学教材（教科版、苏教版与河北版）中的科学史内容进行分析与比较。为了更准确地明晰科学教材中的科学史类型及其呈现方法，我们对教材中的科学史内容的判断标准作简要概括。

（1）栏目的内容涉及提高学生的科学素养和对科学本质的认识水平，加强学生对科学史的理解。

（2）栏目包含部分或全部的科学发展过程和科学家的故事。

（3）表述中有一些重要的提示，如年代、人物的名字、长期、不是一成不变或想象、猜测、预言、预测、统一、怀疑、反常、证实、确认、尚待解决等。

三套教材所设计的相关栏目如表 5-22 所示。

表 5-22　教科版、苏教版与河北版三套科学教材中的科学史栏目

| 教材版本 | 选取科学实验的栏目 |
| --- | --- |
| 教科版 | 无 |
| 苏教版 | 问题、资料、拓展 |
| 河北版 | 记录、拓展、讨论、表达与交流、专题研究 |

教科版《科学》教材没有设置栏目，科学史内容以文字、图片或"阅读与拓展"的形式出现在正文中，以"资料库"的形式作为补充的阅读材料出现在单元末。其中，以"资料库"形式出现的关于科学史内容的介绍较多，且较为详细，既向学生传授了科学史知识，也介绍了科学发展的过程。

苏教版《科学》教材中的科学史内容多以"问题"和"资料"栏目形式出现在正文中，教材在提出问题后以科学知识被发现的过程或历史事件作为资料呈现出来来回答问题，引发学生的思考。

河北版《科学》教材将科学史内容以"科学在线"和"活动"栏目等形式出现在教材中，其中以"科学在线"形式呈现的科学史内容居多。"科学在线"多作为补充材料来增加学生对科学知识的理解，"活动"则多通过阅读科学史材料使学生得出结论；除此之外还穿插一些文字和图片。

## 三、小学科学教材中的科学史内容

科学史内容可以分为科学知识、科学过程、科学文化三个层面。其中，科学知识即陈述性知识，主要包括发现的科学事实、规律，提出的科学概念、规定、观点、解释、计划，建立的科学定律、模型、理论等，归于这一类的科学史内容仅涉及年代、人物的名字（有时附带介绍生卒年），而不涉及理论形成的过程和科学文化背景（如对科学家比较详细的介绍和社会背景介绍）。这类内容在教材中的呈现多使用"长期、不是一成不变、想象、猜测、预言、预测、统一"等词语。科学过

程指科学研究的过程，主要指提出问题、进行猜想和假设、制订计划和设计实验、获取事实证据、检验与评价、表达与交流的过程，在教材中的呈现多使用"怀疑、反常、证实、确认、尚待解决"等词语。科学文化指科学研究的社会文化背景，包括科学研究的主体"科学家"以及当时的社会技术背景等，在教材中多呈现为伦理道德等方面的争议、科学家的生平事迹、科学家之间的影响、缺乏或已有的仪器设备对科学发展的影响，或政治、经济、宗教等社会环境对科学的影响等。依据科学史三个层面内容的划分，我们将教科版、苏教版和河北版 3 个版本的小学科学教材所呈现的科学史内容进行总结和分类，如表 5-23 所示。

表 5-23  教科版、苏教版和河北版三套科学教材中的科学史内容

| 分册 | 教科版 | 苏教版 | 河北版 |
|---|---|---|---|
| 三年级上册 | 1. 古代的造纸过程<br>2. 黏土的变化、砖的制作程序<br>3. 蔡伦与造纸术<br>4. 空气中有什么——拉瓦锡的发现<br>5. 空气的重量 | 1. 琴纳和发明接种牛痘的故事<br>2. 收集科学家的资料，科学家是如何工作的<br>3. 蔡伦与造纸术<br>4. 法布尔与《昆虫记》<br>5. 对伽利略在比萨斜塔做"两个铁球同时着地"实验的质疑 | |
| 三年级下册 | 1. 植物的光合作用<br>2. 温度计的发明<br>3. 指南针的历史 | 1. 原始陶瓷的制作<br>2. 鲁班发明锯，李时珍写《本草纲目》，瓦特发明蒸汽机<br>3. 古人是如何测量时间的 | 1. 利用反射测地月距离<br>2. 古人对静电的认识<br>3. 古代的"指南针"——司南 |
| 四年级上册 | 达·芬奇眼中的人体 | 1. 温度计的发明<br>2. 伏羲而听的故事 | 1. 有趣的仿生<br>2. 牛顿发现地球引力<br>3. 人类认识地球形状的历史<br>4. 日晷<br>5. 哥白尼的日心说<br>6. 汽车的发展 |
| 四年级下册 | 维生素的故事 | 1. 养蚕抽丝的传说故事<br>2. 伽利略"摆"<br>3. 牛顿——苹果为什么会落向地面<br>4. 珍妮从事野生黑猩猩的研究 | 哈里·布诺雷发明不锈钢 |
| 五年级上册 | 1. 凹面的铜镜取火<br>2. 普里斯特列制取氧气<br>3. 牛顿的发现（光的色散）<br>4. 看不见的光线<br>5. 重力与万有引力 | 1. 古人对昼夜交替的解释<br>2. 林奈和花钟<br>3. 墨子的小孔成像<br>4. 三棱镜与光的色散现象<br>5. "人眼是如何看到东西的？"（毕达哥拉斯、柏拉图等的解释） | 1. 芒刺和尼龙搭扣<br>2. 1903 年"高斯号"轮船利用黑炭和煤屑来破冰<br>3. 热气球<br>4. 地壳板块的飘移 |

续表

| 分册 | 教科版 | 苏教版 | 河北版 |
|------|--------|--------|--------|
| 五年级下册 | 1. 船的发展史<br>2. 王冠的秘密（阿基米德定律）<br>3. 曹冲称象的故事<br>4. 太阳钟<br>5. 光影计时（日晷）<br>6. 古代的水钟<br>7. "摆"的时钟<br>8. 人类认识地球及其运动的历史<br>9. 傅科摆<br>10. 恒星的周年视差 | | 1. 试管婴儿<br>2. 克隆羊——多莉<br>3. "生命起源"的不同观点<br>4. 寻找外星智能生物<br>5. 恐龙的灭绝<br>6. 达尔文的故事<br>7. 李四光与大庆油田<br>8. 机器人的发明<br>9. 智能机器人 |
| 六年级上册 | 1. 阿基米德撬地球的故事<br>2. 杠杆秤的家族发展史<br>3. 奥斯特发现导线周围存在磁场 | 1. 列文虎克发现微生物<br>2. 弗莱明发现青霉素<br>3. 胡克发现细胞<br>4. 古代人对地球形状的猜想<br>5. 卡莱娅·喀夫特关于火山活动的记录<br>6. 张衡发明候风地动仪<br>7. 登月之旅的历史<br>8. 《梦溪笔谈》关于地球的演变<br>9. 伽利略制作了第一架天文望远镜<br>10. 难忘的太空人（杨利伟、加加林等）<br>11. 魏格纳与大陆漂移说 | 1. 鸟类的起源<br>2. 巴斯德消毒法的发现<br>3. 为什么冥王星不再是行星 |
| 六年级下册 | 1. 列文虎克发现微生物的故事<br>2. 显微镜的发展<br>3. 火药的发明<br>4. 人类对宇宙的探索<br>5. 地球变暖与《京都议定书》 | 1. 孟德尔的遗传定律<br>2. 袁隆平爷爷的故事<br>3. 消失的恐龙<br>4. 达尔文与他的"进化论"<br>5. 人类破坏生态平衡 | 1. 房屋的产生<br>2. 材料的发展史<br>3. 内窥镜<br>4. 黑尾鹿与大灰狼<br>5. 探测宇宙的历史<br>6. 中国航天的创始人<br>7. "神舟五号"的风采 |

注：基于依据 2001 年《小学科学课程标准（实验稿）》编写的教科版、苏教版、河北版教材。

## 四、小学科学教材中的科学史比较与分析案例

[ 案例 5-9 ] 物质科学

有关"牛顿发现力"科学史内容在三套科学教材中的呈现如表 5-24 所示。

表 5-24 有关"牛顿发现力"科学史内容在三套科学教材中的呈现

| 教材版本 | 册本 | 单元标题 | 主题 | 所占篇幅（页） | 呈现形式 | 栏目设置 |
|---------|------|---------|------|-------------|---------|---------|
| 教科版 | 五年级上册 | 运动和力 | "运动和力"单元资料库 | 4 | 文字、图片 | 资料库 |

续表

| 教材版本 | 册本 | 单元标题 | 主题 | 所占篇幅（页） | 呈现形式 | 栏目设置 |
|---|---|---|---|---|---|---|
| 苏教版 | 四年级下册 | 无处不在的力 | 4.3  苹果为什么会落地 | 2 | 文字、图片 | 问题、动手、交流 |
| 河北版 | 四年级上册 | 力与运动 | 10  常见的力 | 4 | 文字、图片 | 讨论、记录、拓展、活动、表达与交流 |

　　教科版《科学》教材将该内容呈现在"运动和力"这一单元的"资料库"栏目中，以补充材料的形式介绍了重力及其发现过程、牛顿发现万有引力的过程，这一资料的呈现一方面补充了相关知识（如重力的大小方向），同时增强了科学学习的趣味性，更重要的意义在于该科学史内容的呈现能使学生更加了解科学创造的过程，从而激发对科学探索的信心与动力。

　　苏教版《科学》教材以问题"苹果熟了，为什么总是落向地面"引出该内容，通过图片和文字的呈现介绍了牛顿对这个问题更多的思考，提出了"某种看不见的力把苹果拉向地面，这个力来自地球"的解释，从而发现了地球引力的过程。该科学史内容的呈现增强了学习的趣味性，同时通过简单的生活现象引出科学家对生活中常见现象的思考。

　　河北版《科学》教材以"科学在线"的栏目形式将此内容呈现在教材中，以补充材料方式增强学生对于科学知识的掌握，如：地球表面与地球周围的物体都受到地球的吸引力，月球的万有引力是地球的六分之一。

　[案例 5-10] 生命科学
　　三套科学教材关于"生命"内容呈现的对比如表 5-25 所示。

表 5-25  三套科学教材关于"生命"内容呈现的对比表

| 教材版本 | 册本 | 单元标题 | 主题 | 所占篇幅（页） | 呈现形式 | 栏目设置 |
|---|---|---|---|---|---|---|
| 教科版 | 六年级下册 | 微小世界 | 1.4  怎样放得更大 | 0.5 | 文字、图片 | 无 |
| 苏教版 | 六年级上册 | 显微镜下的世界 | 1.1  水滴里的生物 | 4 | 文字、图片 | 动手、注意、选择、资料、交流 |
| 河北版 | 六年级上册 | 丰富多彩的生命世界 | 5  细菌和病毒 | 7 | 文字、图片、表格 | 活动、记录、表达与交流、拓展、讨论 |

　　教科版《科学》教材在六年级下册，以资料的形式呈现"列文虎克发现微生物的故事"，列文虎克磨制出一个能将物体放大多倍的镜片，他将两个镜片嵌在圆形金属管子的两头，中间还安上了可以调节两个镜片距离的螺旋杆，制成了世界上最

早可以放大近 300 倍的金属结构的显微镜。利用这个显微镜，他第一次看到了血液在毛细血管里的流动；他不断地对雨水、河水、井水、污水、牙垢等进行观察。他将看到的微小生物画下来，并详细地记述了它们的特征和活动。1673 年，列文虎克将观察记录材料整理成《列文虎克用自制的显微镜观察皮肤、肉类以及密封和其他虫类的若干记录》一文。教材通过该科学史的介绍增加了学生对于科学发现过程的了解，也增加了学生学习科学知识的热情。

苏教版《科学》教材在六年级上册，以"资料"栏目呈现"列文虎克发现微生物"，通过图片和文字介绍了列文虎克制作放大镜和显微镜的爱好。他用自制的显微镜观察研究纺织品的纤维、树叶和花朵、蜜蜂蜇人的"针"、蚊子叮人的嘴等，发现了能够游动的微生物，为人类敲开了认识微生物的大门。此内容能使学生了解微生物被发现的过程，增强学习兴趣。

河北版《科学》教材在六年级上册，在介绍植物、动物后，没有专门设置栏目或内容阐述微生物及发现史，主要阐述了要用显微镜或电子显微镜才能看清的极其微小、结构简单的生物（细菌和病毒），以科学史料呈现了"巴斯德消毒法"。

[ 案例 5-11 ] 地球与宇宙科学

人类对宇宙的探索过程成为科学史的重要内容，下面我们以这一内容为例，详细分析三套科学教材关于"地球与宇宙"科学史内容的呈现方式和特点（表5-26）。

表 5-26 "地球与宇宙"内容在三套科学教材中的呈现

| 教材版本 | 册本 | 单元标题 | 主题 | 所占篇幅（页） | 呈现形式 | 栏目设置 |
| --- | --- | --- | --- | --- | --- | --- |
| 教科版 | 六年级下册 | 宇宙 | 3.8 探索宇宙 | 2 | 文字、图片 | 无 |
| 苏教版 | 六年级上册 | 探索宇宙 | 4.4 探索宇宙 | 4 | 文字、图片 | 问题、动手、拓展 |
| 河北版 | 六年级下册 | 宇宙与航天技术 | 14 探索宇宙 | 6 | 文字、图片 | 活动、讨论、记录、注意、拓展 |

教科版《科学》教材将"地球与宇宙"内容呈现于六年级下册第三单元"宇宙"第八主题"探索宇宙"中。（1）"膨胀的宇宙"部分在介绍河外星系时引入了科学史内容，教材写道"目前人类已经发现了超过 100 亿个河外星系"，这属于科学史中的科学知识类型，让学生了解目前被发现的河外星系的数量，同时也隐含着科学文化内容，鼓励学生进一步去探索发现。（2）"人类对宇宙的探索"部分进一步凸显科技发展与人类探索宇宙的关系，其中介绍了伽利略发明望远镜、火箭名称最早出现在我国的三国时代、我国在航天事业上取得的成就以及一百多年间所有为航天事业做出贡献的科学家们，这部分内容主要以文字和图片结合的方式呈现，呈现的图片有射电望远镜、反射望远镜、太空站、"旅行者"2 号、"神舟六号"飞船、"长征"火箭、"嫦娥"一号探月卫星发射升空、爱因斯坦、航天飞机发射和"挑战者"号宇航员。这些内容属于对学生进行科学史知识的介绍，引导学生认识科学知识是具有暂时性的、技术的发展将推动科学发现。单元末的"资料库"作为补充材

料，详细介绍了天文望远镜的发展过程，有助于增加学生的知识，加强学生对科技革新的理解。

苏教版《科学》教材将"地球与宇宙"内容呈现于六年级上册第四单元"探索宇宙"第四主题"探索宇宙"中，教材以技术进步的脉络呈现各种观测工具（标题分别为望远镜、运载火箭、航天器、难忘的太空人），如望远镜的发明与更新使人类从原来只能用肉眼观察发展到可以用望远镜对宇宙深处进行观察。教材以文字和图片的形式呈现这一内容，对应四个子标题包含的图片分别有：望远镜——意大利科学家伽利略亲手制作的世界上第一架天文望远镜、天文台的光学望远镜、哈勃太空望远镜、射电望远镜。随着人们对宇宙深处的观察，想冲出地球飞向宇宙的愿望越来越强烈，因而在"运载火箭"部分，教材介绍了中国古代火箭模型、1926年美国戈达德制造的第一枚现代火箭、"长征二号"火箭、火箭发射过程；航天器——国际空间站和航天飞机、行星探测器、科学试验卫星、"神舟五号"宇宙飞船、"先驱者 10 号"太空探测器。地球引力是火箭冲出地球的最大阻力，但是运载火箭的技术革新解决了这一困难，说明技术的进步受人类社会发展等问题的影响。还有难忘的太空人——为升空牺牲的第一人明朝万户、宇航员加加林、杨利伟、阿姆斯特朗、费俊龙和聂海胜以及"哥伦比亚"航天飞机牺牲的太空英雄。通过以上文字和图片内容的呈现，教材力图使学生了解关于望远镜、火箭、航天器和宇航员的科学知识，探索宇宙的工具不断进步的科学过程以及受技术制约对宇宙探索的限制的文化及环境，让学生在从古到今的一步步变化发展中感受人类对未知世界探索的过程，增强对科学的热爱和向往之情。技术的进步也推动了科学与人类社会的发展，如现代航天器推动了人类对宇宙的探索。教材中"难忘的太空人"则以图片、文字的方式介绍了飞上太空的英雄，并以问题"花费大量的人力、物力、财力，甚至以牺牲宇航员的生命为代价来探索宇宙，你认为是否值得？"引发学生对科技发展价值的思考。

河北版《科学》教材将这一内容呈现于六年级下册第四单元"宇宙与航天技术"第二主题"探索宇宙"中，以文字和图片介绍了保存于北京建国门的浑天仪，通过对这一科学史知识的介绍显示了我国对于宇宙的探索已有悠久的历史，让学生对古人的智慧有进一步的了解，认识到古人已用仪器观测太阳、月球和星星等史实。教材进一步介绍"制作自己的望远镜""宇宙探测器""做个火箭工程师"活动。活动一"制作自己的望远镜"通过对伽利略发明望远镜的文字介绍并结合"伽利略的折射望远镜、牛顿的反射望远镜、哈勃太空望远镜、双筒望远镜、射电望远镜"几幅图片的呈现，引发学生讨论"望远镜是怎样帮助天文学家提高探索宇宙能力的？科学技术是怎样影响望远镜发展的？"该活动将科学史作为前提材料融入整个探究活动中，使学生在自己动手操作的探究过程中加强对科学史知识的深入理解，同时感受到科学实验的乐趣。活动二"宇宙探测器"主要以图片"麦哲伦太空探测器、哈勃太空望远镜、射电望远镜、天文观测站"呈现了相关科学史内容，分别介绍了探测宇宙的工具及作用，并在呈现科学史知识后要求学生继续查阅一些宇宙探测器的名称并记录下来，以增强学生的自主学习能力。活动三"做个火箭工程师"介绍了火箭最早是由中国人发明的和第一个试图飞天的明朝人万户，并呈现了"明朝的'一窝蜂'火箭"图片，让学生感受中国先人的伟大智慧，进而要求学生自己动手设计火箭，增强探究能力。在单元末，教材以"科学在线"的栏目形式补充了一则阅读材料"中国航天的创始人——钱学森"，让学生在进一步阅读中感受科学家为我国科学事业做出的贡献。

三套教材呈现这一内容有不同的形式和特点，教科版和苏教版主要以副标题下的图文形式呈现科学史内容，教科版偏重文字介绍，图片辅助呈现；而苏教版更偏重图片展示，以文字辅助说明；河北版将科学史内容融入科学探究的过程设计中，体现了历史－探究法的应用。在内容上，三套教材都从科学知识、科学过程、科学文化层面设计，让学生在学习过程中深刻感受人类探索宇宙的发展历史，认识科学知识发展的暂时性，以及这一过程的发展离不开科学的发展和技术的进步，使学生充分感受到技术进步不断推动着科学发展的过程。

[ 案例 5-12 ] 技术与工程

"材料的发展"内容在三套科学教材中的呈现如表 5-27 所示。

表 5-27　"材料的发展"内容在三套科学教材中的呈现

| 教材版本 | 册本 | 单元标题 | 主题 | 所占篇幅（页） | 呈现形式 | 栏目设置 |
|---|---|---|---|---|---|---|
| 教科版 | 三年级上册 | 我们周围的材料 | 3.4　它们吸水吗 | 0.5 | 文字、图片 | 无 |
| 苏教版 | 三年级上册 | 它们是什么做的 | 4.2　纸 | 0.5 | 文字、图片 | 问题 |
| 河北版 | 六年级下册 | 风格各异的建筑 | 1　常见的建筑 | 1 | 文字、图片 | 资料 |

教科版《科学》教材介绍了古人造纸的过程：工人先割草伐木，烹煮、浸沤、制浆，舂捣打浆，纸模抄纸，晒干成纸。造纸过程的具体介绍说明了农业的发展史也是一部科技的发展史，体现了我国古代劳动人民的智慧。

苏教版《科学》教材呈现了东汉蔡伦在总结前人用布、麻造纸的经验的基础上，发明了用树皮、麻绳头、破布、旧渔网做原料造纸的新技术。蔡伦生产出了大量轻便、便宜的纸张，从而结束了古人用石头、树木、甲骨等作书画材料的历史。教材展示了科学的进步过程离不开人类的智慧，人类历史上一次又一次的创造推动着社会的进步。

河北版《科学》教材呈现了不同时期不同的建筑材料，体现了建筑材料的发展历程，通过对相关科学史内容的介绍，让学生了解不同时期的科技水平对人类生活状态的影响。

## 第四节　小学科学教材中的 STSE 内容分析

拓展阅读：
STS 与 STSE 教育

### 一、小学科学教材中的 STSE 内容呈现形式

《小学科学课程标准》关于 STSE 的内容分为三个方面，即科学技术和日常生活的密切联系、科学技术对社会发展的推动和人类活动对自然环境的影响，具体内容见《小学科学课程标准》。

基于课程标准的三套小学科学教材呈现了丰富多样的栏目，以凸显课程标准在科学技术与日常生活中的密切联系、科学技术对社会发展的推动和人类活动对自然环境的影响等方面的具体内容。具体栏目如表 5-28 所示。

表 5-28　教科版、苏教版与河北版三套小学科学教材中的 STSE 栏目

| 教材版本 | STSE 栏目示例 |
|---|---|
| 教科版 | 资料库 |
| 苏教版 | 资料、动手、拓展、环保 |
| 河北版 | 活动、拓展、科学在线（讨论）、专题研究 |

教科版《科学》教材的科学、技术、社会与环境内容主要有五种存在形式：出现在章末的"资料库"中，以整章的形式，以小节的形式，以问题调查的形式，以问题（即自主调研）的形式。其中大部分内容出现在"资料库"中。以章的形式设计的科学、技术、社会与环境内容可以看成是压缩的、主题鲜明的科学、技术、社会与环境课程，这种主题鲜明的内容设计主要体现与人相关的社会问题，如六年级下册第四单元"环境和我们"，突出了社会问题、科学技术史中重大问题及其解决的重要性，科学知识的学习主要在于解决与技术相关的社会问题。典型的呈现形式之一在于在探究活动设计中，引导学生从社会视角看待科学和技术，从科学的发展与技术的进步角度去解释社会现象。这时的科学、技术、社会与环境内容是浅显易懂的。

苏教版《科学》教材的科学、技术、社会与环境内容主要有四种存在形式：出现在"资料"栏目中，以小节的形式，以"动手"栏目的形式，以"拓展"栏目的形式。其中大部分内容出现在"资料"中，以"资料"的形式介绍科学技术进步以及环境的变化对社会的影响。以小节的形式出现的内容多为原理性知识在实际生活中的运用，例如物理浮沉原理在轮船中的应用，这类知识可加深学生对于原理性知识的理解，激发学生对于身边物体的原理进行进一步探究。以"动手"形式出现的科学、技术、社会与环境内容多需要学生在探究的过程中发现科学技术和实际应用的联系，例如在"不同的声音"这一内容中要求学生自己动手做乐器，即以此加深

学生对于音色和音调的认识，也联系实际生活中的乐器，加深学生对乐器发声原理的认识。以"拓展"形式出现的科学、技术、社会与环境内容多要求学生跳出知识学习本身，通过资料收集了解社会性科学的问题，并应用科学知识解决问题。例如在六年级上册"我们的地球"这一内容中的"拓展"问题"人类的哪些活动改变了地表？产生了什么影响？"是一个社会性的科学议题，问题解决过程体现了科学、技术与社会的关系。

河北版《科学》教材的科学、技术、社会与环境内容主要有五种存在形式：以整章的形式，以小节的形式，以"活动""拓展"栏目的形式散落在小节中，以"科学在线"栏目的形式，以"专题研究"的形式。以整章形式出现的科学、技术、社会与环境内容在该套教材中所占比例较大，如三年级下册第六单元"信息与通信"、四年级上册第六单元"交通运输"、四年级下册第六单元"农业与技术"以及五年级上册第六单元"环境与保护"等，由此可以看出河北版《科学》教材对于科学、技术、社会与环境内容的重视。以小节形式出现的科学、技术、社会与环境内容与其他两版教材无异，都是原理性知识应用内容，阐述科学原理，进而明确科学在具体社会生活中的应用。以"活动""拓展"等形式体现的科学、技术、社会与环境内容是补充介绍。以"科学在线"的形式出现的科学、技术、社会与环境内容多是补充材料，丰富学生的知识。以"专题研究"形式出现的内容多针对具体问题进行探究，将科学、技术、社会与环境融入探究过程中，使学生在具体问题解决的过程中体会科学、技术、社会与环境的关系。

## 二、小学科学教材中的典型 STSE 内容

针对教科版、苏教版、河北版三套小学科学教材中的典型 STSE 内容分析有助于理解科学、技术、社会与环境的关系，有助于科学教学中 STSE 目标的达成。我们将教科版、苏教版、河北版三套小学科学教材的 STSE 内容从"科学与技术""科学与社会""科学与环境"三个方面进行分析与阐述，详见二维码。

教科版、苏教版与河北版三套科学教材中的典型 STSE 内容

进一步从三套小学科学教材中的 STSE 内容的数据统计来看，在 STSE 内容的整体数量上教科版与河北版差不多，高于苏教版；三套小学科学教材在"科学与技术""科学与社会""科学与环境"的数量分布上呈现类似图样，以"科学与社会"维度最多，"科学与环境"相对少一些。

## 三、小学科学教材中 STSE 比较与分析案例

［案例 5-13］能源

下面介绍"能源"内容在三套小学科学教材中的科学、技术、社会与环境内容及呈现方式（表 5-29）。

表 5-29　教科版、苏教版、河北版三套小学科学教材中"能源"内容的 STEM 栏目

| 教材版本 | 年级 | 单元标题 | 主题 | 所占篇幅（页） | 呈现形式 | 栏目设置 |
|---|---|---|---|---|---|---|
| 教科版 | 六年级上册 | 能量 | 3.8　能量与太阳 | 2 | 文字、图片 | 无 |
| 苏教版 | 六年级下册 | 神奇的能量 | 5.3　能源<br>5.4　节约能源与开发新能源 | 6 | 文字、图片 | 交流、资料、动手、拓展、问题、注意 |
| 河北版 | 六年级上册 | 宝贵的能源 | 3.1　常用能源<br>3.2　节约能源<br>3.3　开发新能源<br>专题研究：能源问题研究 | 17 | 文字、图片、表格 | 活动、讨论、表达与交流、拓展、记录、材料与工具 |

　　教科版《科学》教材以"煤带给我们的信息"引导学生基于对煤的观察，推测煤的形成，进而以图片与文字介绍了煤是长时期压力和高温作用下由植物慢慢变成的，以提问"煤、石油、天然气所具有的能量是从哪里来的？它们与太阳能有什么关系？"促进学生思考。最后以"节约能源，寻找新能源"促使学生认识到节约能源、保护环境的重要性，认识到新能源的利用情况。

　　苏教版《科学》教材中能源内容"能源"和"节约能源与开发新能源"两个主题。教材首先以问题"我们家里使用的能量大多是从哪里来？"引出煤炭、石油、天然气等不可再生能源和太阳能、风能、水能等可再生能源，进而以"世界与中国能源枯竭时间对比图""能源消耗比例图"等引导学生意识到能源危机。教材进一步设计了"制作太阳能灶"和"制作小水轮"活动，引导学生在体验中学习利用可再生性能源；以"讨论"的形式提出问题"在我们的日常生活中，有哪些浪费能源的生活方式？"，以活动"比较白炽灯和荧光灯哪个效率更高"促进学生理解生活中的能源消耗。之后，教材以未来住宅哪些方面有效利用了自然资源"的讨论，引出太阳能是能源之母，太阳能在农业生产、科学研究、国防建设和人们生活的各个方面的广泛应用，以详尽的文字和图片介绍了海洋潮汐能、地热能等几种具有开发前景的新能源。

　　河北版《科学》教材以整个单元"宝贵的能源"的形式呈现这一内容，其所占比例在三套教材中最大。该单元共有三个主题内容和一个专题研究，分别为"常用能源""节约能源""开发新能源""能源问题研究"；在单元标题下以文字和图片说明了能源对人类的作用，并提出了单元学习的相关问题。内容分别以"活动""讨论""拓展""记录""表达与交流"等形式呈现，并恰当地提供"资料"和"科学在线"作为补充材料，增强学生对知识点的理解。在"常用能源"这一主题内容中，"分析能量的来源"介绍了能量的来源、分类等背景知识；"能源的开发和利用"介绍了例如煤、石油等能源的开采和利用给人类生活带来的影响，要求学生想象没有能源的生活，设身处地去感受能源对于生活的影响，体现了科学技术和生活的关系。

"节约能源"主题以"我国的能源问题"和"生活中的能源浪费"揭示了我国能源紧缺和生活中能源浪费的事实，以加强学生有关环境保护的意识；"'节能作品'大赛"则要求学生发挥创造力，设计自己的节能作品，这是将所学知识应用到实际生活中并通过知识应用创造和改变生活，以此帮助学生进一步感受科学技术与生活的关系。教材还要求学生调查自己家中的用电量并将调查结果与同学交流，在此过程中，学生能更清晰、直观地认识到能源对于生活的作用以及生活中能源浪费的现象，从而提高节约能源的意识。"开发新能源"主题以"太阳能、潮汐能、核能、天然气化合物、草木、煤、石油、天然气"等能源比较，加强学生对于新能源开发和利用与科学技术关系的理解。教材在专题研究中提出了研究导向，列出了参考选题并提供了实施建议，使学生加强对于社会热点问题的探究，将科学技术与生活紧密联系，在探究中感受科学技术与社会的关系。

　　三套教材虽然在科学、技术、社会与环境内容的呈现方式上不尽相同，但都巧妙地将科学、技术、社会与环境内容融入了教材中，以加强学生对于科学技术与生活关系的理解，同时提高学生的环境保护意识，培养学生的创造力和动手能力，促使学生将所学知识应用到社会生活中，在关注生活实际问题的过程中感受科学技术的进步，使学生明白"科学技术是第一生产力"的真正内涵，理解科学技术与生活是相互促进、共同发展的关系。

[ 案例 5-14 ] 生物技术工程

　　下面介绍"生物技术工程"内容在三套小学科学教材中的呈现（表 5-30）。

表 5-30　三套小学科学教材中"生物技术工程"内容的 STSE 栏目

| 教材版本 | 年级 | 单元标题 | 主题 | 所占篇幅（页） | 呈现形式 | 栏目设置 |
|---|---|---|---|---|---|---|
| 教科版 | 四年级下册 | 新的生命 | 资料库 | 2 | 文字、图片 | 无 |
| 苏教版 | 六年级下册 | 遗传与变异 | 2.3　寻找遗传与变异的秘密 | 3 | 文字、图片 | 资料 |
| 河北版 | 五年级下册 | 生命的延续 | 2.4　克隆羊——多莉 | 3 | 文字、图片 | 活动、交流、拓展 |

　　在教科版《科学》教材中有关"生物技术工程"这一内容呈现于"新的生命"这一单元最后的"资料库"中，教材以文字和图片形式介绍了人工种子和克隆两种生物技术，并促使学生对技术进步与应用价值进行伦理道德判断。

　　苏教版《科学》教材中在"遗传与变异"这一单元的第三主题"寻找遗传与变异的秘密"中以"资料"栏目的形式介绍了袁隆平杂交水稻技术、无籽西瓜、太空椒、瘦肉猪等生物工程技术，体现了科学知识应用于技术开发给人类生活带来的影响。

　　河北版《科学》教材中在"生命的延续"这一单元以一个主题介绍了克隆羊多莉，通过"活动""交流""拓展"等栏目分别介绍了克隆技术、克隆技术给人类带来的影响以及基因工程技术，以加强学生对于生物技术给人类生活带来的影响，从而深刻地理解科学技术对于人类社会进步的推动作用。

[ 案例 5-15 ] 水域生态系统

下面介绍"水域生态系统"内容在三套教材中的呈现（表 5-31）。

表 5-31  三套小学科学教材中"水域生态系统"内容的 STSE 栏目

| 教材版本 | 年级 | 单元标题 | 主题 | 所占篇幅（页） | 呈现形式 | 栏目设置 |
|---|---|---|---|---|---|---|
| 教科版 | 六年级下册 | 环境和我们 | 4.7  考察家乡的自然水域 | 2 | 文字、图片、表格 | 无 |
| 苏教版 | 六年级下册 | 共同的家园 | 4.4  生态平衡 | 4 | 文字、图片 | 资料、动手、交流、问题、拓展 |
| 河北版 | 六年级下册 | 有序的生态系统 | 3.1  小池塘  大世界<br>3.2  小瓶子  大学问 | 10 | 文字、图片、表格 | 活动、表达与交流、安全、记录、讨论 |

教科版《科学》教材没有提出"生态系统"概念，只是针对水污染等环境问题提出对家乡自然水域进行考察，主要是对水域的污染情况进行调查、采集样本、观察记录、得出结论。该内容主要对学生进行环境保护教育，其中涉及科学知识、社会生活与环境保护之间密不可分的关系。

苏教版《科学》教材以"做个生态瓶，模拟生态平衡"的活动，引导学生在观察与探究的过程中掌握"生态系统"概念，形成生态保护意识。

河北版《科学》教材将该内容放在两个主题中，在"小池塘  大世界"这一主题中要求学生观察池塘、记录结果并与同学交流，掌握"生态系统"这一概念；在"小瓶子  大学问"这一主题中的第二个"活动"栏目要求学生做个生态瓶，并开展自己的探究活动，通过对生态瓶的观察记录加深对于生态平衡的理解，知道保护生态平衡的重要性和意义。

[ 案例 5-16 ] 拱形建筑

下面介绍"拱形建筑"内容在三套教材中的呈现（表 5-32）。

表 5-32  三套小学科学教材中"拱形建筑"内容的 STSE 栏目

| 教材版本 | 年级 | 单元标题 | 主题 | 所占篇幅（页） | 呈现形式 | 栏目设置 |
|---|---|---|---|---|---|---|
| 教科版 | 六年级上册 | 形状与结构 | 2.3  拱形的力量<br>2.4  找拱形 | 5 | 文字、图片 | 无 |
| 苏教版 | 五年级下册 | 形状与结构 | 2.3  建桥梁 | 2 | 图片、文字 | 拓展、选择、交流、动手 |
| 河北版 | 六年级下册 | 风格各异的建筑 | 1.2  巧妙的结构 | 5 | 文字、图片、表格 | 活动、表达与交流、记录、讨论、拓展 |

　　教科版《科学》教材用两个主题介绍该内容，第一主题"拱形的力量"首先引出"柔软无力的纸，做成拱形怎么就变'坚硬'了？""古代城门为什么都做成拱形？"两个问题，在提出问题的基础上展开实验"测试纸拱的承受能力"，通过实验结果发现拱形纸承重力很大，之后要求学生搭一个瓜皮拱，比较圆形拱和矩形拱有哪些相似的地方，解释圆形拱承载压力的特点，进而明确圆形拱比其他形状更坚固，以此验证拱形结构的作用。第二主题"找拱形"是在介绍了拱形特点之后与生活实际相结合的内容，让学生通过对生活中建筑的观察发现拱形结构在生活中的广泛应用，从而将科学技术与现实生活紧密联系。

　　苏教版《科学》教材没有单独介绍拱形的特点和作用，而是让学生通过搭"瓜皮桥"的拓展活动体会拱形的结构特点。教材详细介绍了活动步骤，并通过"选择"栏目提示学生也可以尝试用冬瓜来做该"瓜皮桥"。

　　河北版《科学》教材没有详细介绍拱形结构，也没有提出探究拱形结构特点的活动，而是直接呈现不同建筑结构的类型，让学生通过观察并归类，得出拱形结构的特点和明确建筑物采用拱形结构的原因，这体现了科学知识从生活中来并应用于生活。

## 🖌 思考与实践 ||||||||||||||||||||||||||||||||||||||||||||||||||||||

　　（1）有人说：科学探究既是课程目标，也是课程内容，还是教学方法。结合这种表述，阐述你对科学探究的理解。

　　（2）你认为科学探究包括哪些环节？以观察类的科学探究为例，谈谈你将如何开展科学探究的教学。

　　（3）"提出可探究的问题"是科学探究的前提，以测量类或实验类的科学探究中的某一主题为例，谈谈应该如何提出可探究的问题。

　　（4）三套小学科学教材在科学探究这一内容分析中呈现什么异同？谈谈你的理解。

　　（5）谈谈你对科学实验的理解，科学实验与科学探究有什么关系？

　　（6）谈谈你对小学科学教材中科学史挖掘与分析的方法与作用的理解。

　　（7）结合具体的案例，谈谈科学史应用于科学教学的作用。

　　（8）谈谈你对科学、技术、社会与环境的认识和理解。

　　（9）你对三套小学科学教材中呈现的科学、技术、社会与环境（STSE）内容有什么看法与建议？

　　（10）从教材中针对其某一主题的内容来看，你认为小学科学教师应具备哪些素养？结合自己的个案谈谈如何提升这些素养。

# 第6章　小学科学教材分析案例

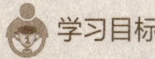 学习目标

1. 理解小学科学教材各个领域内容的地位、作用、特点。
2. 理解小学科学教材各个领域的内容结构及其与《小学科学课程标准》的关系。
3. 能够运用不同的教材分析方法和不同维度正确分析小学科学教材。
4. 了解不同版本小学科学教材的编写思路与特点。

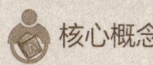 核心概念

教材地位与作用；教材内容结构；教材分析方法；教材编写思路

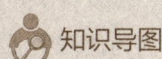 知识导图

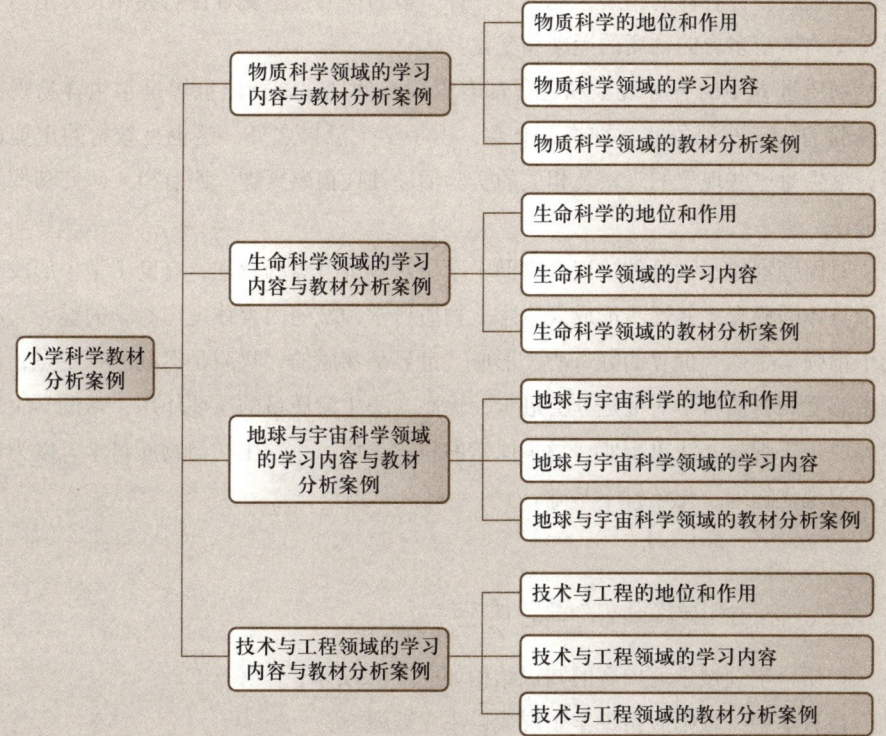

在教学中，科学教材是教师重要的教学资源。小学科学教材是依据《小学科学课程标准》编写的，体现了《小学科学课程标准》提出的基本要求。我国的教材一般以教科书的形式呈现，配以教学参考书、活动手册、教学资源包等。本章所研究的教材主要指教科书。研究教材首先是研究教科书，这是实施好课堂教学的基础之一。当今我国的小学科学教材，一般都按照《小学科学课程标准》确定的四个领域编写，采用单元形式呈现。教材的编写思路、脉络结构是怎样的，科学概念如何发展、探究能力如何培养、科学态度目标如何体现，这些都跟教材的整体设计有很大关系。当前小学科学教材"一标多本"给了教师更多的选择和更多的资源。由于不同版本的科学教材呈现不同的特点，认识教材、分析教材是对教师的必然要求。因此，一名合格的科学教师要会阅读教材、分析教材、读透教材，才能将教材的逻辑安排与学生的实际情况相结合，真正把科学课程实施好。

## 第一节　物质科学领域的学习内容与教材分析案例

### 一、物质科学的地位和作用

视频：
物质科学领域教
材分析案例

物质科学就是研究物质及其运动和变化规律的基础自然科学，旨在引导学生探究物体与物质、运动与力、能量的表现形式等方面的内容，涉及科学知识、科学探究、科学本质等层面的内容。物质世界是学生最熟悉的，因为他们生活在其中，每天都在接触各种各样的物质，观察到许许多多的现象，感受着自然界和人类生活中所发生的丰富多彩的物质的运动和变化。

物质世界中的各种现象和过程都有着内在的规律。物质世界是学生容易观察和体验的，一些现象非常神奇、有趣，出乎学生意料之外，这也是教材的重要内容。学生对这些现象的观察及相关的实验活动往往很感兴趣，愿意投入研究和探索验证。

对周围物体、物质的认识，有助于学生对客观世界的感知，有助于学生形成一个个具体的概念，并逐步形成大概念。物质科学领域的内容体现出科学的魅力，有助于增强学生探究世界的好奇心，形成"世界是物质的，物质是运动的"观点，使学生感受到物质科学对促进社会进步、提高人类生活质量的重要作用，帮助学生初步养成乐于观察、注重事实、勇于探索的科学品质。小学生学习物质科学可以为以后学习现代物理、化学打下基础。

### 二、物质科学领域的学习内容

物质科学领域学习内容的知识结构如图 6-1 所示。

在教学中，教师应帮助学生形成以下主要概念：

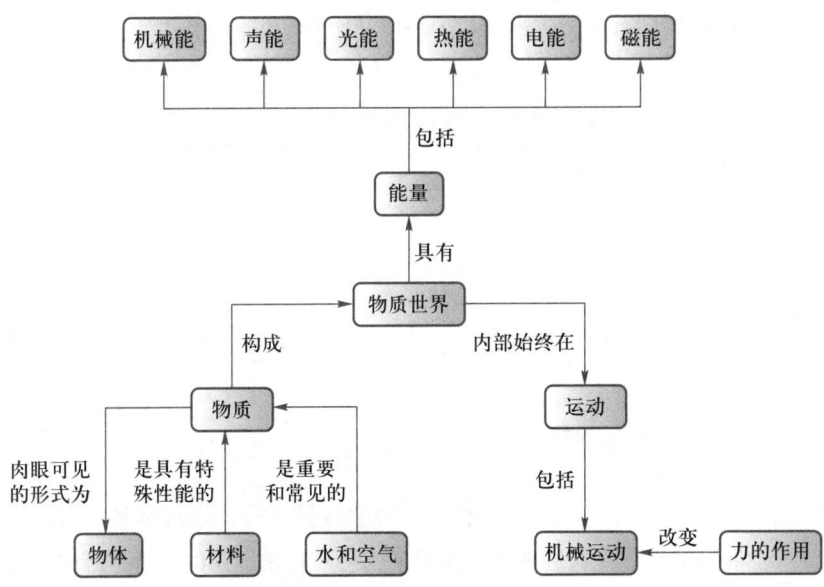

图 6-1 物质科学领域学习内容的知识结构

（1）物体具有一定的特征，材料具有一定的性能。

（2）水是一种常见而重要的单一物质。

（3）空气是一种常见而重要的混合物质。

（4）物体的运动可以用位置、快慢和方向来描述。

（5）力作用于物体，可以改变物体的形状和运动状态。

（6）机械能、声、光、热、电、磁是能量的不同表现形式。

物质科学研究的是物质世界，物质世界分成"物质""运动""能量"三个部分。"物质"部分通过对物体、材料、常见物质（水和空气）这三个层次的观察和探究，让学生了解物质的基本性质和变化过程。物质世界始终在运动，学生可以通过对最常见的机械运动的认识，去了解力与运动的关系，以及一些简单机械的原理及其应用。物质世界都具有能量，包括常见的机械能、声能、光能、热能、电能、磁能，这些都是能量的不同表现形式，它们之间会发生各种形式的转换。如果学生孤立地认识这些现象和过程，就会缺乏对科学的整体了解。利用"能量"这个大概念使学生理解它们之间的内在联系，可以发展学生对概念之间的认识，指向科学大概念的形成。从教材整体编排看，小学阶段的物质科学内容从简单材料到动态的力学知识再到物质的变化，呈现由近及远、从静态到动态、从简单到复杂的发展方式，能使学生循序渐进地理解物质科学。

## 三、物质科学领域的教材分析案例

物质科学的内容在整个小学阶段分布于各年级各册。现行各版本小学科学教材一般都采用单元形式呈现内容。我们以教科版、苏教版、河北版三套小学科学教材为例，对其中的物质科学领域"物质的变化"内容进行比较分析，如表6-1所示。

表6-1　三套小学科学教材中物质科学领域"物质的变化"内容 [①]

| 物质科学领域 | 教科版 | 苏教版 | 河北版 |
|---|---|---|---|
| 物质的变化 | （1）水的三态变化<br>（2）食盐在水中的溶解和分离<br>（3）物理变化（形态、大小）、化学变化（米饭、淀粉和碘酒、铁生锈）及其伴随的现象（颜色、光、热、气体、沉淀物） | （1）物理变化（熔化形状），化学变化（铁钉生锈）<br>（2）酸碱物质（酸碱指示剂） | （1）物质的三态变化（冰、水和水蒸气）<br>（2）盐的溶解与分离<br>（3）不可逆过程<br>（4）燃烧过程（火焰颜色、气味）<br>（5）化学变化（水果切开氧化、生锈）、生锈的条件 |

我们从表6-1中可以看出，三套小学科学教材中的物质科学领域内容均源于学生日常生活，学生可以通过观察、实验来获得对科学知识的理解；都强调科学知识的基础性，呈现了对基础性与情境性的关注。教科版《科学》教材利用食盐在水中的溶解与分离现象阐释物理变化，以淀粉和碘酒反应阐述化学变化；苏教版《科学》教材利用蜡烛的变化、生鸡蛋变熟鸡蛋、水的三态变化等生活实例来阐释物理变化与化学变化；河北版《科学》教材通过让瘪的乒乓球鼓起来、生锈等现象来阐释物理变化与化学变化。

基于小学生的年龄特点和认知规律，以及小学生对真实生活情境与现象的观察、实验与体验，三套小学科学教材的内容编排各有侧重。

从主题内容的呈现方式来看，三套小学科学教材的活动栏目各有不同的关注点，教科版《科学》教材没有明确划分活动栏目，而是将动手、问题、交流等活动融于探究活动之中。苏教版《科学》教材通过"动手、问题、交流、选择、拓展、资料、记录、注意、环保"九个栏目来安排学习活动。河北版《科学》教材则设置了"活动、材料与工具、安全、记录、猜想与假设、拓展、讨论、表达与交流、专题研究"等栏目。

从对学生认知层次性的关注来看，三套小学科学教材对于某一相同主题内容呈现出不同的层次性。以"电磁铁"（物质科学中联系"电"与"磁"的重要内容）为例，教科版《科学》教材以单独的单元分别阐述了"电"和"磁"的现象，以通电导线具有磁性来阐述"电和磁"的关系，进而介绍了电磁铁，并引导学生探究影响电磁铁磁力大小的因素。其中，"通电导线具有磁性联系了'电'与'磁'"作为电磁铁磁力大小影响因素探究的先行组织者，即教科版《科学》教材在内容编排上由浅入深、由易到难，由定性描述到定量分析，内容的编排关注了学生的认知层次性。在苏教版《科学》教材中有关"电磁铁"的内容则让学生在学习"简单电路""磁铁"后，经过"制作一个电磁铁，并探究影响电磁铁磁力的因素"活

① 吴术强，孙丽伟，侯晓梅. 小学科学教材中"物质科学"内容的比较与分析 [J]. 物理教学探讨，2013，31（11）：9–12.

动，以认识电磁铁的性质及其应用。在河北版《科学》教材中"电磁铁"内容是在六年级上册通过电铃中存在的电磁铁及其性质介绍来阐述的，是对三年级下册磁铁及其在生活中的应用的进一步拓展。教科版教材通过建立"电"与"磁"的联系为学生理解"电磁铁"提供先行组织者；而苏教版、河北版两套教材则是让学生继"电""磁"的学习后，直接通过"电磁铁"的制作来认识电磁铁的特性及其应用的，将学生有丰富生活体验的"电"与"磁"现象编排在三年级，将内容相对抽象且综合能力要求较高的"电磁铁"编排在六年级，以体现对学生认知发展水平的关注。

这里仅以教科版《科学》六年级下册第二单元"物质的变化"作为典型例子进行分析，并对应《小学科学课程标准》物质科学领域中的第一条主要概念：

1. 物体具有一定的特征，材料具有一定的性能。

1.5　物体在变化时，构成物体的物质可能改变，也可能不改变。

《小学科学课程标准》没有明确提出物理变化和化学变化的概念，根据学生发展的实际情况，教材引入这两个概念，有利于学生的表述，也有利于跟初中的学习相衔接，做好必要的铺垫。

（一）单元的设计思路与结构分析

教科版此单元的设计思路、内容的选择指向单元核心概念的建构，以大单元形式呈现，以反复出现的方法不断进行深入论证。

教材从学生身边熟悉的物质变化切入观察，帮助学生区分物质变化的类别，以是否产生新的物质为标准将物质变化分成物理变化和化学变化。

这个单元对物理变化做了简单介绍，基本没有研究，主要让学生观察、研究物质的化学变化；在观察化学变化伴随的现象中，寻找化学变化的本质：产生了新的物质，或者说原来的物质变成了新的物质。物质的化学变化产生了哪些新的物质，怎样才是产生了新的物质，这些都需要学生寻找足够多的证据来判断。教材主要引导学生在寻找证据的过程中，判断是否产生了新的物质，从而确认发生了化学变化。

这个单元的核心概念是物质的变化，变化是有规律的，规律可以被我们认识。概念的关系呈现如表 6-2 所示。

表 6-2 "物质的变化"核心概念关系 [①]

| 单元核心概念 | 具体概念 | 变化类型 | 伴随的现象 | 举例 |
|---|---|---|---|---|
| 物质是变化的 | 物理变化<br>特点：没有产生新的物质 | | 状态、形态、大小等改变 | 水结冰、水蒸发、易拉罐压扁、弯折铁丝、混合沙和豆子 |

---

① 郁波. 科学教师教学用书 [M]. 北京：教育科学出版社，2007.

续表

| 单元核心概念 | 具体概念 | 变化类型 | 伴随的现象 | 举例 |
|---|---|---|---|---|
| 物质是变化的 | 化学变化特点：产生了新的物质 | 化合反应 | 发光发热、颜色改变、性能改变 | 火柴燃烧、蜡烛燃烧、白糖加热后炭化、铁生锈 |
| | | 分解反应 | 颜色、形状等改变 | 高温煅烧石灰石、加热高锰酸钾 |
| | | 复分解反应 | 产生气体 | 小苏打和白醋 |
| | | 置换反应 | 颜色改变、沉淀产生 | 硫酸铜溶液和铁钉 |
| | | 络合反应 | 颜色改变，产生络合物 | 米饭、淀粉和碘酒 |

　　我们以教科版《科学》六年级下册"物质的变化"单元内容为例，简要分析教材编排的特点（表 6-3）。

表 6-3　教科版《科学》六年级下册"物质的变化"单元内容安排

| 序号 | 主题名称 | 具体概念 |
|---|---|---|
| 1 | 我们身边的物质 | 身边的物质在变化 |
| 2 | 物质发生了什么变化 | 物质有化学变化和物理变化 |
| 3 | 米饭、淀粉和碘酒的变化 | 淀粉与碘酒会发生络合反应 |
| 4 | 小苏打和白醋的变化 | 小苏打和白醋发生复分解反应 |
| 5 | 铁生锈了 | 铁生锈是一种化合反应 |
| 6 | 化学变化伴随的现象 | 化学变化有一定的现象 |
| 7 | 控制铁生锈的速度 | 化学变化的速度有快有慢 |
| 8 | 物质变化与我们 | 物质的变化与生活有紧密联系 |
| 9 | 资料库 | 物质变化是有规律的 |

　　第 1 主题主要呈现生活中物质变化的一些实例，让学生从这些变化的实例中比较出两类不同的变化，一类是只改变物质的状态、形态、体积等，另一类是产生了新的物质。这一主题总结回顾学生已经学过的一些内容，为下一主题即将学习的物理变化和化学变化的概念做好铺垫。

　　第 2 主题主要让学生建立物理变化和化学变化两个概念。教材首先通过沙子和豆子的混合，让学生明白没有变化也是一种重要的现象；再通过加热白糖的实验，让学生仔细观察白糖发生的一系列变化，分辨白糖在加热过程中什么时候产生了新的物质，白糖本身变成了什么物质，帮助学生分辨物质变化过程中的"变"与"不变"，从而明白分辨物理变化和化学变化的标准就是"是否产生了新的物质"。这个概念是后面几个主题学习的重要基础。

　　第 3—6 主题呈现一些典型的化学变化的类型，以及这些化学变化所伴随的现象，让学生通过观察现象、作出假设、搜集证据、得出结论的过程，研究各种类型的化学变化，进一步加深对化学变化的主要特征的认识，即产生了新的物质。

第 7—8 主题让学生通过研究控制化学变化的速度，联系化学变化在生活中的应用，懂得化学变化与生活之间的关系。最后教材帮助学生总结这个单元的主要内容。

从小学生认识发展的角度来观察，教材并没有要求小学生掌握化学变化的类型，也没有出现诸如置换反应之类的专门术语，以及要求小学生掌握化学变化生成了哪些新物质。因为这些对小学生而言为时尚早，《小学科学课程标准》也没有提出这方面的要求。教材的意图是让学生运用探究的学习方式，从种种变化的现象出发，推断物质的变化是否产生了新物质，然后搜集各种证据验证自己的假设，从而达到提升认识的目的。

因此，这个单元的教材内容从生活实例出发，归纳出物理变化和化学变化两个科学概念，并且呈现典型的化学变化类型以及化学变化所伴随的现象，最后分析影响化学变化速度的因素，通过一系列的科学概念和科学现象训练学生的科学思维，使学生掌握科学方法。

（二）单元的科学探究分析

学生的科学探究包含多个因素：问题提出与聚焦、搜集证据、信息处理、表达交流、反思评价等几个方面。

从科学探究的层面来分析，这个单元主要侧重在证据和结论之间的论证与协调上。这需要培养学生良好的逻辑思维能力。

下面选择教材中的几个例子加以说明。

1. 产生的是什么气体，怎样判定气体是二氧化碳

在"小苏打和白醋的变化"主题中，我们能看出基于证据的研讨过程（图6-2）。第 4 主题"小苏打和白醋的变化"的实验方法很简单，实验现象很明显，但是对产生的新物质的分析研讨有很多思维层面的发展蕴含在其中，具有很好的教学价值。教材没有直接告诉学生结论，也没有通过一次气体能灭火的实验就进行确定，而是通过对小苏打和白醋反应后产生的气体的分析，通过让学生观察这种气体能灭火，掌握这种气体比空气重的特点，帮助学生初步确定是二氧化碳，并在此基础上告诉学生：科学家通过大量的实验研究，最终确定了这种气体是二氧化碳。因为小学生在自己的知识和能力水平上是无法确定气体名称的。这个过程是一个严谨的科学过程，意在提醒小学生科学过程是建立在证据基础上的严密过程。

在这个主题内容中，教材还留有发展的余地。教师可以利用教材最后一句话"观察玻璃杯里的液体，小苏打还在吗？留下的液体还是白醋吗？"补充提出"教材通过两个实验研究，为什么还不能确定气体是二氧化碳？"等问题，从而设计更加有利于发展学生思维的探究活动，让学生利用小苏打和白醋会发生化学反应的特点，继续往玻璃杯中加入小苏打或白醋，观察其中的现象，推测液体中的成分，使学生的学习呈现出更加精彩的一面。

2. 化学变化伴随着一些现象，但出现这些现象不一定发生了化学变化

在"化学变化伴随的现象"（图6-3）主题中，小学生又会接触到逻辑上的问

### 产生了什么气体

小苏打和白醋混合后，产生了大量气体，这是什么气体呢？

将燃烧的细木条伸进玻璃杯中，观察到什么现象？这和把燃烧的细木条伸进一个空玻璃杯里的情况一样吗？像倒水一样，把玻璃杯中的气体倒在蜡烛的火焰上（注意不要把玻璃杯中的液体倒出来），会有什么现象呢？

往杯子里插入燃烧的细木条       把玻璃杯中的气体倒在蜡烛的火焰上

从上面的现象中，我们能知道这种气体的什么特点？

虽然我们的实验证据还不足以判明产生的是什么气体，但是，科学家经过大量的研究，已经确定这种气体是二氧化碳，它是空气的组成部分。二氧化碳气体能使燃着的火焰熄灭。我们喝的一些饮料中，就含有二氧化碳气体，当打开汽水瓶盖时，冒出的气泡就是二氧化碳；我们呼吸时呼出的气体中也含有二氧化碳；蜡烛燃烧也有二氧化碳气体产生。

小苏打和白醋混合后，产生了一种新物质——二氧化碳气体，这样的变化属于化学变化。我们也可以表述为小苏打和白醋发生了化学反应。

观察玻璃杯里的液体，小苏打还在吗？留下的液体还是白醋吗？

图 6-2   教科版《科学》六年级下册"小苏打和白醋的变化"

化学变化伴随的现象

改变颜色

发光发热

产生沉淀物

产生气体

物质的化学变化会伴随这些现象，这些现象常常可以帮助我们判断物质是否发生了化学变化

图 6-3   教科版《科学》六年级下册"化学变化伴随的现象"

题：化学变化会伴随一些明显的现象，如发光发热、产生沉淀物、改变颜色、产生气体等，但是出现这些现象并不一定是化学变化，这也是小学生容易出现的逻辑漏洞。教材针对小学生的思维发展特点，特地安排了这些内容，旨在促进小学生在探究活动中发展科学思维。

总之，物质科学领域的科学探究注重基于证据的科学实验，注重科学现象的客观性。这个单元以具体的科学问题作为学习情境，引起学生对于物质变化现象的兴趣，通过提出问题、制订计划、开展实验、记录现象、得出结论等探究过程，帮助学生发展科学思维，从而为进一步学习物质科学领域内容打下基础。

（1）教材中提问学生空气、电、火、声音是不是物质，意图是什么？

（2）有学生认为声音是物质，两条金属尺相碰产生了声音，意味着产生了新物质就属于化学变化。对此，在教学中，你将怎样处理？

### （三）单元的实验内容选择分析

这个单元选择的实验内容符合小学生的观察特点和学习特点，呈现出现象明显、容易操作、不涉及深奥知识、留有探究余地的特点。

第2主题"物质发生了什么变化"（图6-4）中加热白糖的观察实验活动具有典型性。白糖在加热变化中，先是融化变成液体，这时候处于物理变化的范围之内；随着继续加热，出现了香味，开始发生颜色变化，冒泡；如果继续加热，让火焰稍微接触一下融化的白糖，白糖就会燃烧起来，最后变成黑色的炭化物。整个变化的过程，既有物理变化，也有化学变化，特别是白糖液体能够燃烧，能让学生留下深刻的印象。同样，第6主题中的"硫酸铜和铁钉的置换反应"也是化学中的经典实验，既简单又安全，也能给学生留下深刻的印象。

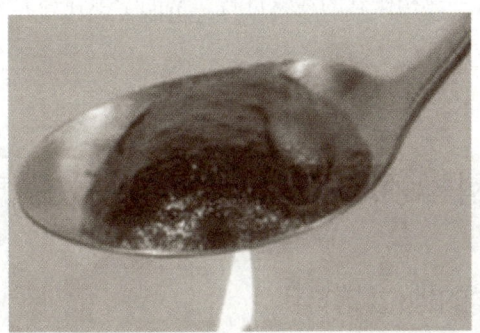

图6-4　教科版《科学》六年级下册"物质发生了什么变化"插图

第5主题展现了"铁生锈了"（图6-5）的内容。铁生锈是学生非常熟悉的现象，但是生锈的原因却是学生有点模糊的知识点。探索铁生锈的原因，设计实验验证是学生可以做到的，也是学生很容易得出矛盾结论的，因此教师很有必要帮助学

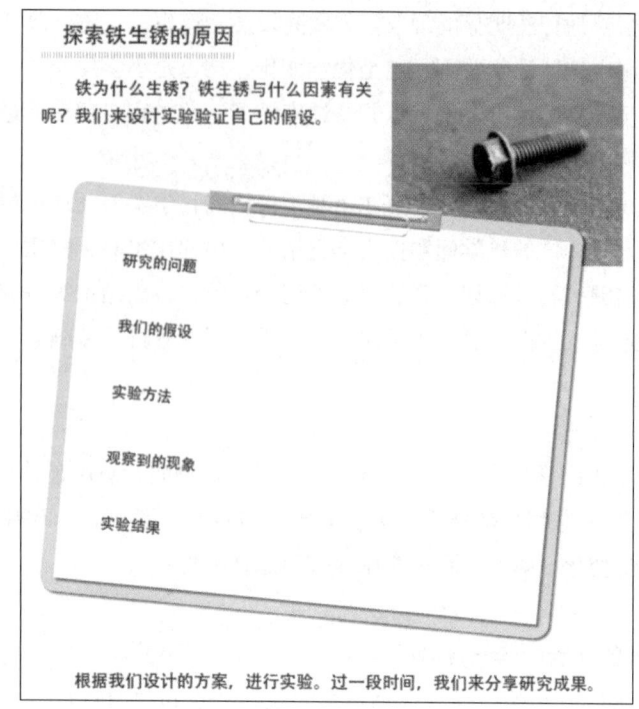

图 6-5　教科版《科学》六年级下册"铁生锈了"

拓展阅读:
关于教材内容的
选择

生设计严密的对比实验,分析实验现象并得出符合逻辑的结论。

在第 7 主题"控制铁生锈的速度"中,学生可以通过研讨反思,发现铁生锈的原因,也发现自己实验设计的漏洞,明白对比实验设计的要求,这对提高学生的科学素养有重要的作用。

这个单元的实验内容选择很有科学性,观察实验活动之间的关系也有多种形式,有并列的,也有层层递进的。但每一个观察实验活动都遵循一条思路,即以铺垫—积累经验—深入—建构概念的线索进行,帮助学生在经验和证据的基础上建构概念。

# 第二节　生命科学领域的学习内容与教材分析案例

视频:
生命科学领域教
材分析案例

## 一、生命科学的地位和作用

生命世界包含动物和植物等多种生物类群,生物的生存需要一定的条件,如营养物质以及适宜的温度、水和空气等,在此基础上,生物个体才能够生长、发育和繁殖后代,使生物类群得以延续。植物能够制造营养物质,可供自身利用;而动物则不能制造营养物质,只能利用植物等生物制造的营养物质。生物之间,以及生物与环境之间相互依赖和相互影响,它们组成一个有机的整体。

　　科学课程要从学生对生命世界的兴趣出发，进一步延伸到对生命世界的观察研究上，从对生命现象和事物的表面认识发展到对生命本质的认识。对生命科学领域内容的学习，有助于学生激发了解和认识自然界的兴趣，初步形成生物体的结构与功能、局部与整体、多样性与共同性相统一的观点，形成热爱大自然、爱护生物的情感。

　　"生命科学"可为小学生提供许多培养科学素养的机会和可能，让小学生尽可能多地去认识不同种类、不同环境中的生物，进而对多样的生物有较全面的认识，它包括"多样的生物""生命的共同特征""生物与环境"等多个主题。生命科学领域的学习涉及很多种植、养殖活动，学生通过长时间对动植物的料理、观察、记录，有利于培养关注生命、珍惜生命、热爱生命的情感，树立保护环境和生物的责任感，并能参与有关社会问题的讨论和决策，形成良好的生活习惯和健康的生活意识，同时也培养持之以恒的毅力，培养负责任的态度和动手能力，以及分析问题、解决问题的能力。

　　当今世界，生命科学是高新技术发展的前沿领域，是新科学技术革命的重心之一。生命科学将对人类社会生产方式、生活方式乃至思维方式产生广泛而深刻的影响。从小培养学生对生命世界的热爱，对生命科学的关注非常重要，这也是这部分内容的价值所在。

## 二、生命科学领域的学习内容

　　生命科学领域学习内容的知识结构如图6-6所示。

　　在教学中，教师应帮助学生形成以下主要概念：

　　（1）地球上生活着不同种类的生物。

　　（2）植物能适应环境，可制造和获取养分来维持自身的生存。

　　（3）动物能适应环境，通过获取植物和其他动物的养分来维持生存。

　　（4）人体由多个系统组成，分工配合，共同维持生命活动。

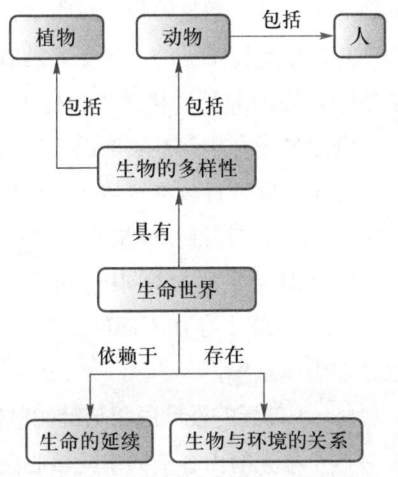

图6-6　生命科学领域学习内容的知识结构

　　（5）植物和动物都能繁殖后代，使它们得以世代相传。

　　（6）动植物之间、动植物与环境之间存在着相互依存的关系。

　　生命科学领域选取的内容贴近学生的周围世界，基本上属于中观范畴；学生容易在自然状态下观察生物个体；注重对健康生活的指导；不涉及分子水平的内容。

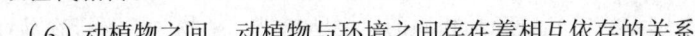

拓展阅读：
关于教材的组织

### 三、生命科学领域的教材分析案例

生命科学领域的学习内容在整个小学阶段分布于各年级各册，不同版本不同年级的小学科学教材均呈现出不同的特点。我们以教科版、苏教版、河北版三套小学科学教材为例，对其中的"动物"内容进行比较分析，如表 6-4 所示。

表6-4　三套小学科学教材中物质科学领域"动物"内容

| 生命科学领域 | 教科版<br>（三年级上册） | 苏教版<br>（三年级上册） | 河北版<br>（三年级上册） |
|---|---|---|---|
| 动物 | （1）寻访小动物<br>（2）举例：蜗牛、蚯蚓、蚂蚁、金鱼<br>（3）总结动物的特点 | （1）寻找有生命的物体<br>（2）校园里的小动物<br>（3）动物·植物·人 | （1）寻找动物<br>（2）蚯蚓 |

从表 6-4 中我们可以看出，小学科学教材中的"动物"内容均以校园里比较常见的小动物作为主要观察对象，注重与校园生活的联系，注重探究活动的便捷性。三套小学科学教材均以寻找动物活动来激发学生的兴趣，让学生自行探索动物的存在。从科学探究的角度来看，三套小学科学教材均提倡学生走出教室，寻找动物，训练学生们的探究思维和探索能力。

从内容呈现的层次性来看，教科版《科学》教材的层次性较强，从中观的角度，从对蜗牛、蚯蚓等几种小动物的观察开始，最后让学生总结动物的共同特点。苏教版《科学》教材的角度较宏观，将动物和植物的内容安排在一起，并且没有局限在校园中比较常见的动物上，最后将动物和植物与人类联系在一起，激发学生的想象力。在河北版《科学》教材中这个内容较为简单，仅以蚯蚓作为主要观察对象，缺乏最终升华到本质认识的总结，层次性不如前两套教材强。

这里选取教科版《科学》三年级上册的"动物"单元进行分析。这个单元对应《小学科学课程标准》中生命科学领域的以下主要概念：

7．地球上生活着不同种类的生物。

7.2　地球上存在不同的动物，不同的动物具有许多不同的特征，同一种动物也存在个体差异。

（一）单元的设计思路与结构分析

这个单元的内容指向单元核心概念的建构，采用大单元的形式呈现，有助于学生逐步深入地建构概念，培养探究能力和热爱动物、珍惜生命的情感。

教材整体设计具有延续性。从概念建构的层面而言，本单元的前一个学习内容"植物"单元，与本单元的核心概念是相同的。之所以把"植物"单元排在前面，主要考虑到季节的原因，特别是下半年北方的秋季来得比较早，动植物的观察学习跟季节的关系非常密切。

本单元的核心概念指向生命体的特征，次要概念指向生物的多样性。生命体的特征主要是：（1）有共同的物质基础和结构基础；（2）有新陈代谢作用；（3）有应激性；（4）有生长、发育与生殖现象；（5）有遗传、变异和进化的特性；（6）既适应一定的环境，也能影响环境。

本单元的学习内容围绕生命体的基本特征和多样性设计，以学生能够接受的程度来组织学习活动。对三年级学生的学习来说，"动物"单元的学习内容涉及生命体特征的1、2、3、4、6五条，而很少涉及生命体有遗传、变异和进化的特性。教材并没有要求学生认识到上面所述的所有内容，而是具体结合认识的小动物，指向核心概念，为以后更深刻地理解生命体的基本特点奠定基础。本单元内容安排如表6-5所示。

表6-5 教科版《科学》三年级上册"动物"单元内容安排

| 序号 | 主题名称 | 具体概念 |
|---|---|---|
| 1 | 寻访小动物 | 动物生活在我们周围 |
| 2 | 蜗牛（一） | 蜗牛的形态和运动适应周围的环境 |
| 3 | 蜗牛（二） | 蜗牛的吃食、排泄和呼吸表现出生命体的特点 |
| 4 | 蚯蚓 | 蚯蚓的形态和生活表现出生命体的特点 |
| 5 | 蚂蚁 | 蚂蚁的形态和生活表现出生命体的特点 |
| 6 | 金鱼 | 金鱼的形态和生活表现出生命体的特点 |
| 7 | 动物有哪些相同特点 | 动物具有一些共同的特点 |
| 8 | 资料库 | 动物的形态、种类等是多种多样的 |

1. 单元科学概念的建构

从指向生命体的特点这个概念建构出发，教材前面都是对具体的动物进行观察，让学生积累对相应的生命体特点的认识，并利用概念图不断提炼，最后初步对生命体特点进行概括。学生积累的素材越多，越容易建构相关的概念，所以，不断重复地观察四种小动物，有其必要性和现实性。

从指向生物多样性的概念考虑，本单元选择的四种小动物分别代表了软体动物（蜗牛）、环节动物（蚯蚓）、昆虫（蚂蚁）、鱼类（金鱼）。四种小动物形态各异，生活环境不同，生活习性、繁殖等各不相同，可以较好地体现生物多样性的一些特点。

2. 探究能力的培养

观察和记录是学习本单元的主要方法，也是学生探究活动的重要方面。

怎样观察小动物？这与物质科学内容的观察不同，具有独特性。例如需要不打扰生命体生活的观察，需要长时间的观察，难以用对比实验的方法进行观察，观察活动受季节、时间的影响等。

记录是一项十分重要的技能，又是探究活动中保留证据的重要手段。对三年级的学生而言，教材采用的记录方式是简图和关键词相配合，图文并茂，同时利用概念图帮助学生概括动物之间的相同和不同，直至找出动物的共同特点。

在本单元的学习中，学生还要尝试饲养小动物，这将加深学生对动物生活特性的了解，从而更好地体会生命体的意义。在饲养过程中，解决一个个小小的问题，能帮助学生提高解决问题的能力。

3. 情感态度的培养

从学生的兴趣发展来看，相比较植物而言，学生对动物的熟悉程度更多，对动物的喜爱之情更切，对生命的认识更容易。所以学生对动物的研究会更有兴趣。学生年级越低，越容易亲近小动物，越容易形成热爱小动物的情感。因此，教材选用的动物都是学生周围常见的小动物，且行动缓慢，容易观察，或者容易进入家庭饲养。当然，由于我国地域广大，各地的自然环境不同，有的地区可能一时难以找到蜗牛、蚯蚓、蚂蚁和金鱼，教师可根据当地的实际情况，确定其他的小动物进行观察研究，只要在教学目标方面遵循教材的总体设计即可。

本单元的资料库也是十分重要的补充内容。它不仅给学生提供有关动物方面的知识，还提供继续观察研究的方法和内容，期望在激发学生的兴趣之后，能对他们课外运用学过的科学方法继续关注、研究动物产生一定的影响。这是本单元教学指向的十分重要的目标，具有深远的意义和价值。

（二）学习心理分析

1. 选择蜗牛作为第一个观察目标

蜗牛是比较适合在课堂上进行观察的小动物。它种类多，全国各地都能找到；它形体小，容易进入课堂、课桌观察；它行动缓慢，对环境的反应却比较敏感，深受小学生的喜爱，适合小学生进行短时间观察；它安全，不会给学生的观察带来麻烦；它的食物容易找到，饲养要求不高，适合学生在课后饲养并继续观察研究。而且它可供观察研究的项目也很丰富，它的观察难度适中，如腹足的特点与行动、食物的选择、呼吸孔等，这些都能吸引学生的注意力，激发学习的兴趣。

2. 选择蚯蚓、蚂蚁、金鱼进入教材

小学生的观察兴趣持续时间不长，假如整个月都在观察蜗牛，他们会感到厌倦，同样也没有一个月的研究项目能让小学生不断地进行观察。所以，教材又选择了其他三种小动物进行观察，这三种小动物的形态特点、生活环境、生活习性都与蜗牛有较大的差别，这样可以丰富小学生对生物多样性的认识，帮助他们建构有关生命体特点的概念，也可以帮助小学生从不同的角度、用不同的方法观察不同的动物，丰富他们的探究体验。

3. 小学生在学习本单元时候的心理状态

从实际的教学效果来看，小学生总体上具有积极的心理状态。他们非常喜欢这个单元的内容，学习积极性很高，学习兴趣持续时间很长，能主动开展探究活动，能在课外精心饲养蜗牛等小动物，并做好观察记录。

（三）单元的探究活动设计分析

本单元的学生探究活动主要围绕解决观察中的实际问题进行设计。不同的小动物有不同的特点，相应的观察研究方法也应适当调整，这就需要学生在观察过程中运用相应的方法有效地进行观察研究。

如"寻访小动物"主题，重点落在"寻访"两个字上，寻访指友好地寻找，尽量做到不伤害、不惊扰小动物；去亲近、关注小动物。这不仅是寻访小动物活动的要求，也是整个"动物"单元教学，甚至整个科学课"动物"内容教学的基本要求。在本单元的学习中，这一点是贯穿始终的。本主题一个重要的活动是实地寻访小动物，这需要学生学习调查和记录小动物的方法。这部分内容的重点是寻访活动中可能遇到的问题及解决问题的方法。具体的调查过程如图6-7所示。

图6-7　教科版《科学》三年级上册"寻访小动物"

交流与讨论

　　从单元的设计思路和结构、学习心理、单元的探究活动设计等角度分析，教材该部分内容呈现的一些情景，体现了教材的哪些特点？

　　从教材的内容我们可以看出：可以做一个简单的调查记录；留心观察，仔细观察，能发现许多小动物的行踪；对不知名的动物可以记下它的体形特点或用画图的方法记录；不容易接近的动物，如鸟类，就用先看一看，再接近一点看——分步观察的方法……这些建议，有总体上的，也有十分具体的，主要提供讨论研究的思路。虽然这些建议在实际寻访活动中都是用得上的，但建议的本身并不是教学重点。教学重点在于尽可能地提出寻访活动中可能遇到的问题，并尽可能地启发、指导学生动脑筋，想出自己的观察、调查和解决问题的方案来。

　　教材从《蜗牛（一）》这一课开始，让学生对四种小动物进行细致的观察，这些观察活动，将指导学生学习观察方法，引导学生在获得观察结果的过程中总结出动物的共同特点，建立起生命体的概念。因此，观察蜗牛不仅仅要观察它的外形，而且更要关注它的生活，从蜗牛的运动、反应、吃食、排泄甚至繁殖等方面进行观察研究（图 6-8），因为这些内容直接指向本单元的核心概念。

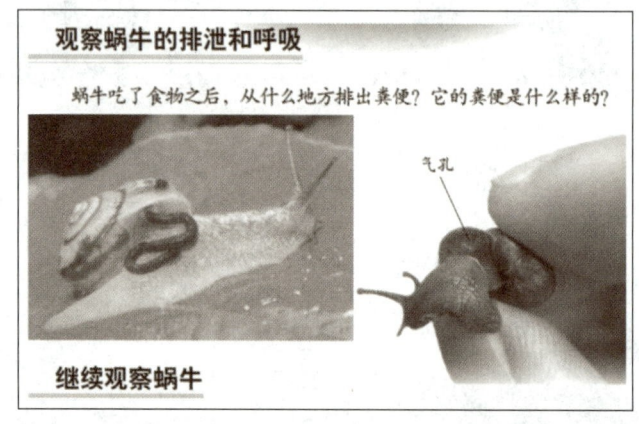

图 6-8　教科版《科学》三年级上册"蜗牛（二）"

　　对蜗牛呼吸的观察，是一个新的课题，以前的教材对此没有涉及。蜗牛的呼吸，是它生命活动的重要方面，也是学生很容易忽略的观察内容。教材明确提出，观察蜗牛的呼吸有其教学内涵，一方面指向蜗牛的生命现象，另一方面也拓展了观察的内容。观察蜗牛的呼吸需要有一定的方法。教师可以提问学生是否能找到蜗牛的呼吸孔，如果学生找不到，教师可以示范：手指轻轻捏住蜗牛壳，让蜗牛扭动身体，然后观察蜗牛壳顶部位置，随着蜗牛的活动，每间隔 10 秒钟左右，蜗牛的气孔会打开成一个小洞洞，可以明显"看到"蜗牛的呼吸了。如果学生观察到这种现象，肯定会感到十分高兴，这也是我们所希望的。

　　对蚂蚁的观察，并不像蜗牛和蚯蚓那么简单。蚂蚁的爬行速度比较快，个体又小，观察蚂蚁的身体，会遇到新的困难。教材安排了两种方法，一种方法是在室外观察蚂蚁，一种方法是在室内观察蚂蚁。在室外观察蚂蚁时，我们可用面包屑和白糖作为诱饵，把蚂蚁从窝中引来，在蚂蚁搬运食物的过程中，用放大镜观察它们的身体。如果找不到蚂蚁的窝，我们也可以把食物放在寻找食物的蚂蚁面前，然后跟着这些蚂蚁的路线，去找到蚂蚁窝，再在窝边放些食物，引出一批蚂蚁进行观察（图6-9）。

图6-9 教科版《科学》三年级上册"蚂蚁"

因为本单元的主要目标是生命体的特点，因此在观察蚂蚁的过程中，我们要求学生不仅要观察蚂蚁的身体结构，还要观察蚂蚁的生活，如怎样合作搬运食物、怎样交流信息、怎样排队行进、怎样寻找食物、遇到食物时怎样反应等，这些有趣的现象肯定会吸引学生的目光，从而让学生建立起有关生命体的概念。

在"金鱼"主题中，对金鱼呼吸的观察是重点，也是难点。金鱼的呼吸，体现的是金鱼生命活动的特点，但是观察金鱼的呼吸有一定的难度，许多时候不一定成功。教材对金鱼呼吸的观察从两个层次上进行指导。第一个层次是观察金鱼嘴部的吞咽，推测金鱼并不是在不停地喝水，如果金鱼在不停地喝水，那么不需要多少时间，金鱼就会肚胀而死，而实际情况是金鱼依然活得很好。所以学生就可以产生一个推想，金鱼不停地吞咽，实际上是在呼吸。金鱼是怎样呼吸的？这需要更多的观察证据。用食用色素制成红水进行进一步观察是第二层次，这将揭开金鱼不停地吞咽的秘密，得到金鱼呼吸的证据（图6-10）。

在实验中，红水的调制采用食用色素，以尽量减少对金鱼的伤害，这也是"动物"单元教学中一直提倡的做法。学生把滴管悄悄地伸到金鱼的嘴巴前面，挤出红水，发现红水从金鱼的嘴部进入、鳃部流出之后，就能明白原来金鱼的"喝水"不是真正的喝水，而是呼吸。

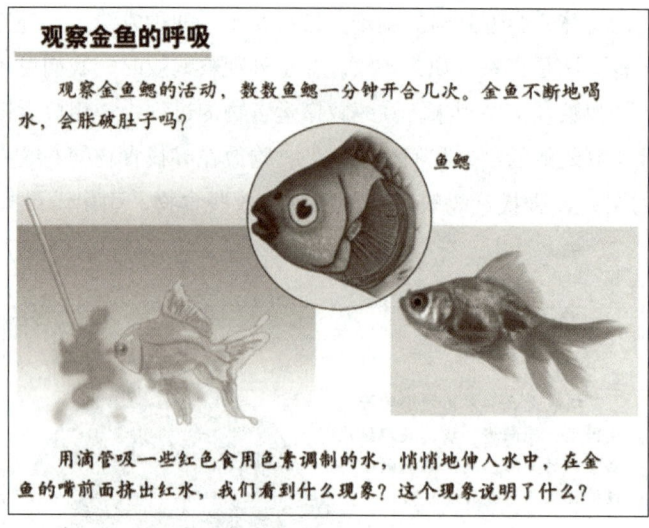

图 6-10  教科版《科学》三年级上册"金鱼"

总之，本单元的探究活动设计，从解决观察的问题上是一脉相承的，观察难度逐渐加深，观察方法各具特点，观察工具也各不相同。

**交流与讨论**

（1）怎样让学生明白观察小动物与爱护小动物之间的关系？

（2）教材为何要对四种小动物进行不厌其烦的观察？观察有侧重点吗？

（3）观察蜗牛的呼吸内容在以前的教材中都没有涉及，你怎样认识教材的设计？

（4）在实际教学中，如果找不到教材所提到的小动物，我们将如何处理？

## 第三节  地球与宇宙科学领域的学习内容与教材分析案例

视频：
地球与宇宙科学
教材分析案例

"地球与宇宙科学"是小学科学课程内容的重要组成部分，这部分内容围绕 3 个主要概念和 12 条学习内容，共 55 个学习目标，分布在小学 1~2、3~4、5~6 三个学段。由于小学生的空间想象力和思维能力还比较弱，而且"地球与宇宙科学"领域一些内容的学习还涉及物质科学、生命科学、技术与工程等方面的基础，因此这个领域的教学是整个小学科学教学的难点之一。小学科学教师在分析"地球与宇宙科学"领域教材内容时，要正确应用教材的各种分析方法，认真领会小学科学课程标准对相关内容的要求，注意这个领域学习内容之间的联系，领会教材的编写思路，把握教材难点，思考有效的教学策略，切实提高教学质量，促进学生科学素养的发展。

## 一、地球与宇宙科学的地位和作用

地球与宇宙科学是研究地球与天体系统的基础学科，是人类探索地球与宇宙的重要路径。

地球是目前人们认识到的宇宙中唯一适合人类生存居住的星球，这对学生而言是非常重要的，学生通过对地球和宇宙的认识，可以培养爱护环境、珍惜家园的情感。

由于地球与宇宙的范围非常大，学生要认识大尺度的物体和空间，需要有较好的空间想象能力，这对他们的思维方式有重要的作用。在一般情况下，模型和建模是认识地球和宇宙的常用的学习方法。

现在的媒体如此发达，学生对地球和宇宙的了解并不少，但是要真正理解一些概念，还需要长期的观察和训练。例如，很少有学生知道 100 亿颗恒星到底多到什么程度；由于学生宏观的空间想象能力有限，他们理解天体的空间位置关系有一定的困难。这都需要通过教学去发展学生的想象力和理解力。

地球与宇宙科学激发学生探索地球的兴趣，了解地球的概貌与地球的物质、地球运动与所引起的变化、天空中的星体等内容。"地球与宇宙科学"领域的学习，不仅可以满足学生的好奇心，还可以使学生了解人类为了解地球和宇宙所做的努力，促进他们对科学史的理解。同时，学生通过对地球物质的学习，可了解地球物质对人类及其他生物生存的意义，认识到人类生存与地球物质的密切关系及保护地球物质的重要性，从而对地球物质抱有感激之情，树立保护环境和资源、保护人类唯一家园的意识。

## 二、地球与宇宙科学领域的学习内容

地球与宇宙科学领域学习内容的知识结构如图 6-11 所示。

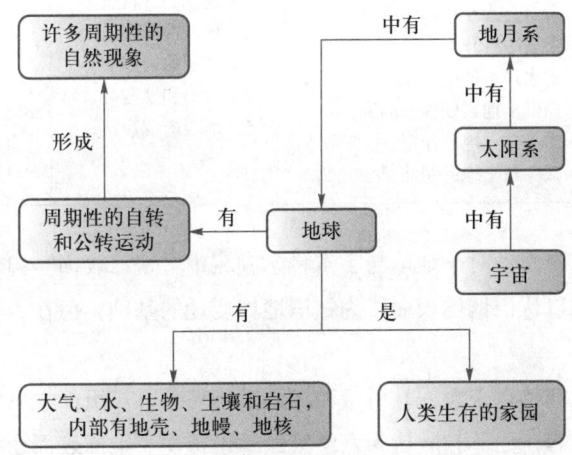

图 6-11 地球与宇宙科学领域学习内容的知识结构

在教学中，教师应帮助学生形成以下主要概念：

（1）在太阳系中，地球、月球和其他星球有规律地运动着。

（2）地球上有大气、水、生物、土壤和岩石，地球内部有地壳、地幔和地核。

（3）地球是人类生存的家园。

小学阶段地球与宇宙科学的主要内容，包括地球的基本情况、地球运动的特点，太阳系及其成员，太阳系各天体位置关系和运动特点，宇宙天体是一个个的系统。对地球物质的认识也是重要的一个方面，包括大气、水、生物、岩石和土壤。对地球家园的认识，主要包括环境和资源。

小学阶段的地球与宇宙科学领域的学习内容，选择的是学生容易观察、容易理解的浅显的内容。例如，让学生通过观察了解月相变化的规律，但不要求掌握月相形成的原因；知道四季变化的规律跟地球运动有关，但不要求掌握四季形成的原因；通过观察地球物质，了解地球资源和环境的重要性，认识到保护环境就是保护人类的家园。

## 三、地球与宇宙科学领域的教材分析案例

地球与宇宙科学内容在整个小学阶段分布于不同年级。不同版本、不同年级的小学科学教材均呈现出不同的特点。我们以三套小学科学版本科学教材涉及的"地球表面"内容进行比较分析，如表6-6所示。

表6-6　三套小学科学教材中地球与宇宙科学领域"地球表面"内容

| 地球与宇宙科学领域 | 教科版<br>（五年级上册：地球表面及其变化） | 苏教版<br>（六年级上册：我们的地球） | 河北版<br>（五年级下册：地表缓慢变化） |
|---|---|---|---|
| 地球表面 | （1）地球表面的地形<br>（2）地球内部运动引起的地形变化<br>（3）岩石会改变模样吗<br>（4）土壤中有什么<br>（5）雨水对土地的侵蚀<br>（6）探索土地被侵蚀的因素<br>（7）河流对土地的作用<br>（8）减少对土地的侵蚀 | （1）地球的形状<br>（2）地球的表面<br>（3）地球的内部<br>（4）火山和地震<br>（5）地表的变迁 | （1）山脉的变化<br>（2）沙洲的形成<br>（3）溶洞里的钟乳石<br>（4）人类改变地表 |

从上表可以看出，对于地球与宇宙科学领域中"地球表面"内容的学习，三套小学科学教材均以认识地球表面作为认识地球变迁的基础，但在内容呈现上却有很大的差异。

从学生的认知特点来看，教科版和河北版均认为五年级的学生可以学习"地球表面的变化"内容，而苏教版认为六年级的学生接受"地球表面变化"这一科学事实较为妥当。从知识呈现的形式来看，教科版呈现的内容较另两版呈现的内容更有

层层递进的形式。

从科学与社会、环境的联系来看，教科版和河北版在最后一小节均联系了人类活动，这对于学生理解地球与宇宙同人类社会环境之间的紧密联系有促进作用。而苏教版在这一角度有欠缺，仅从知识内容上呈现了地球的内部和外部变化。

下面选取教科版《科学》二年级上册的"我们的地球家园"单元进行分析。本单元内容对应《小学科学课程标准》中的以下主要概念：

13. 在太阳系中，地球、月球和其他星球有规律地运动着。

14. 地球上有大气、水、生物、土壤和岩石。

（一）单元的设计思路与结构分析

教科版《科学》教材采用大单元的形式呈现，目的是让概念发展有连续性，探究能力的发展有渐进性。由于《小学科学课程标准》规定了低年级学生必须学习的内容，所以教材编写把相关条目的内容整合在一个大单元中，并且由一条主线串联起来。本单元的内容统整了地球与宇宙领域的三个主要概念，以关爱生命、关爱家园为线索组织了一系列活动。从整体宏观的地球、月球感知，到具体的天气、四季和动植物的联系，到聚焦于科学、技术、社会和环境目标上，体现人和自然和谐相处的思想，再落实到保护身边的动植物、珍爱生命的活动上。

本单元的内容从观察周围的环境和整理自己的生活经验开始，帮助学生整体了解地球家园中有些什么，然后让学生从可观察的角度，对太阳、月相、天气和四季这四个方面进行学习，最后以人与自然的和谐收尾。通过学习，学生要能初步认识到地球本身是一个系统，与太阳、月球有密切的联系，初步领会地球上的动植物和人类与自然现象相互影响、相互依存，是地球家园的组成部分。"我们的地球家园"单元内容的逻辑关系如表6-7所示。

表6-7 "我们的地球家园"单元主题内容的逻辑关系

| 序号 | 主题名称 | 编写意图和概念线索 |
|------|----------|--------------------|
| 1 | 地球家园中有什么 | 整体感知地球家园是个系统 |
| 2 | 土壤——动植物的乐园 | 观察身边的土壤和动植物，它们有联系 |
| 3 | 太阳的位置和方向 | 观察太阳的视运动与人的关系 |
| 4 | 观察月相 | 观察月相变化与人的关系 |
| 5 | 各种各样的天气 | 观察天气现象与人的关系 |
| 6 | 不同的季节 | 观察四季变化与人的关系 |
| 7 | 做大自然的孩子 | 人与自然和谐相处 |

（二）教材呈现方式分析

教科版《科学》教材的内容呈现方式有两大特点：单元组织以大单元结构编排，每个主题以四个模块为主，包括：聚焦、探索、研讨和拓展等。

　　大单元的内容编排以核心概念为主线，把相关的内容组织成学习情境，让概念的发展逐步深入，体现科学概念的连贯性和综合性。在探究活动的设计上，挖掘科学探究中的思维和认知发展，使学生能够在一个较长的学习时间内，用逐渐发展的概念解决越来越复杂的问题，有利于促进学生对科学概念的理解。

　　大单元的组织形式符合科学探究的整体性、过程性特点。学生可以针对某一个具体问题进行探究，经历探究的全过程，体会探究与发现之间的关系，发展对某一科学概念更深入的理解。它可以促进学生自主地将某一跨学科概念在各领域之间建立起有意义的联系。

　　四个模块的呈现方式借鉴了学习周期安排的策略，将探究活动的组织过程显性化，使师生不必再去识别过程，而是把注意力转移到理解活动的意义以及注重它们的联结上来。

　　聚焦模块一般以陈述句的形式描述问题情境，以疑问句的形式提出学生可以探究的科学问题，以具有承上启下作用的语句与前一课的学习内容进行联系，体现课程的连贯性。

　　探索模块包括前概念测查、预测、制订探究计划、搜集信息、组织和呈现证据，以及形成初步解释。这一模块通常以陈述句的形式出现，列出可供选择的观察和实验方法、有关的第二手资料，以及数据呈现所需要的方法和工具等。

　　研讨模块呈现的是学生在交流、讨论、论证时所应围绕的关键问题。这一模块一般以疑问句的形式指导学生抓住主题学习的核心，陈述自己的观点，运用证据支撑自己的解释，在个人论证的基础上展开集体论证，以达成共识。

　　拓展模块为学生提供一系列活动建议，以便他们在课外开展进一步的探究，使他们将所学的知识运用于生活，或是与其他学科领域的学习进行联系。

　　四个模块呈现的是一个有结构的，既符合科学家探究的特点，又符合小学生认知规律的教学过程。其目的是让学生亲身经历和体验问题解决的系列科学实践过程，这个实践过程与学生转变他们的原有认识相关，与促进他们对科学的理解相关，与发展他们的认知能力相关，而且一定是以科学概念和科学探究共生的方式发生的。

　　在实际教学中，这四个模块并不是截然分开、机械使用的。有时候，探索模块的内容与研讨模块的问题会整合在一起，这样也符合实际的教学进程。模块划分的目的在于强调它们在探究活动中的功能，以及在意义联结中的作用。

　　（三）单元的探究活动设计分析

　　"我们的地球家园"单元的目标立意比较高，在设计活动时，应将高远的目标与学生的实际相结合，从而有效地培养学生珍爱自然、热爱家园的情感。

　　1. 观察土壤与动植物之间的关系

　　教材设计了几个相关的活动：观察土壤上的一棵幼苗，观察一块土壤范围的动植物种类和数量，做个观察盒。

　　主题"土壤——动植物的乐园"的主体活动是到校园实地观察一块土壤区域内

有多少动植物，由此让学生认识到土壤与动植物的关系，土壤为动植物提供了生存环境，是动植物的乐园（图6-12）。

图 6-12　教科版《科学》二年级上册"土壤——动植物的乐园"

低年级的教材以图为主，文字量不多，因此我们要读懂图示和文字背后的含义。教材设计此活动的意图非常明确，希望带领学生到校园里去观察和记录。

在观察中，学生会发现即使是一块不大的区域，也生长了丰富的植物，生活着各种小动物，它们之间相互依存、相互影响。教材特别提醒不要忘了落叶下的小动物，还有土壤中的小动物。

观察是重要的教学内容。教材呈现的是观察要细致、全面、有顺序，而且不要伤害小动物。在实际观察中，学生蹲下来安静地观察3~5分钟，就会发现很多小动物在活动。因此，观察活动一定要安静、细致、全面，不能浮躁。

2. 观察月相

二年级学生对月相已经有一定的感性经验。学生至少听说过月相会变化，有时像根眉毛，有时像把镰刀，有时半个月亮，有时圆月挂天上。学生肯定看过月亮的样子，但是不知道月相变化的规律，一般也不会有意识地去观察、记录月相。因此，教材在此基础上编写了"观察月相"的探索活动（图6-13）。

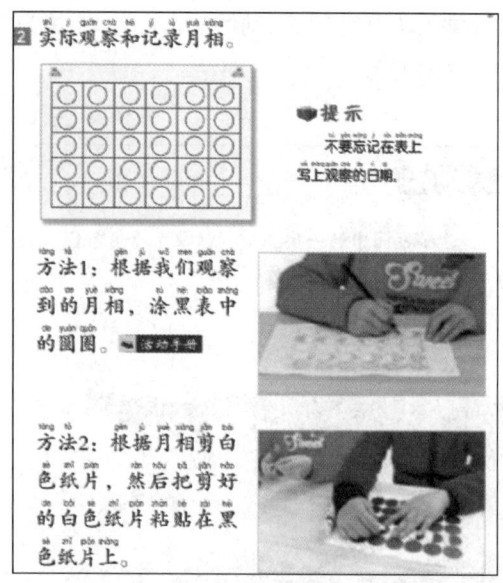

图 6-13   教科版《科学》二年级上册"观察月相"

教材首先要求学生实际观察月相，然后把月相的样子记录在活动手册上。这跟看月相图，记住月相的样子和月相变化的规律是完全不同的设计思想。因为学生只有去亲自观察，才能有深刻的体会，才能发现月相变化是有规律的，从而形成月相变化的直接经验；也因为学生只有去亲自观察，才有可能对观察月相产生兴趣，从而持续地进行观察和记录。所以，教材编写者不希望学生只在书本上学习月相的有关知识，更重要的是从实践中学。

教材提供了两种记录月相的方法，帮助学生记录。在活动手册上，记录月相的圆圈隐含了月球是个球体这个常识，月相只是我们能看到的部分，看不到的部分仍然存在，只是看上去是黑色的。尽管活动手册中提供了 30 个空白圆圈，但是我们只要连续观察、记录 7 天就算达成了目标。

3. 四季的观察如何进行

学生对四季的认识也有一定的经验，特别是四季明显的地区，并且不同的季节有很多自己的代表物，如天气、穿衣、动物、植物等。学生对这些的认识往往是碎片化的，还没有形成一定的结构。

教材的设计就是从学生已有的经验出发，通过一些活动，让学生建构起对季节变化的整体认知，以及认识到季节与人们生活的关系（图 6-14）。

教材设计的探究活动，要符合二年级学生的认知水平和心理特点，这是教材编写的重要原则。本课的探索活动首先让学生去收集关于四季的相关资料，然后按照动物、植物、穿衣的变化进行讲述，为整理做准备，最后在一张大图上，把四个季节的特点进行整理和归类，做成四季变化图。活动的环节前后联系、层层递进，符合学生的学习过程特征。同时，教材还给学生提供一些描述性的词语，帮助学生表达，渗透语言文字使用的训练。

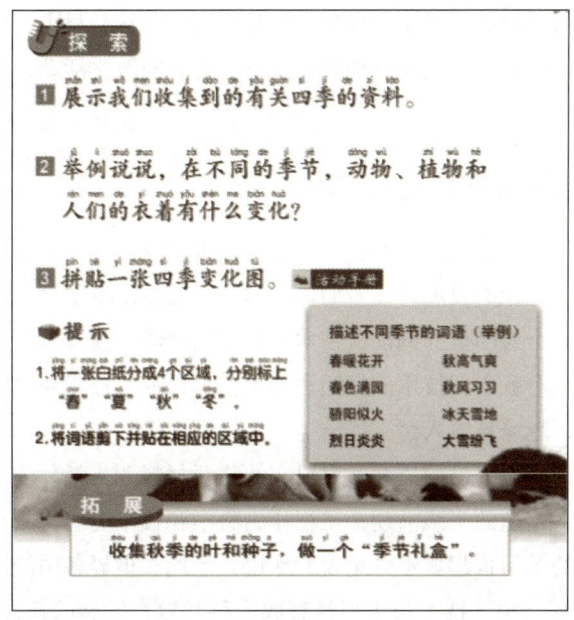

图6-14 教科版《科学》二年级上册"不同的季节"

　　教材最后设计的拓展活动，是收集秋季的叶子和种子，做成一个季节礼盒，从动手实践的角度加深对季节的认识。此活动容易操作，符合学生的年龄特点，可激发学生的探究兴趣，与前面的探索活动形成了呼应。

交流与讨论

　　（1）做一个观察蚯蚓的玻璃盒，有什么意义和价值？
　　（2）你认为二年级学生需要观察记录一个月的月相吗？
　　（3）如果学生对天气的认识已经达到了教材的要求，教学时你会怎么处理教材？

## 第四节　技术与工程领域的学习内容与教材分析案例

　　"技术与工程"是小学科学课程内容的四大领域之一。在依据2001年《小学科学课程标准（实验稿）》编写的小学科学教材中主要是在物质科学领域内容中呈现。2017年《小学科学课程标准》将此领域与物质科学、生命科学、地球与宇宙科学并列，充分反映了近年来国际科学教育改革中的STEM教育的新理念、新趋势，这对于促进学生的跨学科学习，更好地应用其他领域的知识、方法、技能解决实际问题，提高学生的STEM素养具有不可替代的作用。这部分内容围绕3个主要概念和8条学习内容，共34个学习目标，分布在小学1~2、3~4、5~6三个学段。这个领域的学习重在综合应用实践，突出设计与制作能力，充分体现"做中学"。因此。这个领域内容学习也是小学科学教学的难点之一。科学教师要在准确把握《小学科学课程标准》相关内容要求的基础上，分析教材中"技术与工程"内容的不同类型及其特点，明确重点和难点，设计有效的教学活动，提高教学效果。

## 一、技术与工程的地位和作用

当今世界，科学和技术日趋融合，科学为技术的发展提供基础，反过来技术的发展更促进了科学理论的发展，技术的作用越来越显示出重要性。信息技术、人工智能的发展就是一个最明显的例证。技术正在不断推动、改变着世界向前发展，一个国家的强大，也有赖于新技术的发明和使用。可以说，技术和科学一样，对生活的影响越来越大，越来越深入。

工程是人类为实现自己的需要，对已有的物质材料和生活环境加以系统性的开发、生产、加工、建造的实践活动。工程作为科学和技术的应用，在生产生活中无处不在，对学生的学习也起着十分重要的作用。因此，世界各国纷纷把技术和工程教育列入科学课程之中，技术与工程教育成为科学教育发展的新方向之一。例如，"2061 计划"《面向全体美国人的科学》认为科学的内涵包括基础与应用的数学、工程和技术等相互交叉的学科。[①]

学生在学习技术与工程领域的内容时，必须运用所学科学知识去解决他们的问题，从而发展对世界的理解。技术与工程领域旨在让学生了解自然世界和人工世界的不同、工具是一种物化的技术、工程设计的内涵等内容。往往，当学生运用技术去解决问题或者实施工程的时候，也是学生的发明创造思维最活跃的时候。我们发现，小学生的创新精神和实践能力，在动手制作的过程中最容易被激发和培养。从这个意义上来改变知识传授的学习方式，促进学生主动学习、合作学习，促进学生问题解决等综合能力的培养，技术与工程领域的内容是十分重要的。

## 二、技术与工程领域的学习内容

技术与工程领域学习内容的知识结构如图 6-15 所示。

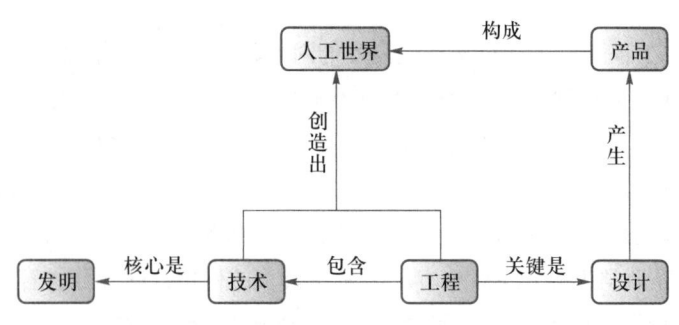

图 6-15  技术与工程领域学习内容的知识结构

---

① 李扬. STEM 教育视野下的科学课程构建 [D]. 金华：浙江师范大学，2014.

在教学中，教师应帮助学生形成以下主要概念：

（1）人们为了使生产和生活更加便利、快捷、舒适，创造了丰富多彩的人工世界。

（2）技术的核心是发明，是人们对自然的利用和改造。

（3）工程技术的关键是设计，工程是运用科学和技术进行设计、解决实际问题和制造产品的活动。

小学阶段的技术与工程教育，要让学生知道现在所使用的各种工具和仪器都是不断地被发明创造出来的，也是因需求而被不断设计出来的。利用这些工具和仪器，我们可以更好地了解世界并进行新的设计。开展技术与工程教育，可以使学生有机会综合所学的科学知识，去观察、了解各种人造和天然材料的性质，使用工具设计和制造作品。

孩子都是天生的"工程师"，只要给他们机会，他们就会利用简单的工具和材料，设计、制造属于他们的"产品"。搭积木就是儿童最喜欢的一种技术与工程实践活动。

小学阶段的技术和工程实践大多简单易行，学生通过参与设计、制作等操作性活动，可以体会到"做"的成功和乐趣，获得使用工具解决生活中的实际问题以及制作产品的经历和体验。技术与工程教育可以让学生在"做"中"学"，养成"动手做"解决问题的习惯，关注周围技术世界的发展，体验科学技术对个人生活、对社会发展的影响，帮助学生理解科学、技术和生活的关系，培养创造性地解决问题的初步能力。

因此，技术与工程领域的内容教学必须要有配套材料的跟进，才能让学生通过自己动手获得能力的发展，如果只停留在书本的学习上，效果会大打折扣。当前，国际科学教育界日益关注科学、技术、工程和数学教育的交叉融合（即 STEM 教育），提出了以整合的教学方式使学生掌握知识和技能，并进行灵活的迁移应用，解决现实问题。我国也在大力推广 STEM 教育，从技术与工程领域入手，借鉴 STEM 的理念和方法，以更好地培养学生的实践能力和创新精神。

## 三、技术与工程领域的教材分析案例

技术与工程领域和其他科学领域一样，在整个小学阶段分布于不同年级，不同版本、不同年级的科学教材均呈现出不同的特点。以三个版本的科学教材中涉及"工具机械"的内容进行比较分析，如表 6-8 所示。

拓展阅读：
STEM 教育

表 6-8　三套小学科学教材中技术与工程领域"工具机械"内容

| 技术与工程<br>科学领域 | 教科版<br>（六年级上册: 工具和机械） | 苏教版<br>（五年级下册: 神奇的机械） | 河北版<br>（五年级下册: 巧妙的用力） |
|---|---|---|---|
| 工具机械 | （1）使用工具<br>（2）杠杆的科学<br>（3）杠杆类工具的研究<br>（4）轮轴的秘密<br>（5）定滑轮和动滑轮<br>（6）滑轮组<br>（7）斜面的作用<br>（8）自行车上的简单机械 | （1）什么叫机械<br>（2）怎样移动重物<br>（3）斜坡的启示<br>（4）拧螺丝钉的学问<br>（5）国旗怎样升上去<br>（6）自行车车轮转动的奥秘 | （1）怎样才能省力<br>（2）撬棍的学问<br>（3）轮子的妙用<br>（4）斜坡的科学<br>（5）自行车<br>（6）专题研究: 我的机器 |

从上表我们可以看出，对于技术与工程领域内容的学习，三套小学科学教材均以省力工具作为主轴展开内容，但是在具体的呈现方式上有很大差异。

从创设情境的角度来看，苏教版以生活中的问题作为科学学习的情境，使学生进入情境，解决问题，在问题解决中理解概念，获得解决问题的能力。河北版也从"怎样才能省力"的角度展开内容。教科版从知识概念入手，未在标题中显性设置科学情境。

从 STEM 教育理念的角度来看，三套小学科学教材中有关工具的使用内容均重视发展学生的综合科学素养，从动手做、动手创造等方面使学生发散思维，锻炼动手能力。尤其是河北版，在单元最后有一个技术与工程的应用专题"我的机器"，整合了科学、技术、工程和数学的内容，让学生应用学习的内容解决复杂的问题，培养合作、创新的能力。

下面我们选取教科版《科学》一年级上册的"比较与测量"单元进行分析。本单元对应《小学科学课程标准》中的如下主要概念:

17.3　工具是一种物化的技术

18.3　工程设计需要考虑可利用的条件和制约因素，并不断改进和完善。

（一）单元的设计思路与结构分析

本单元属于技术与工程领域，这个领域的内容采用了一种新的单元组织方式。在一般情况下，以项目的方式组织教材是一种很好的形式。

本单元的内容组织以尺子的发明过程为线索，以解决问题的方式层层递进，前面是理论学习和探索，最后以"做一把尺子"作为一年级的工程内容，渗透工程思维和学以致用的思想。

教材以日常生活中的比较开始，得出观察比较需要有个长度标准，引出第 2 主题的内容，即比较长度需要有起点和终点。测量起点和终点的距离需要有一定的方法和技术，最早的测量工具就是人的身体，如手指可以测量短小的距离。但是用手来测量的标准不固定，产生的误差没法控制，人们就想到了用固定长度的物体来测量。不同长度的物体测量的结果无法比较，就产生了用相同长度的物体来测量，这样标准量就产生了，尺子最重要的要素被发现了，尺子基本上就产生了。为了测量更多的物体，又有了软的测量带，可以解决更多的测量难题，测量工具得到了进一步改进。最后，让学生了解工具的进一步发展，用自己制作的测量纸带跟标准的尺子比较，发现工具还可以不断改进。整个单元，都是在产生需求、发现问题、解决问题、改进工具的思路上构建的。"比较与测量"单元内容的逻辑关系，如见表6-9所示。

表6-9 教科版《科学》一年级上册的"比较与测量"内容的逻辑关系

| 序号 | 主题名称 | 具体概念 |
| --- | --- | --- |
| 1 | 在观察中比较 | 比较需要公平 |
| 2 | 起点和终点 | 确定比较的标准 |
| 3 | 用手来测量 | 用非标准单位测量会产生较大的误差 |
| 4 | 用不同的物体来测量 | 用不同的标准单位测量，不容易比较 |
| 5 | 用相同的物体来测量 | 用统一的标准单位测量，产生了尺子 |
| 6 | 做一个测量纸带 | 尺子可以不断改进 |
| 7 | 比较测量纸带和尺子 | 通用的工具方便人们使用 |

（二）单元的学习内容选择分析

技术和工程领域适合一年级学生的内容有不少，但教材最终选择了尺子的发明和发展作为载体，有比较周到的考虑。测量是低年级开始就要学习的重要内容，长度的测量比较简单，适合学生学习。在以后的课程学习中，学生也会不断地使用到测量长度的技能，长度的测量又跟数学课程产生了有机的联系。尺子的发明是一个不断发现问题、解决问题、推进发展的过程，十分有利于训练学生的问题解决能力，既能让学生体会科学史的内容，也能让学生对发明创造产生兴趣。

（三）单元的探究活动设计分析

本单元的学生探究活动主要围绕解决测量中遇到的实际问题进行设计。基于一年级学生的能力水平，教材设计了在动手实践中发展学生的操作能力和问题解决能力的活动，并且考虑到了一年级学生的心理特点，尽量让活动充满童趣、具有挑战性。

1. 确定起点和终点

本主题"起点和终点"是测量的起始课，测量长度首先需要确定起始点和终点。教材设计了纸蛙跳远的游戏活动，让学生在游戏中体验纸蛙跳远的起点和终点，同时利用纸带把跳远的距离确定下来，然后比较纸带上的距离，进一步发现在比较长度的时候，需要对齐起点线，观察终点的远近（图6-16）。

教材呈现了活动的步骤和顺序，给学生提供了操作规范。学生在探索活动中会遇到一些意想不到的问题，如纸蛙跳歪了，距离怎么算；纸蛙翻了个跟斗，终点怎么确定；三次的距离不一样，以哪一次为准；纸蛙的跳远效果很一般，有没有另外可替代的物品；等等。不管出现哪种情况，牢牢抓住起点和终点做文章，这是测量长度的关键。

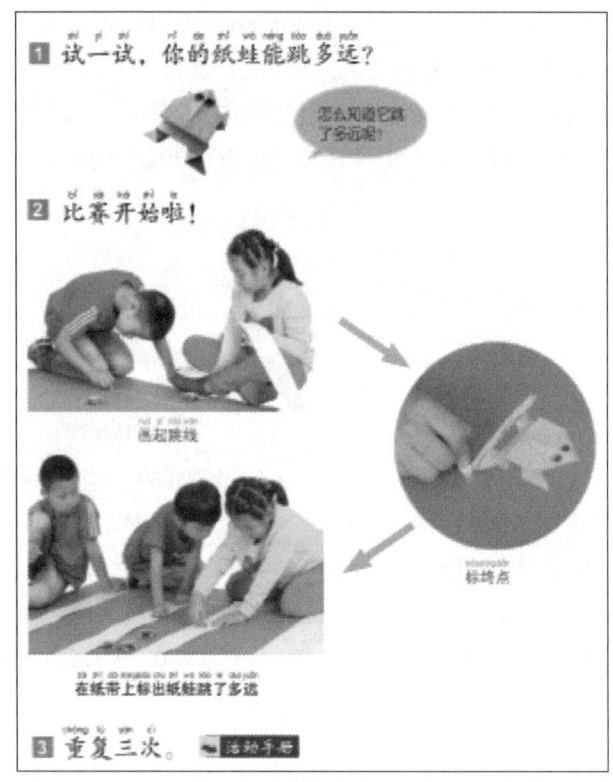

图 6-16　教科版《科学》一年级上册"比较与测量"

纸蛙跳远这样的活动，尽管操作简单，但是遇到的问题也不少，不过恰好是学生能够解决的问题。因此，学生在兴致勃勃的游戏中完成了测量任务，渗透了测量的规范，培养了认真细致的品质。教材的活动设计符合学生的认知水平和心理发展水平。

2. 用相同的物体测量

用不同的物体测量，结果虽然是确定的，误差很小，但因为标准量不同而无法进行比较。教材引入小立方体测量，渗透了用统一的标准量测量可以公平地比较的思想。标准单位出现了，尺子的发明基本完成了（图 6-17）。

教材的探索活动呈现得非常简洁，首先是一个操作性的任务：用小立方体测量桌面和讲台的长度，要求又快又准确。其次是活动的三个环节：预测、测量和记录。配图暗示学生可以用一块小立方体进行测量，一格一格地比过去；还可以先把小立方体组合起来，一组一组地测量，加快速度。测量三次的目的，是为了减少测量的误差，让学生去感悟多次测量的结果更加准确。

教材提出的测量要求是又快又准确，这个要求有深刻的意义。一是希望学生能解决这个问题，二是在解决问题的过程中渗透十进制的概念。所以教材的配图是10 个小立方体的组合。当学生用 10 个一组的立方体进行测量的时候，"发明尺子"已经实现了，这就像是最原始的尺子。学生在使用 10 个一组的立方体测量的过程中，可以感受尺子的作用，也感受十进制的方便。

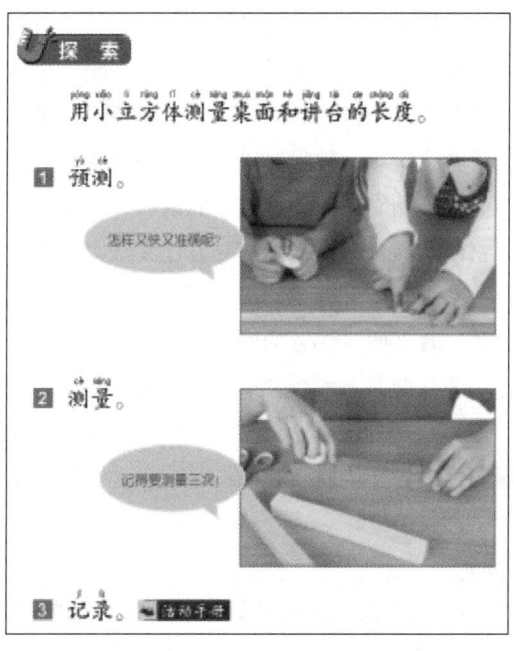

图 6-17 教科版《科学》一年级上册"比较与测量"

我们阅读低年级的教材，一定要把图和文字配合起来理解，这样才能更好地理解教材活动设计的妙处。

3. 制作测量纸带

测量纸带的产生是由测量物体的要求引起的。用小立方体测量解决了测量标准的问题，也部分解决了测量方便的问题。但是用小立方体来测量圆形的物体就遇到了难以测量的困难，需要我们进一步改进测量工具，软尺的雏形——测量纸带很自然被发明出来了（图 6-18）。

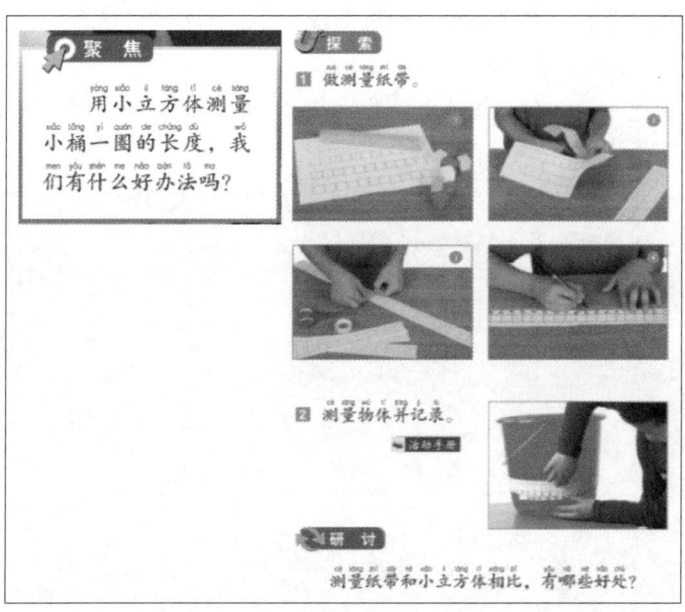

图 6-18 教科版《科学》一年级上册"比较与测量"

　　教材明确地提出了制作测量纸带的要求。这相当于一年级的一个微小工程。在这里既有技术的运用，又渗透了工程的思想，让学生在制作过程中思考尺子的整体构造，在规定的时间内做出一条合格的测量纸带，包括标记刻度。

　　根据一年级学生的学习特点，教材提供了制作的流程。一年级的学生需要直观的图示和实物帮助他们完成制作任务。等制作完成后，学生还需要用自己的测量纸带去测量一个圆柱形物体的周长，这是用小立方体无法完成的测量任务。

　　通过制作和测量，学生真切地感受到测量纸带的实用和便捷，对工具的改进有了更深刻的认识。因此，教材研讨部分的问题也就容易回答了。

　　探究活动的设计，往往要联系前后文形成一个有机的整体，一个问题的解决是另一个问题的开始，循环前进，这可以让学生感到用技术去解决困难是一件很有价值的事情。这样的探究活动，更能激发学生的学习兴趣，培养学生的探究能力。

**交流与讨论**

1. 比较恐龙的大小，为什么不比较恐龙的体积，只比较长度和高度？
2. 当用手测量时，一拃的方法能否根据学生实际做出调整？
3. 技术与工程领域的单元组织还可以有什么样的形式？

## 思考与实践

　　请仔细阅读任何一版小学科学教材中的其中一册教材，思考分析：

　　（1）教材编写者是如何体现《小学科学课程标准》的内容要求、探究要求，做到两者协调发展的？

　　（2）如果你是在职科学教师，如何根据《小学科学课程标准》和学生的发展要求，对教材稍作调整和处理？

　　（3）在教学中，如何根据《小学科学课程标准》的要求，把握好教学内容的深度和广度？

　　（4）分析在一册教材中，学生探究要求是如何递进发展的？

　　（5）写出某一单元或主题的教材分析报告。

# 第7章　　小学科学课程标准与教材评价

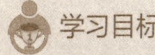 学习目标

1. 了解课程标准和教材评价的内涵，理解课程标准评价、教材评价和学业评价之间的关系。
2. 理解课程标准和教材评价的原则，立足评价原则构建评价指标体系。
3. 了解一致性评价的操作要领，理解多种一致性评价模式。
4. 理解课程标准和教材评价体系构建的基本步骤，学会课程标准与教材评价的方法。

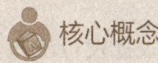 核心概念

课程标准评价；科学教材评价；一致性评价

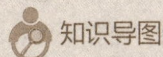 知识导图

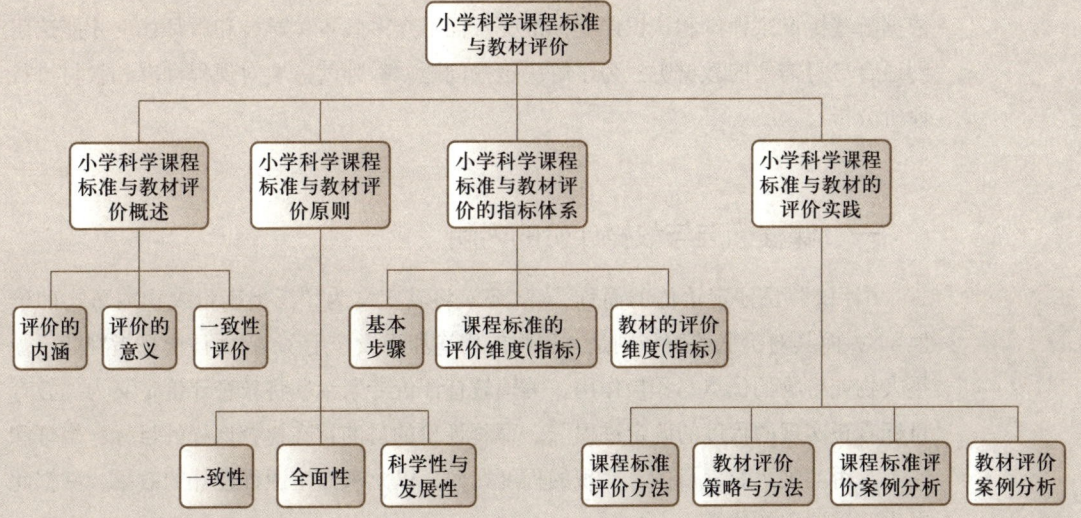

在新课程改革以前，课程评价似乎是少数教育研究专家的专业活动，普通教师只能成为被动的参与者或评价的对象。《基础教育课程改革纲要（试行）》提出应该建立促进教师不断提高的评价体系。《纲要》强调教师要对自己的教学行为进行分析与反思，要建立以教师自评为主，校长、教师、学生、家长共同参与的评价制度，使教师从多种渠道获得信息，不断提高教学水平。由此可见，教师是课程评价的主体，对课程标准、教材及教学活动本身的评价是教师专业化发展对教师提出的新要求。因此，评价小学科学课程标准和教材不是简单为标准修订和教材开发提供价值判断，而是为了更深入、全面地认识和理解课程标准和教材，这既有助于提高教师的专业水平，又有助于提高课程的教学质量。作为小学科学教师，究竟该如何理解科学课程标准和教材评价的内涵？如何把握两者之间的关系与学业评价的关系？应当立足哪些原则，从哪些维度来构建评价指标体系？又有哪些课程标准与教材的评价方法和策略适合小学科学教师？这些是本章要学习和讨论的问题。

## 第一节　小学科学课程标准与教材评价概述

以《小学科学课程标准（实验稿）》为基础，有关出版社发行了八套基于该课程标准的小学科学教材。经过近十余年的科学课程改革实践和反馈，科学课程标准和教材的修订被提上新的日程。《小学科学课程标准》相比之前的《小学科学课程标准（实验稿）》做了很大调整，在这样的背景下，标准的修订势必带来我国小学科学教材的一次大修订。作为课程教学和学业评价的依据，课程标准和教材的适切性无疑是小学科学课程顺利实施的前提。我们应该如何认识和理解课程标准？应该依据哪些标准来评价和认识课程标准呢？面对众多版本，学校和教师如何才能选用到适合自身需要的教材呢？为了解决这些问题，教师就需要对课程标准和教材进行评价分析。

### 一、课程标准与教材评价的内涵

"评价"是评定价值的简称，《辞海》将其定义为"泛指衡量人物或事物的价值"[①]，而其对价值的解释则是"事物的用途和积极作用"，因而评价是指判断、衡量人物或事物的优点与积极作用。美国教育评价专家泰勒将教育评价定义为"教育目标真正实现的程度的确定过程"[②]。课程评价的目的旨在检查课程的目标、编订和实施是否实现了教育目的，实现的程度如何，以此来判定课程设计的效果，并据此做出改进课程的决策。

---

① 辞海编辑委员会. 辞海 [M]. 上海：上海辞书出版社，1979.
② 陈玉琨. 教育评价学 [M]. 北京：人民教育出版社，1999.

在课程标准和教材的评价研究中，课程标准和教材作为课程资源，与课堂教学、学业评价等其他课程要素之间是否协调一致是很重要的方面。为了检视课程标准和教材与课程的教学、评价活动等之间的有效匹配程度，我们需要专业的分析工具。课程一致就是对课程系统各要素之间的有效匹配程度进行评价分析，其为课程改革的深化提供专业判断依据。课程一致性越来越受到国内外课程评价专家与教育实践者的广泛关注，一致性评价成为课程标准与教材评价的新视角，也成为课程评价的热点问题。

## 二、小学科学课程标准与教材评价的意义

《小学科学课程标准》是实现课程目标、编写教材、开展教学活动和教学评估的主要依据。我国正在实施基于标准的课程改革，课程标准主要是"内容标准"，缺少相应的"表现标准"和"评价标准"支撑，也没有地方性的"执行标准"。因此要建设多层次、全面系统的课程标准体系，真正发挥课程标准指导教材编制、教学活动和学业评价的主导作用，还需要进行全面、深入的课程标准和教材评价。课程标准和教材评价对小学科学教育有如下四点重要意义：

（一）有利于教师全面、深入认识和理解课程标准和教材

在新课程评价理念中，教师是课程评价的主体之一，对课程标准、教材及教学活动本身的评价是教师专业发展对教师提出的新要求。评价课程标准和教材不是简单为课程标准和教材开发提供价值判断，而是为了更深入、全面地理解和认识课程标准和教材，这既有助于提高教师的专业水平，更有助于提高教学质量。

（二）为课程标准和教材的深化建设提供依据

任何一个成熟、有效的课程标准的建立都不是一蹴而就的，需要在实践基础上反复检验和修订。小学科学的课程标准和教材要建立科学、规范的评价指标体系，要有系统的评价工具和方法，评价能为课程标准和教材的修订、完善提供规范、全面的实证证据，为调试课程标准和教材在教学实践中的运行偏差提供可靠依据。

（三）有利于系统总结已有小学科学课程改革经验

课程标准和教材作为课程系统的核心要素，是我国当前科学课程改革的切入点。科学课程标准的修订和教材的开发有利于推进小学科学课程改革。而如何对现有课程标准进行修订，科学教材的开发该走向何方，显然需要评价研究对两者的走向提供参考性建议。小学科学课程改革在各个方面都取得了一定的成就，但也存在这样或那样的问题，如课程标准的目标定位、教学内容编选、教学实施方式和方法等方面。为检视小学科学课程改革实施现状，我们需要对课程标准和教材在小学科学教学实践中的经验和问题进行总结，并对课程标准和教材及学业测评等课程要素之间的协调一致性程度进行评价研究。

（四）有利于小学科学课程改革的全面推进

小学科学是一门以培养科学素养为宗旨的基础性课程。科学素养的培养除了包

括掌握必要的科学技术知识外，还包括了解科学知识对社会与个人的影响，掌握基本的科学方法，认识科学本质，树立科学思想，崇尚科学精神，并具备一定的应用它们处理实际问题、参与公共事务的能力。科学素养的培养是一个漫长而复杂的过程，小学阶段的科学启蒙教育显得尤为重要。课程标准和教材在选取课程内容时要兼顾儿童的认知发展特点与课程的科学规范性，在教学方法设计上保护学生探究的好奇心并培养学生科学的态度思想，是否达到这些要求需要系统、全面的评价来反馈，这直接关系到小学阶段的科学启蒙教育能否顺利开展，关系到小学科学课程改革能否顺利推进。

## 三、课程标准与教材的一致性评价

当前，我国正在实施基于《小学科学课程标准》的课程改革，课程标准与教材之间是否协调一致，课程标准和教材与课堂教学、学业评价等课程要素之间是否具有良好的匹配程度等，这些问题都是课程标准与教材评价的内容。

（一）主要的一致性评价方法

针对一致性评价，国际上已经发展出一系列可操作的工具和方法。据统计，从20世纪末到21世纪初就产生了8种具有独立分析框架的课程一致性评价模式。其中最具影响力且得到广泛应用的主要是韦伯模式、Achieve模式和SEC模式（表7-1）。我们通过对各种模式的框架指标、操作程序进行比较分析，可以为开发本土化的课程标准和教材一致性评价工具提供依据。

韦伯模式由美国学者韦伯（N. Webb）于1997年开发，是最早的一致性评价工具，它的产生标志着课程一致性研究进入程序化、精细化时代。韦伯模式的关注点是在知识内容方面，其框架包含四个维度——知识种类、知识深度、知识平衡性和知识分布广度。对于每个维度的一致性程度判断，韦伯运用萨博克阿克（A. Suborkviak）的数理统计程序设定相应的一致性可接受水平和判断临界值。

Achieve模式是2002年由美国非营利教育测评服务机构成就公司围绕一致性分析需要为揭示基本问题而构建的一种综合性较强的一致性评价方法。该模式的基本框架主要用内容向心性、表现向心性、难度、平衡性和范围五项尺度来判断课程要素之间的一致性，每项尺度相应设置2~5个匹配程度等级，需要评价者做出较多的推断。

SEC模式是波特（A. Porter）以计划课程调查（survey of enacted curriculum，简称SEC）数据为基础开发的。该模式将课程一致性的研究对象从学业测评与课程标准拓展到包括课程教学、教材在内的整个课程领域。SEC模式包括主题编码和对学生表现的期望两个维度，其核心是通过将课程标准、教材内容等转化成具有相同结构的"内容－认知水平"矩阵来描述研究内容，然后通过计算矩阵之间的一致性指数进行匹配程度分析。

表 7-1 三种一致性评价模式的框架指标和操作程序比较

| 属性 | 模式 | | |
|---|---|---|---|
| | 韦伯模式 | Achieve 模式 | SEC 模式 |
| 内容 | 知识种类：课程标准的主题和内容领域与测评内容的一致性，要求每个主题至少包含6道试题 | 内容向心性：确认考试蓝图是否准确反映内容标准。确定试题是完全对应、部分对应还是完全没有对应标准内容 | 主题编码：将试题、标准和教学内容统一进行内容编码，归入对应的主题中进行比较 |
| 认知水平 | 知识深度：课程标准与试题的认知要求的一致性应达到50% | 表现向心性：课程标准使用的动词与试题的要求是否匹配；认知水平分4个等级。难度水平：不同认知要求的试题比例是否恰当，能否反映内容标准中不同认知要求的学习目标比例；分为5个水平 | 学生表现期望：对试题、标准与教学重点三者认知水平的比较；认知水平：分为识记、执行程序、理解、推测或概括（解决非常规问题）和联系5个水平 |
| 分布 | 知识分布平衡性：试题应平衡地分布于课程标准各项内容；用平衡性指数表示。知识广度：被测评的标准目标数占总目标数的百分比 | 平衡性：评价的内容重点与课程标准的内容重点在深度和广度上的一致性。范围：课程标准的每项目标至少有一道试题对应；若课程标准中50%~66%的内容目标被测评，则达到可接受水平 | |
| 试题质量 | 挑战来源：主要聚焦于试题编制技术层面。确定试题设计对学生的公平性，关注试题表述、提示、评量指标、答题速度等是否适应学生的年级水平 | 难度来源：主要聚焦于试题编制技术层面。确定试题设计对学生的公平性，关注试题表述、提示、评量指标、答题速度等是否适应学生的年级水平 | |
| 操作程序 | （1）描述"金字塔"结构的课程内容目标体系（2）分小组依据四个维度对试卷进行独立编码（3）各组编码汇总统计分析，对照临界值判断一致性 | （1）编码专家对整体进行内容分析，检测评价项目和课程标准的匹配程度（2）对评价项目的难度进行判断（3）检测知识分布平衡性和评价项目涉及的知识广度 | （1）确定二维矩阵的内容主题和认知水平（2）对课程标准、试题、教学内容等统一编码，归入各自的内容矩阵（3）计算两个矩阵间的一致性系数，并与临界值比较判断匹配度 |

（二）一致性评价的指标设置

本教材选取以上三种具有代表性的一致性评价方法，通过比较分析，了解一致性评价的指标设置及其主要操作程序。课程标准和教材与课堂教学、学业评价等其他课程要素之间的一致性分析不是简单的两两对照即可，需要将研究对象按照相应的维度框架一一进行分类，然后才能依据各项维度相应的评价指标进行匹配性分析。三种方法的维度框架不同，关键特征及评价方法也各不相同。

如表 7-1 所示，三种模式都包含内容和认知水平两项指标，但对这两项指标的内涵界定存在差异。

（1）对于内容指标，SEC 模式和韦伯模式将其定义为某一学科领域的主题和次级主题。而学科的主题数目繁多，如 SEC 模式科学课程就有 177 个主题。如何对这些主题进行有效分类是这两种评价方法面临的问题。

（2）对于认知水平，三种模式都按照认知的复杂程度从低到高分成不同等级，但分类依据各不相同。韦伯模式将其分为回忆、技能或概念、策略性思维以及拓展性思维 4 个等级，Achieve 模式参照课程标准中的认知要求，而 SEC 模式则部分借鉴了布卢姆教学目标分类学的认知分类方法。

（三）一致性评价的操作程序

由于评价指标设置的差异，不同的一致性评价方法的操作程序各不相同，但上述三种模式都蕴含了以下三项程序要素。

（1）确立维度和指标分类的合理性。首先应该检视工具的维度设置是否适用于评价的内容，确保各项评价指标的分类项之间不存在相互重叠的情况。

（2）制作评价双（多）向细目表。为便于进行统计和一致性分析，我们要根据模式的框架结构制作评价双（多）向细目表。评价者通过对试题、课程标准和教学内容等的深入分析，对其进行编码并纳入细目表，将复杂、繁多的项目转化成清晰、直观的数据。

（3）参照模式的一致性可接受水平或临界值对课程要素之间的匹配度进行质量分析，并形成研究报告。

虽然上述一致性评价方法对我国小学科学课程标准与教材的一致性评价有重要的参考和借鉴价值，但由于我国课程与国外课程有差异，包括课程标准的结构特征、学科内容主题设置、认知水平划分等不同，这需要我们在运用国外已有的一致性评价模式时，根据我国的课程标准和教材进行本土化改造。

另外，现有的一致性评价模式多是泛学科的，而课程标准和教材都是基于具体学科设置的，不同学科的知识类型、认知行为表现各不相同。现有的一致性评价模式只是为小学科学课程标准和教材的一致性评价提供了一个指引方向，而非具体的使用守则。因此，开发小学科学课程标准和教材的一致性评价方法，还需要具体分析小学科学课程的学科特征和小学生的学习要求。

## 第二节　小学科学课程标准与教材评价原则

课程标准与教材评价原则是建立课程评价体系和实施评价操作应该遵循的行为准则。遵循课程标准与教材评价的基本规律，又对课程标准与教材评价具有普遍指导意义的原则有：一致性原则、全面性原则、发展性与科学性原则等。基于这些原则开展的评价才可以做到客观、科学，发挥评价的判断和发展性功能。

## 一、一致性原则

课程标准和教材要进入教学实践,必须通过课程的一致性检验,这里的"课程一致性",是指课程系统内部组成要素之间存在内在的逻辑连贯性,表现为相互匹配和协调一致,即课程系统中课程标准、教材与教学活动、课程评价等各要素之间协调一致。课程标准和教材评价的一致性原则要求课程要素之间存在内在联系,具有逻辑性。

在实践操作中,课程标准和教材评价的一致性原则可以从课程标准和教材与测评的一致性、教材单元之间的连贯一致性等多种角度考虑。教材单元之间的连贯一致性就是让学生在学习时意识到一个年级的每个科目的主题之间的联系和协调性,并因此能够在年级中进步或表现优秀。教学单元之间一致的课程能使学生更广泛、深入地理解横切概念,通过多年而不是短期反复、接触这些概念,学会在更广阔的学习情境中应用这些横切概念,而不是停留在一个独立的教学单元中。

## 二、全面性原则

全面性原则指应尽可能对评价对象的诸多方面进行评价,评价内容必须反映小学科学教材的各个方面,不能扬长避短,否则评价结论做不到客观、公正;强调在宏观把握事物总规律的同时,也应该关注各子系统之间的关系。评价作为一种认识活动,受系统论的全面指导。小学科学教材评价涉及的变量多、因素杂,在评价的过程中评价者应该关注到教材的整体性。课程标准和教材的使用效果是由多方面因素决定的,包括教学目标设置的适切性、课程资源的丰富程度以及教学方法和手段的多样性等。因此采用某一种评价方法或指标是很难对课程标准和教材进行全面评价的。

课程标准与教材评价的范围比教学评价要广,单一的评价指标很难适应课程中千差万别的具体情况。课程标准与教材评价的领域不能局限于知识和能力,即认知领域,还要从过程与方法、情感态度与价值观方面进行全面评价。

课程标准与教材评价坚持面向全体学生,改变传统教学评价中单由教师评价学生的状况,让学生甚至是与学生有关的其他人员参与到评价的过程中,以建立学生、教师、家长、管理者、社区、专家等共同参与和交互作用的评价制度。同时,应注意面向学生综合素养的各个方面,如知识素养、能力素养和心理素养等。

课程的组织和实施是一个由时间和空间的诸多要素纵横交错、立体交叉的复杂过程,课程标准与教材评价是由设计评价方案、组织实施评价、分析评价结果、进行信息反馈等若干操作步骤构成的动态系统。其中每一个较大的环节又包括许多小的步骤,任何一个环节或步骤的疏忽都会影响课程标准与教材评价的信度和效度。这要求在评价的过程中,要依据全面性原则,对每一个项目的信息搜集力求全面,不偏听、偏信。

### 三、科学性与发展性原则

科学的评价手段是评价实施获得良好效果的秘密武器。小学科学教材的评价，必须依据教材编写的规律，依据教师教学的规律，依据学生学习的规律，保证评价工具的科学性，保证评价过程的科学性，保证评价结论的科学性。所以，教材评价保证科学性是重中之重。

评价应该保证结果最大限度地接近教材现实，这是教材评价追求的理想结果。因此，在教材评价指标体系建构的过程中，我们不能将个人主观倾向作为教材评价的标准，以保证客观、公正。

发展性原则即用发展变化的观点看待课程标准与教材的评价。发展性原则要求必须把作为评价对象的人（包括学生、教师）的发展作为根本目的，使之贯穿课程开发的始终。

传统的教学评价关注的仅仅是学生学习的效果如何，课程标准与教材评价则把促进学生的发展作为课程开发的前提。学生学习的过程也是自我成长的过程，因此，评价的着眼点在于学生的知识是怎样获得的，能力是怎样培养的，素养是怎样形成的。课程标准与教材评价的内容和技术手段也要有利于促进学生全面发展，如：要从注重读写能力的评价转向注重综合素养的评价；从注重知识的评价转向注重实践能力的评价；从面向学生过去的评价转向面向学生现在和未来的评价；从注重认知领域的评价转向注重对认知领域和情意领域的综合评价；等等。

传统的教学评价很少关注教学以外的其他方面，课程标准与教材评价则不仅关注对课程实施结果的考察，还重视对课程进行诊断、比较、修订、完善，注重在评价中及时发现问题，不断探索，不断发展。课程不仅是知识的载体，更是师生共同探求知识、培养素养的过程和平台。因此，在重视通过课程标准与教材评价来改进和提高教学质量的同时，也应对课程执行的情况、课程实施中的问题进行分析和评价，以调整课程内容，改进教学，形成课程不断革新的机制。

## 第三节　小学科学课程标准与教材评价的指标体系

评价指标体系就是将"对课程标准和教材进行评价"这一模糊、笼统的目标进行分解或分类，形成一系列具体明确、层次分明、可操作的评价目标。小学科学课程标准与教材的评价指标体系包括构建维度框架、建立二级指标、构建三级指标、构建指标权重等基本步骤。本节结合国际典型的课程标准的评价标准介绍如何构建小学科学课程标准的评价指标体系，结合国内外教材评价体系介绍如何构建小学科学教材的评价指标体系。

## 一、构建评价指标体系的基本步骤

每一个评价指标都要体现课程标准或教材质量的一个具体属性或特点。若干个相互联系而又相互独立的指标进行有机的、合理的组合，便构成了系统化的指标群体，即评价指标体系。

一般而言，课程标准与教材评价的指标体系需要包含评价维度框架（即一级指标）、每个维度设置二级指标，有的还包括三级指标，同级各项指标之间如果涉及权重问题还需要进行指标加权。不同的评价指标体系由于评价目标和评价主体不同，其构建过程各不相同，但要建立科学规范的评价指标体系，大致需要经过以下几个基本步骤。

（一）构建维度框架

构建维度框架（一级指标体系）主要通过文献分析法对国内外相关研究成果进行归纳整理，可以依据研究者与指标类别两个层面列出双向细目表，这样可以了解各级指标被使用的频率，名称接近的一级指标可以自行归并。据此可以提取出最核心的评价指标，在咨询专家意见和征集意见之后，初步确定评价维度框架。

（二）建立二级指标体系

依据已确立的维度框架，每项一级指标均编制一项双向细目表，将文献中的相应指标列于该表，以了解二级指标的使用频率，名称接近的二级指标可自行归并。然后依据该双向细目表选取适当的指标项目，在咨询专家意见和征集意见之后，初步确定二级指标体系。

（三）构建三级指标体系

构建三级指标体系的方法与构建二级指标体系相似。

（四）拟订指标权重

拟订指标权重主要指对一级指标、二级指标和三级指标的相对权重进行分析，确定各项的权重系数。确定权重有多种方法，最常见的是模糊层次分析法（FAHP）[①]，主要通过编制评价指标相对权重的专家咨询调查问卷，请专家对同一层级指标进行两两比较，确定合适的数量标度。然后通过建立模糊一致判断矩阵进行运算求得各位专家的权重意见，采取权向量直接平均法，计算出各项指标的权重系数。

## 二、课程标准的评价维度（指标）

到目前为止我国还未建立对课程标准的评价指标体系，但我们可以借鉴国外特别是美国在建立课程标准质量评价指标、保证质量评价组织与方法可信、应用质量

---

① 兰继斌，徐扬，霍良安，等. 模糊层次分析法权重研究 [J]. 系统工程理论与实践，2006, 26 (9)：109–114.

评价改善课程标准等方面的经验。美国最具代表性和影响力的课程标准评价指标主要有美国教师联盟、成就公司及托马斯·B. 福特汉姆（Tomas B. Fordham）基金会的评价指标 [1] 它们分别涉及课程标准的学科内容、组织结构、表述形式及可实施性等方面的特征（表 7-2）。

表 7-2    美国三个教育组织的课程标准评价指标 [2]

| 教育组织 | | 美国教师联盟 | 成就公司 | 托马斯·B. 福特汉姆基金会 |
|---|---|---|---|---|
| 评价指标 | 学科内容 | 聚焦：聚焦学术内容而非学生品性规定<br>基础性：规定核心学科的领域及要素<br>严格：具有挑战性的标准要达到世界级高水平<br>弹性 1：对不同学术水平的学生有不同要求 | 聚焦：反映重要的学术内容<br>严格：达到对所有学生的高要求及国际水准，涵盖重要的概念与技能<br>均衡：知识与技能的平衡 | 聚焦：涵盖重要学科领域的目标，重点突出，详略得当<br>公正：标准不强调学生的人生经历、现实问题、政治偏见、道德教条及具体的学科问题 |
| | 组织结构 | 可管理：标准所规定学科内容的要素数量与时间适度<br>具体：以年级或学段描述应掌握的基本知识与技能 | 衔接连贯：反映知识与技能随年级连续递进式发展 | 连贯：每一阶段的目标合适，知识与技能的难度随年级递进提升，标准具有挑战性，能最终达到为升学与就业做准备，以高质有序的方式组织 |
| | 表述形式 | 清晰：编写的标准能为各方明确理解 | 具体：为教师和学生提供明确的学术期望<br>清晰：表述的标准能被各方理解 | 清晰：能为各方理解 |
| | 可实施性 | 可评价：除规定掌握的知识与技能外，还要规定掌握的表现水平<br>弹性 2：不干涉标准实现的教学方式 | 可测量：基于标准的学术表现可以被评价<br>协调性：能支持基于标准的课程、教学和评价系统运行<br>可管理：标准的组织便于实施<br>共识：能获得公众支持 | 明确：标准的范围、顺序、水平描述能为应用者提供明确的指导<br>可测量：标准所描述的内容可测 |

不同教育组织的评价指标各不一致，这也反映了关于课程标准评价指标构建的某些规律。

（1）都着重从标准的内容、标准的组织和标准的呈现三大方面来构建。

（2）在课程标准的内容覆盖方面，都主张聚焦重要学科领域的学术内容，以国际高质量课程标准为参照，以年级和学段为基础规定要掌握的知识与技能；设置与内容标准相对应的学术表现标准。

（3）在标准内容的组织上，强调以连续递进的方式增加内容及难度，强调知识与技能的有序组织，以促进对标准应用者的指导。

拓展阅读：
福特汉姆基金会
对美国科学课程
标准的评价

① 刘春香，赵中建. 美国共同核心州立课程标准的质量评价研究 [J]. 全球教育展望，2013，42（9）：32-38.

② 赵中建. 美国课程标准的标准研究 [J]. 全球教育展望，2005（6）：37-41.

（4）在标准的表述上，强调标准的清晰、明确和可测量[①]。

我国科学课程标准的制定应建立在吸取别国经验的基础上，同时注意与本国实际相联系，既要有指导性，又要保证行文的简洁，避免冗余的情况出现；科学课程的学习除了注重学生的亲身体验与野外考察等实践活动外，必须掌握的学科知识仍然需要牢固记忆，因为这些是保证学生能提出问题、作出假设、制订实验方案等的基础；科学课程不能完全采用发现式学习方式，也需应用接受式学习方式，然而这两种方法均不是我国此次科学课程改革的核心，真正应该侧重的是探究式学习方式的广泛推广。因此，课程标准应该始终把探究式学习作为学生学习的主要方式，着重培养学生的探究技能、发展学生的探究思维。

虽然国外已有的课程标准评价指标体系没有针对科学这一特定学科，但通过分析美国科学课程标准的评价结果可以发现其在科学课程标准制定中所关注的问题。通过对以上研究成果的分析，同时结合我国小学科学课程建设的实际情况，这里就我国《小学科学课程标准》的内容部分提出评价指标框架建议（表7-3），以供参考和研讨。

《小学科学课程标准》（内容部分）的评价体系由三个一级指标和八个二级指标构成，主要从内容选择、内容组织和内容呈现三个维度构建，其中内容选择和内容组织各设三项二级指标，内容呈现下设两个二级指标。

表7-3　我国《小学科学课程标准》（内容部分）评价指标体系框架建议

| 一级指标 | 二级指标 | 评价内容 |
| --- | --- | --- |
| 内容选择 | 基础性 | 标准应该反映学科领域形成共识的、要求全体学生掌握的基础知识、基本技能和情感态度与价值观 |
| | 学术性 | 避免出现科学性问题，不存在含糊不清的科学问题和伪科学问题 |
| | 整合性 | 标准必须坚持将科学内容与小学生的认知需求有机结合，不能顾此失彼 |
| 内容组织 | 可操作性 | 标准应该对教师的教学提供恰当指导，为教师评价学生提供明确的评价指标 |
| | 递进性 | 标准应该随年级增长逐步提高对学生理论知识、基本技能掌握程度的要求，并逐年提高对学生概括能力与抽象能力的要求。高年级学习内容应该以低年级学习内容为基础 |
| | 平衡性 | 标准要保持科学知识、技能、态度三者的平衡，将重要的知识作为核心。注意科学知识的全面广泛与突出重点的平衡，使内容范围和难度可以控制 |
| 内容呈现 | 可读性 | 标准应该长度适当，必须以教育工作者、家长等能够理解的方式呈现，文体应该合乎逻辑，所用词语语义不能模棱两可，没有多余的专门术语 |
| | 明晰性 | 标准应该精确预设小学不同年级学生的学习结果，应选用可观察的动词来描述，如"分析、比较、显示、描述"等，以帮助教师辨识学生在什么时候已掌握相关知识与技能 |

---

[①] 刘春香，赵中建. 美国共同核心州立课程标准的质量评价研究 [J]. 全球教育展望，2013，42（9）：32-38.

## 三、教材的评价维度（指标）

小学科学教材评价指标体系是进行小学科学教材评价的基本依据，有利于克服以往教材评价中存在的经验性、主观性、随意性等弊端。我国小学科学教材多版本的状态出现至今仅十余年，针对小学科学教材的评价研究相对缺乏。要构建科学、合理的小学科学教材评价指标体系不可能一蹴而就，它需要在对国内外相关研究成果进行广泛、深入的研究的基础上逐步进行，并经过反复的实践检验与修正才能不断趋于完善。

美国等西方发达国家由于采用地方政府和学校自主选择教材的制度，因此逐步构建了丰富多样的教材评价标准。美国既有全国性的教材评价标准，如"2061 计划"教材评价标准，也有各州、各学校自行制定的标准，如佛罗里达州基础教育教材评价标准。"2061 计划"教材评价标准主要评估教材能否面对全体学生、在教学中的实用性及是否能帮助学生达到学习目标。从评价目的来看，该标准的评价目的侧重教材的质量，属于内在评价；其维度划分的依据主要是教材的属性。相比之下，佛罗里达州的评价标准则增加了教材的表述维度，强调教材在表述方面的要求。[①] 英国的教材评价研究成果较为丰富，其中苏克萨斯方案的教材评价框架具有代表性。该方案按照课程评价模式思想设计，将定量与定性分析相结合。在评价对象方面将教材的使用与质量分成两个相对独立的维度进行评价。[②]

近年来，我国学者对中小学教材评价问题比较关注，在教材评价的指标体系方面取得了一些研究成果，其中，高凌飚、丁朝蓬和方红峰的研究具有一定代表性。

高凌飚将中小学教材评价指标划分为四个维度[③]：知识与科学性维度、思想品德和文化内涵维度、认知与心理规律维度、编制技巧与印制工艺水平维度。同时指出，这四个维度又包括许多更为细致的指标，例如，在知识与科学性维度中，教材作为学生的知识资源和学习工具，选取什么样的知识以及如何将知识贯穿起来与教材的质量水平有密切的关系；在认知与心理规律维度中，作为学生学习的工具，教材在内容的编排上是否遵循了人类的认知规律也影响着教材的质量。

丁朝蓬将教材的评价指标划分为教材目标、内容特性和教学特性三个维度。[④]教材目标是指教材预设的学生所应达到的目标。目标又可细分为知识与技能目标、能力目标、情感态度与价值观目标和行为实践目标。教材的内容特性，即教材所承载的知识技能要素的选择和组织，对教材的质量有至关重要的影响。教材的内容特性对教材质量的影响通过两个渠道来反映，一是这些要素的选择，二是要素的组织。教材的教学特性主要从教材的表层结构是否符合学生的认知和情感发展规律以

---

① 潘丽娜，蔡敏. 美国基础教育阶段的教材评价：以佛罗里达州为例 [J]. 外国中小学教育，2007（3）：59-61.

② 高凌飚. 基础教育教材评价：理论与工具 [M]. 北京：人民教育出版社，2002.

③ 高凌飚. 基础教育教科书评价：理论与工具 [M]. 北京：人民教育出版社，2002.

④ 丁朝蓬. 新课程评价的理念和方法 [M]. 北京：人民教育出版社，2003.

及教育教学规律方面来进行判断，同时教材的物理属性质量（即印刷、装订）等标准也应纳入这一维度。

方红峰从教材选用评价的角度，结合浙江省在这方面的操作实践与经验，划分了五个维度，对教材的选用评价做出了如下界定。[①]（1）内容维度：完整性、新颖程度、准确性、难易程度、公正性；（2）语言文字维度：词汇、采用学生熟悉的有趣的表达方式，语言文字要正确无误；（3）教学设计维度：内容的排序和结构、内部各部分的关系、课程目标在内容中的反映、学习活动的设计、激励学生学习的程度、联系和评价；（4）编印设计维度：教材的编排符合逻辑和统一、说明图解有助于识别、突出关键词和概念、栏目设计合理且在各章中分配均匀、恰当地运用总结及学习指南帮助学生学习、字形及字体大小适度，还有纸张质量、装帧较好，以及选择性地罗列参考书目、提供相关网址及索引等方面；（5）课堂使用维度：使用的便利性、课程资源等。

下面对国内外一些教材（质量）评价指标体系一级指标进行汇总分析，如表7-4所示。

表7-4　国内外一些教材（质量）评价指标体系一级指标汇总[②]

| 指标体系名称 | 教材质量评价一级指标 | | |
| --- | --- | --- | --- |
| | 内容 | 教学 | 表征 |
| 美国"2061"计划教科书评价标准 | 内容 | 教学 | |
| 美国佛罗里达州基础教育教材评价 | 内容 | 学习 | 表述 |
| 英国苏克萨斯方案 | 教学目标、教材内容 | 教学法、对学生的测试 | 教材的外部显示 |
| 台湾小学教科书评价标准 | 内容属性 | 教学属性 | 出版属性、物理属性 |
| 香港教育署优质课本基本原则 | 目标、内容 | 教学策略、评价 | |
| 黄显华制订的香港中小学语文教科书评价框架 | 与《香港小学中国语文课程纲要》中所列教学目标的配合程度、内容的选取、内容的组织 | 教学活动、教学资源 | 物理属性 |
| 高凌飚：义务教育阶段教科书评价指标体系 | 知识与科学性、思想品德与文化内涵、认知与心理规律、编制技巧与印制工艺水平 | | 编制水平维度 |
| 丁朝蓬教科书评价指标体系 | 教材目标、教材的内容特性 | 教材的教学特性 | 材料的呈现与表达 |
| 方红峰：教材评价表 | 内容 | 教学设计 | 语言文字、编印、设计 |

① 方红峰. 论教材选用视野中的教科书评价 [M]. 课程·教材·教法, 2003（7）: 19-24.
② 李佳. 高中物理教科书评价指标体系构建研究 [D]. 西南大学博士论文, 2013: 20-33.

综合分析以上各项研究的教材评价指标体系发现，教材评价维度基本上可以归为以下两大类型：一种以教材的属性为依据，另一种以教材的功能为依据，以前者居多。也有学者强调所研制的指标体系是依据教材的结构划分的指标，结构也属于教材属性的一部分，故其指标的划分依据仍归为教材的属性。有学者认为教材评价在于对其满足价值主体需要的程度作出判断，而其满足价值主体需要的这种作用即教材的功能，所以从功能方面划分评价指标无可厚非。但更多研究者则认为功能难以穷尽，很难保证指标的完整性以及指标之间的相互独立性。

基于以上分析，我们提取出教材评价研究中具有共性特征的三项维度：内容属性、教学属性和表征属性，作为构建小学科学教材评价的一级指标。

（一）内容属性

内容属性是指教材内容的目标一致性、内容选择与内容组织。目标一致性意在强调教材内容与课程标准在教育目标、内容、能力要求等方面所作规定的一致性。内容选择强调的是教材内容的准确性、典型性、时代性等属性。内容组织强调教材的内容组织是否考虑学习者的心理发展规律（对于学习者发展的适切性），以及学科自身的逻辑结构等。

（二）教学属性

教学属性是指教材在教学设计、学习评价、教学资源方面的属性，究其核心是指教材便教易学的程度。而教学设计又包括教材在教学指导、能力培养、活动设计等方面的属性。

（三）表征属性

表征属性是指教材语言表述、版面设计、出版印刷等方面的属性。有的研究非常重视教材的可读性，而将其与内容属性、教学属性并置，对引起教材评价研究者的重视起到了一定的积极作用，但考虑到指标划分的科学性，这里我们将教材的可读性纳入教材表征属性。

以上一级指标的确定基于教材的一般属性，要进一步确定小学科学课程教材评价的二级指标和三级指标等，则需要针对小学阶段教育的特点、科学学科自身的特性、新课程改革提出的要求等进行更深入的探索。需要将已有研究进行本土化、学科化的转化，才能建构切实有效的小学新课程科学教材的评价指标体系。参照这三项一级指标，对国内外科学学科的教材评价指标体系中的二级、三级评价指标作进一步的归纳分析，得出如下结论，有助于为我国构建小学科学教材微观评价指标提供借鉴和参考。

在内容属性方面，都强调教材内容与核心概念（教学目标、课程标准）的一致性，都一致使用"准确性、生活化、案例典型性"等评价指标，对"STS、科学方法、科学史"等学科特性也都比较重视。相比之下，我国对内容与课程标准的一致性评价主要凭借专家或教师的经验性判断，缺乏能够获取可靠数据的测评工具和分析方法。国内较重视科学知识的时代性以及在教材中渗透的情感态度与价值观的培养，但缺少对性别平衡、知识的连贯性、内容的统整性等指标的关注。

在教学属性方面，几乎所有的指标体系都重视"教学设计、考虑学生的基础、改善学习环境（吸引学生兴趣）、促进学生能力发展、活动、习题及答案"等，我国很重视科学教材的"弹性、实验、知识发生发展过程的体现"。相比之下我国对"促进学生思考、提供教学目标、使学生接触科学现象、发展和使用科学观念、对学生进步的评估、参考资料"等评价指标的重视程度明显低于国外，有的甚至是空白[①]。

在教材的表征方面，各套科学教材评价指标体系都很重视语言表述，将"语言简明无歧义、词汇正确使用、专业术语、单位、公式"等作为重要指标，都重视"页面设计、色彩、图表"等排版和外观问题。国外将"语句具有吸引力、解释型语言、符合学生水平、必要的语言重复"作为评价指标，而国内则更多强调"语言合乎语法、符号少错漏、章节段落语句层次"等要素。

以上分析对构建我国小学科学教材的评价指标体系提供了更深入的认识，在微观指标构建中需要更多从教材的深层结构入手，如重视研究教材与课程标准、学业测评、教学活动等教学要素的一致性。除了重视文字、图表呈现形式等教材的表层结构外，还需要重视语言的教学功能，如关注语言是否符合小学生的认知水平、是否有必要的语言重复等。小学科学课程是学生首次接触科学课程的学习，如何激发学生学习科学课程的兴趣十分重要，因此应对教材内容的编选、教材内容的呈现方式等问题多加关注。但教材的评价除了需要对这些表层结构进行细致评析外，还需要关注教材的教学性质等深层结构问题。

## 第四节　小学科学课程标准与教材的评价实践

我国目前对课程标准的评价研究尚处在起步阶段，还没有开发针对各学科课程标准和教材的评价标准。但发达国家的相关优秀研究成果可供我们借鉴。通过对国内外相关评价研究成果的分析、比较，结合我国小学科学课程的实际，可以逐步构建我国的小学科学课程标准和教材评价指标体系，开发适应我国教学实践的评价方法。

### 一、课程标准评价方法

借鉴美国教师联合会提出的指导制定、规范、评价课程标准的九项准则[②]，结合我国课程标准建设现状，提出我国小学科学课程标准评价必须遵循的六项准则：

（1）小学科学课程标准必须聚焦提高小学生的科学素养所要学习的科学知识、

---

① 李佳. 高中物理教科书评价指标体系构建研究［D］. 西南大学博士论文，2013：29-36.
② 荣维东. 标准的标准：美国评议课程标准的九个准则——美国教师联合会《制定优异的标准》评介与启示［J］. 全球教育展望，2009，38（01）：27-32.

技能和方法、情感态度和价值观。

（2）标准应该按照小学各年级或低、中、高学段来陈述每个阶段学生应该学习的基本科学知识与技能。

（3）标准必须评价小学生的表现，不仅要描述学生应该知道什么（即科学知识，包括一些重要的思想、概念、议题、困境与信息等）和能够做什么（即技能，包括思维、工作、交流、推理和探究等），而且还应该描述学生知识与技能的熟练程度（即表现）。这些表现是衡量知识与技能是否达到的指标。

（4）标准必须将科学知识和技能结合起来，不能顾此失彼，离开了知识，解决问题、决策和思考都没有了方向，所以必须将两者有机结合。

（5）标准应该指导教学而不是限制教学，它们不应该侵犯教师的专业责任、教师选择具体教学方法和设计教学的权利等。

（6）标准的编写必须十分清楚，不只是为科学教师，还要让学生家长、学校管理者及其他有兴趣的社会人士都能理解。

课程标准的评价指标设置不同，其评价方法和操作步骤也各不相同。但概括而言，进行小学科学课程标准的评价需要经过五个步骤：

（1）针对评价目标构建评价指标体系。

（2）通过检视评价的指标设置确立评价维度和指标分类的合理性，确保评价项目的完整性，且各项评价指标项之间不存在相互重叠的情况。

（3）为确保评价效度，同样的评价内容需要多人同时进行分析，这就需要对评价者进行统一训练，以确保对评价指标认识的一致性。

（4）依据评价标准对课程标准、教材等逐项进行编码、分析。

（5）对评价结果进行数据分析并形成研究报告。

[ 案例 7-1 ] 科学课程标准与试题的一致性分析基本程序[①]

以运用韦伯模式（2014）对科学课程标准与试题的一致性评价为例，该研究的具体分析程序包括以下几个步骤：

1. 对课程标准的内容项目进行编码

韦伯认为课程标准的内容目标呈现为"金字塔"形的层级体系。金字塔的顶部是对课程内容目标的最一般的描述，即学习领域，如"物质科学""地球和宇宙"等。金字塔的中部是"学习领域"的下位的目标，即"主题"如"物质科学"中的"常见的物质""能与能源"等。金字塔的底部是课程标准的操作目标，即"具体目标"，如主题"能与能源"中"能举出能量的转化与转移有一定的方向性的实例"等。一般来说，分析学业评价与课程标准一致性水平，应该依据"金字塔"结构的课程内容层级目标体系来进行。

2. 试题的编码

试题编码需要分析试卷中"物质科学"部分每道试题涉及的具体内容目标及其

---

① 段戴平、李广洲、倪娟. 科学课程标准与中考试题的一致性研究 [J]. 化学教育，2014，35（13）：37-42.

认知水平。编码前需要对试题进行处理：选择题题型——所涉及知识点的个数视为测验题目数；填空题型——每一空格涉及主要知识点的个数视为测验题目数；计算题——每一个问题涉及主要知识点的个数视为测验题目数。

3. 数据整理

数据整理指研究采用由具有科学和教育学背景的三位专家各自独立编码，并对应 4 个维度生成一致性检测统计表，为研究提供原始数据，最后运用描述统计法对数据进行分析。例如，对知识种类数据的整理，以"主题下题目总数"的平均值（M）为依据，统计知识种类的一致性水平。

## 二、教材评价策略与方法

评价小学科学教材的一般设计策略和方法包括：

（一）明确教材评价的目标

首先要确定通过教材评价达成的目标是什么，是实现教材的审定还是对教材进行选用，或者是对某一教材的使用情况进行评估？目标不同，其评价标准也就不同。这里所说的目标更多的是评价的方向导向，这种抽象模糊的评价目标要成为评价指标构建的依据，需要进行目标的具体转化。这就需要运用目标分层分级法，对总体目标进行逐级分解，该方法可以采用详述策略、重要性淘汰策略、删选策略等几种策略来完成[1]。

（二）依据目标建构评价指标体系

依据教材要达成的目标可建构出具体可行的评价标准，即由目标导向来组合各部分与各变项。以"对教材进行审定"的目标为例，需要设定教材的内容特性、教材的教学特性、教材的物质外观等，这些项目可以构成教材审定评价的一级指标，然后逐级构建下级评价指标，具体方法可以参考本章第二节的相关内容。

拓展阅读：
美国"2061 教材评价工具"中的科学课程评价指标设置

（三）界定评价指标的内涵

在确定好教材的评价指标后，为力求评价结果的客观性，还须对各项评价指标的内涵进行明确界定，这样可以为评价者提供统一的实施标准。例如，要评价小学科学教材是否"有效表征科学概念"，不同的评价者有不同的解读，从而也就形成了不同的评价标准，并由此得出不同的评价结果。所以需要进一步界定"有效表征"中的"有效"是指"教材准确呈现科学概念且概念是易于被小学生理解的"，也就是说这里的"有效表征"需要同时满足两个条件：一是科学概念表征准确无误，二是表征的方式符合小学生的认知特点。

（四）对评价体系进行反复校验

评价指标体系的确立非一朝一夕之功，它需要经过反复的校验与修正才能逐步

---

① 刘丽群，沈良. 教科书评价指标的设计思路与操作策略 [J]. 教育测量与评价（理论版），2011（10）：28-31.

趋于完善。没有一个放之四海而皆准的教材评价标准，一套好的小学科学教材的评价标准会随着时代发展而变化，会随着科学课程改革对教材的要求而发生改变。可以采用测试的方法检验指标体系的信度，另外可以通过编制调查问卷征集小学科学课程研究专家和小学科学教师对评价指标设置的意见和建议。教材评价指标的意义在于其使用价值，评价标准是否科学、规范、合理，最终都体现在实践使用中。因此，当小学科学教材的评价指标体系设计好后，还需要不断实验，然后根据实验结果逐步修正和完善。

### 三、课程标准评价案例分析

我国的课程标准建设还处在初级阶段，采用全国统一的小学科学课程标准，由于缺乏地区间的对比参照，为课程标准的评价研究带来一定困难。但我们可以借鉴采用多层级课程标准国家的评价案例。美国托马斯·B. 福特汉姆基金会的科学课程标准评价体系无疑为我们提供了一个很好的评价案例。

福特汉姆基金会是一个非营利性的研究、出版机构，关注美国国家中小学教育改革，尤其关注该机构所在地俄亥俄州代顿市的中小学教育改革。自 1995 年美国《国家科学教育标准》出台后，托马斯·B. 福特汉姆基金会制定了一系列评价科学课程标准的指标，先后对美国各州的科学课程标准进行了两次大规模的评价工作。

[ 案例 7-2 ] 福特汉姆基金会的科学课程标准评价研究

福特汉姆基金会的科学课程标准评价体系主要从标准的内容选择、标准的制定和标准的呈现三个方面进行评价。

1. 标准的内容选择："基础性"和"学术性"

有关"标准的内容选择"，其"基础性"体现在内容选择的全面性与严谨性方面；而"学术性"主要体现在科学性、学科性、前沿性方面。

标准的全面性：指的是科学课程标准应该反映学科领域形成共识的、要求全体学生掌握的基础知识、基本技能和情感态度、价值观。具体体现为："初级的课程内容是一系列包含在科学主题当中的基础理论的代表。"

标准的严谨性：指的是每个科学概念和术语的定义应严谨，需要反复认真地推敲。具体体现在标准中："明确要求标准中要用清晰、严谨的语言为术语下定义。例如，细胞、大陆漂移、宇宙背景辐射、能量、基因型、逆磁化、质量、新陈代谢、自然法则、pH 值、化合价等，诸如此类的术语在给出定义时都应该尽可能地谨慎。"

标准的科学性：指的是科学课程标准必须避免存在科学性问题。具体体现在标准中："不能有科学性问题。表述不能存在含糊不清的科学问题和伪科学问题。"

标准的学科性：指的是科学课程标准应该突出其学科特征，注重科学理论与事实。具体体现在标准中："标准是以能够反应现代科学基础理论结构的某个范畴或者某个主题为依据组织起来的。例如，牛顿力学、质量和能量守恒定律、宇宙演变、板块构造学说、细胞和组织、遗传、人口和生态系统以及有机界进化。"

交流与讨论

福特汉姆基金会对标准的内容选择既强调"基础性"又强调"学术性"，这是否与美国当时所处的时代背景有关？请结合美国 20 世纪末的教育改革运动谈谈课程改革要求对该评价指标设置的影响。

2. 标准的制定："可操作性"与"递进性"

"可操作性"与"递进性"是福特汉姆基金会评价指标中体现出的又一特点。这里的"可操作性"是指课程标准应该对教师的教学提供恰当的指导，为教师评价学生提供明确的评价指标；"递进性"指的是对学生理论知识、基本技能掌握程度的要求应逐步增加，并逐年提高对学生概括能力与抽象能力的要求。

福特汉姆基金会在制订评价指标中考虑到了学生个体身心发展的这一特征，显现出"递进性"的特点，在评价指标中明确提出：在低年级，新知识内容的第一次提及要用事实和简单的例子来介绍；在更高的年级会以主题和定理的形式来呈现。学生不断增长的概括和抽象能力被日益重视。坚实的知识基础在低年级已经被奠定，借助日益完善的理论来加深系统化的理解。

交流与讨论

修订的《小学科学课程标准》，其年龄阶段从 6~8 岁至 12~14 岁，试分析修订版的《小学科学课程标准》，讨论标准的内容如何体现对小学生由低年级到高年级逐步提升的学习要求？

3. 标准的呈现："可读性"和"明晰性"

科学课程标准的评价指标中指出："陈述要做到尽量易于理解。让包括教育家、学科专家、政策制定者和立法者、孩子的父母以及公众在内的所有人都能够清晰地理解。"福特汉姆基金认为这点对于课程标准的制定和评价的设计都非常重要，因为大部分的读者都不是教育专家，但他们大多都在关注着课程标准的质量和它们实施的结果。如果课程标准不具有可读性和明晰性，不是合理的长度，没有去除冗余，或者没有恰当地组织内容导致读者不能读懂，那么科学课程标准的核心目的之一就没有达到。

以上表述可总结如表 7-5。

表 7-5   评价指标体系的框架

| 评价的维度 | 评价指标 | |
| --- | --- | --- |
| 标准的内容选择 | 基础性 | 全面性 |
| | | 严谨性 |
| | 学术性 | 科学性 |
| | | 学科性 |
| | | 前沿性 |
| 标准的制定 | 可操作性 | |
| | 递进性 | |
| 标准的呈现 | 可读性 | |
| | 明晰性 | |

**交流与讨论**

我国的科学课程标准主要面向科学教师，虽然他们对科学课程有相当的了解，但是如果标准的内容繁杂难懂，就会对它失去耐性，自然会影响对标准的理解和使用。试从科学教师易于理解的角度对我国的《标准》进行审视和评价。

## 四、教材评价案例分析

目前我国小学科学教材有教科版、苏教版、河北版、大象版、北京版、沪教版、青岛版、鄂教版、粤教版和湖南版 10 个版本。由于我国首次实行多套教材政策，针对众多科学教材版本的评价分析还相对缺乏，一些学者针对不同版本进行比较分析可以作为教材评价的雏形。彭蜀晋、张丹（2012）选取了三个相对广泛使用的小学科学教材版本进行比较和评价，我们选取该研究作为教材评价的典型案例进行分析。

[ 案例 7-3 ] 三个版本小学科学教材内容的评价[①]

彭蜀晋、张丹（2012）的评价研究主要选取河北人民教育出版社（简称冀教版）、江苏教育出版社（简称苏教版）和教育科学出版社（简称教科版）三个版本，主要侧重从"教材与课程标准的相关性、教材的内容、教材的呈现"三个维度进行评价，前两个维度是其研究重点。

"与《小学科学课程标准（实验稿）》的相关性研究"主要从科学课程性质、课程理念、课程目标以及内容标准四个方面进行分析，采用的评价方法包括三版教

---

① 张丹．小学科学（3—6 年级）教材比较及其与《标准》相关性研究 [D]．四川师范大学，2012.

材与《小学科学课程标准（实验稿）》的文本对照分析，三版教材与《小学科学课程标准（实验稿）》中科学知识部分的定量比较等。

"教材的内容"主要从教材的内容分布、内容侧重和知识容量等方面进行分析，采用的评价方法主要是对内容分布和知识点数量的统计分析，以及文本分析等。研究发现：三个版本在内容的编选上都注重贴近学生的生活实际，并强调活动探究在整个小学科学学习过程中的重要性，重视探究学习，都重视人文精神的渗透。但三版教材的内容侧重点不尽相同：冀教版和教科版的"物质世界"内容所占比例最多，其次是"生命世界"，最后是"地球与宇宙"；而苏教版中"生命世界"和"物质世界"两部分内容所占比例接近，"地球与宇宙"相对较少。另外，"科学史"内容在三版教材中都很少涉及。

"教材的呈现"主要从教材的结构编排、栏目设置和呈现方式等方面进行评价。研究结果表明，三个版本设置的教学环节、评价方式等各不相同，但其呈现方式都图文并茂、图片清新精美。其突出表现在图表种类繁多，包括韦恩图、记录纸、柱状图、记录表、概念图、地图、气泡图等多种形式。从整体来看，三版教材中的图表都远远多于文字描述。

请分析案例，哪些评价维度设置和评价方法是值得学习借鉴的，请填写在下面横线上：

———————————————————————————————————————

———————————————————————————————————————

试通过小组讨论，分析评价案例中有待改进的问题。通过案例反映出小学科学教材中存在哪些问题，在今后的教材编写中有哪些可以改进的方面。

———————————————————————————————————————

———————————————————————————————————————

（1）小学科学课程标准和教材评价的意义是什么？

（2）什么是课程一致性评价？一致性评价对科学课程标准和教材建设有何意义？

（3）要建构科学、规范的小学科学课程标准评价指标体系需要包含哪些基本操作步骤，在评价实践中需要注意哪些问题？

（4）针对众多版本的小学科学教材，科学教师应该如何选择合适的教材版本，依据是什么？

（5）小学科学课程标准评价的基本原则是什么，在实践中如何实施课程标准的评价？

（6）小学科学教材评价的实施策略有哪些，如何对小学科学教材进行评价？

## 思考与实践

（1）仔细分析比较三种一致性评价模式，试讨论分别运用这三种模式进行小学科学课程标准与教材的一致性评价可能存在的优势和局限性。

（2）请认真阅读拓展阅读资料"福特汉姆基金会对美国科学课程标准的评价"，试分析美国科学课程标准制定过程中存在的问题，结合我国实际，谈谈你对我国小学科学课程标准建设的认识。

（3）通过阅读分析有关国内外科学教材评价指标体系的相关材料，试讨论我国小学科学教材评价指标体系需要具备哪些关键要素。

（4）以下10个问题选自一项有关小学科学教材使用现状的调查问卷，拟作小学科学教材的评价指标，试依据评价教材的三个维度"内容的选择""内容的组织"和"教材的呈现"将这10个问题进行分类。

① 教材的难易程度是否适合您所教学生的理解接受能力和社会实践水平。

② 教材的难易程度是否适应教师所具有的学识水平和教学技能。

③ 教材设计的科学活动是否适合学生的基础，是否具有实用性，能否促进学生的能力发展。

④ 教材设计的学习情境和科学活动是否合理，能否引起学生学习科学的兴趣和学习愿望。

⑤ 教材的编排、陈述方式与活动设计是否符合学生的年龄特点。

⑥ 教材插图的形式是否合理、恰当，适合学生的理解接受能力和实际特点；教材的文字量是否适中。

⑦ 教材是否向学生展示了知识的形成过程，是否有利于学生建构正确的科学概念。

⑧ 教材能否在探究科学知识的同时，有利于引导学生体会正确的学习方法。

⑨ 教材设计的活动内容是否多样化，在观察、实验、操作和探究性学习的内容上，能否促进学生分析问题和解决问题能力的发展。

⑩ 教材中给学生留下独立思考和自主探究的问题是否适合学生的实际特点，学生是否能够完成。

# 第8章     中外小学科学课程标准与教材的比较研究

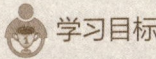 **学习目标**

1. 了解发达国家小学科学课程标准的基本内容和特点，通过中外比较认识我国小学科学课程标准的优点与不足。
2. 了解发达国家典型小学科学教材的内容体系和编写特点，通过中外比较认识我国小学科学教材的优点与不足。
3. 理解国际小学科学课程改革特点及其发展趋势。

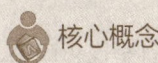 **核心概念**

科学实践；跨学科概念；STEM；学习进阶；教材宏观结构；教材微观结构

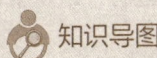 **知识导图**

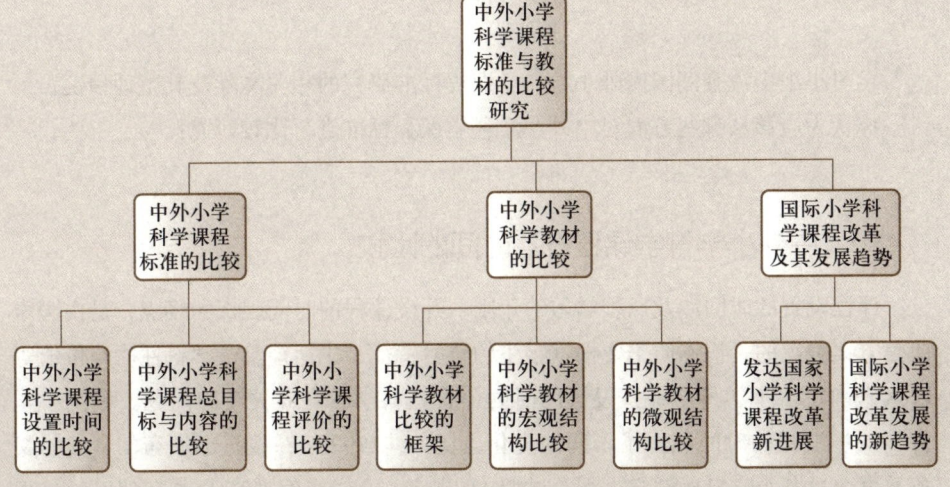

　　通过前面的学习、讨论与实践训练，我们对小学科学课程标准与教材、小学科学教材分析的原理和方法有了一定的认识和理解，提高了分析教材与处理教材的基本能力，为今后从事小学科学教学工作奠定了一定的基础。《小学科学课程标准》无论是在小学科学课程目标还是课程内容等方面都有更新。作为未来高素质的小学科学教师还应该站在更高的高度，用更广阔的视野来认识我国的小学科学课程及其改革。进入 21 世纪以来，一些发达国家，比如美国、英国、澳大利亚等的科学教育包括小学科学教育发生了新的变化。我们如何在国际新的科学教育改革背景下认识我国小学科学课程改革，进一步创新我国小学科学教育，使我国的小学科学教育迈向国际化、现代化，这是值得我们关注的话题。因此，本章将对中外小学科学课程标准与教材的改革与发展作简要比较，分析其特点和发展趋势。

# 第一节　中外小学科学课程标准的比较

　　如前所述，《小学科学课程标准》是国家对小学阶段科学课程的基本规范和质量要求，是国家小学科学课程的基本纲领性文件，是小学科学教材编写、教学、评价和考试命题的依据，是评价管理小学科学课程的基础，是衡量一个国家小学科学教育水平的重要标志。国际上任何一次小学科学教育改革，都是以新的小学科学课程（或者科学教育）标准的发布为先导的。改革小学科学教育，最重要的是制定新的小学科学课程标准。

交流与讨论

　　学习小组交流查阅国内外小学科学课程标准研究的相关文献及其整理情况。
　　你认为应该从哪些方面对中外小学科学课程标准进行比较研究？

## 一、中外小学科学课程设置时间的比较

　　课程设置的时间涉及课程学习的年限，开设课程的时间起点和终点，是由国家课程方案确定的，但本质上要根据学生的年龄特征、生活经验、学科性质与价值等因素来确定。小学科学课程设置的时间一直是科学教育界关注的问题。我国小学科学课程设置的时间经历了不同的变化。比如，1992 年，教育部颁布的《九年义务教育全日制小学自然教学大纲（试用）》规定，小学自然课在 1~6 年级开设，而2001 年教育部颁布的《小学科学课程标准（实验稿）》中的小学科学在 3~6 年级开设。什么时间开设科学课，开设多少时间的科学课？各个国家在各自的科学教育（课程）标准中有自己的规定（表 8-1）。

表 8-1　部分国家开设小学科学课程的年级和年龄比较

| 国家 | 年级 | 年龄（岁） | 国家 | 年级 | 年龄（岁） |
|---|---|---|---|---|---|
| 美国（2013） | 1~6 | 5~11 | 新西兰（2007） | 1~6 | 5~11 |
| 英国（2013） | 1~6 | 5~11 | 中国（2017） | 1~6 | 7~13 |
| 澳大利亚（2016） | 1~6 | 6~12 | 日本（2017） | 3~6 | 8~12 |
| 加拿大（2007）（安大略省） | 1~6 | 6~12 | 新加坡（2014） | 3~6 | 8~12 |

可以看出，大多数发达国家是在小学 1~6 年级开设科学课的。我国《小学科学课程标准》规定在小学 1~6 年级开设科学课，这标志着我国小学科学课程与国际上多数发达国家的科学课程在开设时间上接轨，也反映了国际上对小学科学课程开设的一致性倾向。

## 二、中外小学科学课程总目标的比较

科学课程目标是科学教育目标的重要体现，也是科学教育评价的依据。因此，开展小学科学课程目标的国际比较研究是研制小学科学课程标准首先要面对的关键问题。

1. 美国《新一代科学标准》（NGSS，2013）

2011 年 7 月，美国国家研究理事会公布了《K—12 年级科学教育框架》（*A Framework for K-12 Science Education: Practice, Crosscutting Concepts, and Core Ideas*），这是 21 世纪美国科学教育课程改革的纲领性文件。依据该框架，美国国家研究理事会与国家科学院、国家科学教师协会等单位在 2013 年 4 月共同完成了《新一代科学标准》（*Next Generation Science Standards*，简称 *NGSS*）。该标准的颁布具有里程碑意义，标志着美国继 1996 年颁布《美国国家科学教育标准》之后的科学教育改革进入新的时代，为美国未来的科学教育指明了方向。

美国 NGSS 中并没有对课程总目标作出直接描述，但是，从 NGSS 的基础文件——《K—12 年级科学教育框架》中指出："使所有学生都能受到科学和工程教育；为那些未来将成为科学家，工程师，技术人员的学生提供基本的知识；在未来科技迅猛发展的世界，让所有的学生为他们的个人生活和担当公民的角色做好准备。"

2. 英国《国家课程标准：科学学习纲要》（2013）

2013 年 9 月，英国教育部公布了《英国国家课程：1—2 关键阶段科学学习纲要》（*Science programmes of study: key stages 1-2 National curriculum in England*）。该文件中指出，高质量科学教育为认识世界提供了基础，科学改变生活，所有的学生都应教授这些重要的知识、方法并学会应用。文件提出了科学课程的目标："通过生物，化学和物理这些特定的学科，发展对科学的知识和概念化的理解；通过实践活动，发展关于科学本质、科学过程和方法的理解；具备在今天和未来所需的科学知识，及其必须了解的用途和意义。"

3. 加拿大安大略省《科学与技术》（2007）

安大略省作为加拿大经济政治中心，因其一流的教育水平成为加拿大其他省份课程改革的典范。2007 年加拿大安大略省颁布了修订的科学课程标准《科学与技术：1—8 年级》（*The Ontario Curriculum Grades 1-8: Science and Technology（2007 Revised）*）。该标准提出了科学课程目标，即：将科学、技术、社会和环境联系起来（STSE），发展学生进行科学探究和解决技术性问题的技能、策略和思维习惯，理解关于科学和技术的基本概念。

4. 澳大利亚《澳大利亚课程：F-10 科学》（2016）

2016 年 12 月澳大利亚教育部颁布的《澳大利亚课程：F-10 科学》（*The Australian Curriculum: F-10 science*）中指出，该课程的目标是激发学生学习科学的兴趣，增强他们关于周围世界的好奇心和求知欲；发展学生对科学的理解，包括揭示生命的本质、地球及其在宇宙中的位置、物质的性质和变化过程；使学生了解科学探究的本质及在一定范围内应用科学探究方法的能力；发展学生解决问题的能力，对于科学现有和未来的应用能够作出明智的决策，并考虑其道德和社会影响；让学生理解历史和文化对科学问题、活动和科学事业的多样性贡献；让学生掌握扎实的基础知识和方法，并能够应用这些知识应对新情况和事件，领会科学知识的变化性。

5. 日本《小学学习指导要领》（2017）

2017 年 3 月日本文部科学省公布了新修订的幼稚园、小学和初中阶段的"学习指导要领"。在"小学校学习指导要领"中提出的小学科学课程目标是：亲近自然，通过有目的的观察、实验来培育科学看待问题和思考问题的方式，并以养成科学的解决与自然事物、现象相关问题所必需的资质和能力为指向。（1）力求理解有关自然的事物、现象，并掌握观察、实验等基本技能；（2）培养运用观察、实验来解决问题的能力；（3）培养热爱自然的情感和主动解决问题的态度。

6. 新加坡《小学科学教学大纲》（2014）

2014 年新加坡教育部颁布《小学科学教学大纲》（*Science Syllabus: Primary*）制定的课程目标表述为：为学生提供能够建立他们的兴趣和激发他们对周围环境的好奇心的体验；为学生提供基本的科学术语和概念，以帮助他们了解自己和周围的世界；为学生提供机会发展技能、思维习惯和科学探究所必不可少的态度；为培养学生学会运用科学知识和方法进行个人决策做准备；帮助学生领会到科学对人类和环境的影响。

7. 中国《义务教育小学科学课程标准》（2017）

2017 年 1 月，教育部正式颁布《义务教育小学科学课程标准》。小学科学课程的总目标是培养学生的科学素养，并为他们继续学习、成为合格公民和终身发展奠定良好的基础。学生通过科学课程的学习，保持和发展对自然的好奇心和探究热情；了解与认知水平相适应的科学知识；体验科学探究的基本过程，发展科学探究能力；发展学习能力、思维能力、实践能力和创新能力，以及用科学语言与他人交流和沟通的能力；形成尊重事实、乐于探究、与他人合作的科学态度；了解科学、技术、社会和环境的关系，具有创新意识、保护环境的意识和社会责任感。

交流与讨论

根据以上几个国家的小学科学课程标准中的课程目标表述，请比较其异同。

## 三、中外小学科学课程内容的比较

### （一）课程内容领域的比较

我们可以列表简要比较各国小学科学课程标准中的课程内容领域（表8-2）。

表8-2　部分国家科学课程标准中的课程内容领域比较

| 国家 | 内容领域 |
|---|---|
| 美国（2013） | 科学与工程实践、核心概念（物质科学、生命科学、地球与空间科学、工程技术与科学应用）、跨学科概念 |
| 英国（2013） | 植物和动物（包括人类）、日常材料、季节变化、科学地工作 |
| 加拿大（2007）（安大略省） | 生命系统、结构与机械、物质和能量、地球与宇宙系统 |
| 澳大利亚（2016） | 科学理解（物理、化学、生物学、地球与宇宙科学）、作为人类努力的科学、科学探究技能 |
| 新加坡（2014） | 生命科学、物质科学 |
| 日本（2017） | 物质与能量、生命与地球 |
| 中国（2017） | 物质科学、生命科学、地球与宇宙科学、技术与工程 |

从表8-2可以看出，国际上小学科学课程标准中的课程内容领域在文本表述上不尽一致，但几乎都包含物质科学、生命科学、地球与宇宙科学三大领域，这是各国小学科学课程标准中最基本的内容。此外，也存在差异。比如，新加坡的小学科学课程标准没有地球与宇宙科学领域；美国的小学科学课程标准还包括跨学科领域概念；美国和中国都有技术与工程领域。这可能与各国小学科学课程改革的背景，以及国家社会、科技发展息息相关，也与各国科学教育改革的国际化视野相关。

### （二）课程内容主题的比较

课程内容主题是各个课程领域的细化。了解课程内容主题对于把握科学课程内容的深度与广度具有重要作用。通过对美国、英国、加拿大（安大略省）、澳大利亚、新加坡、日本、中国等国家的最新小学科学课程内容领域的梳理，我们可对主题内容进行比较，详见二维码内容。

拓展阅读：
部分国家小学科学课程标准内容领域的主题比较表

**交流与讨论**

　　通过对部分国家小学科学课程内容领域的主题比较，你觉得各国的小学科学课程标准在主题方面有什么异同？

## 四、中外小学科学课程评价的比较

　　课程评价是课程实施的重要环节，是了解科学课程教学效果的有效手段，对于教师改进教学、学生改进学习、教师和教育主管部门了解科学教学效果都有重要意义。这里主要对部分国家小学科学课程中的学习评价内容与评价方式、学习评价标准进行简要介绍与比较。

### （一）学习评价内容与评价方式的比较

　　学习评价内容与评价方式是小学科学课程评价的重要内容，也是小学科学课程标准的重要组成部分，教师了解学习评价内容与评价方式对小学科学课程的有效实施具有重要作用。通过对美国、加拿大等国家的小学科学课程标准的学习评价内容与评价方式的梳理，我们可以列表如下（表 8-3）。

表 8-3　部分国家小学科学课程标准中的学习评价内容与评价方式比较

|  | 评价内容 | 评价方式 |
|---|---|---|
| 美国（2013） | 学科核心概念；跨学科概念；科学与工程实践 | 形成性评估、总结性评估；具体有档案袋、学习日志、结构化访谈；科学探究、反思性学习、选项性回答；动手操作任务和调查等评价 |
| 加拿大（2007）（安大略省） | 知识与技能 | 定性考察，如日常检查<br>定量测试，如纸笔测验<br>正式和非正式的观察、讨论、学习交流、提问、作业、小组任务、档案等 |
| 澳大利亚（2016） | 知识与技能 | 形成性评价：测试、撰写报告及小论文、技能测试、访谈等<br>总结性评价：测试、学生成长档案等 |
| 日本（2017） | 主动进取的学习态度；思考力、判断力、表现力；知识与技能 | 活动表现评价：发表论述、报告，小组合作中的交流、作品制作等<br>总结性评价：纸笔测验 |
| 中国（2017） | 科学知识；科学探究；科学态度；科学、技术、社会与环境 | 过程性评价：测试、访谈、观察、实验操作、实验设计、实验报告、思维导图等<br>终结性评价：纸笔测试、表现性评价、成长记录 |

**交流与讨论**

　　通过对部分国家小学科学课程标准中的学习评价内容与评价方式的比较，你认为差异表现在哪些方面？

（二）学习评价标准的比较

1. 美国小学科学课程的学习评价标准

美国的《新一代科学标准》为科学课程评价构建了"表现期望"（performance expectations）的评价标准。其创新点在于实现了内容标准、教学标准和评价标准的统一。比如，4年级"能量"主题下的表现期望为"能量"核心概念学习评价的标准（表8-4）。在"表现期望"中的"使用证据构建""观察提供证据""提出问题并预测""设计、检验和改进"涉及科学与工程实践；能量在不同形式间的转换涉及跨学科概念"能量与物质"；"对环境产生的影响"紧密结合了STSE教育。可以看出，"表现期望"基本上实现了科学与工程实践、学科核心概念和跨学科概念的整合，同时为科学素养的测评创造了具体的科学情境。

表8-4 美国《新一代科学标准》4年级"能量"主题下的表现期望

| |
|---|
| 4-PS3-1. 使用证据构建一个关于物体的速度和能量关系的解释（测评界限：测评不包括定量测量物体的速度变化，不涉及能量的准确定义和定量描述） |
| 4-PS3-2. 进行观察来提供证据支持"通过声、光、热和电流，能量可以从一个地方传递到另一个地方"（测评界限：测评不包括能量的定量测量） |
| 4-PS3-3. 提出问题并预测当物体碰撞时的能量变化（细致说明：重点在于当物体相互作用时速度变化导致的能量变化，不重点分析力的因素）（测评界限：测评不包括能量的定量测量） |
| 4-PS3-4. 应用科学理念来设计、检验和改进一个能把一种形式的能量转为另一种形式的能量的设备[细致说明：设备的例子可以包括电流把电能转换成小汽车的动能（或光、声等），也可以是一个被动式的太阳能加热器把光能转换成热能][测评界限：限于那些将动能转换成电能或使用储能致使运动或发声、发光的设备] |
| 4-ESS3-1. 获取并综合信息来描述能量和燃料来自自然能源，并且使用它们会对环境产生影响（细致说明：可循环能量的例子包括风能、水电站和太阳能；不可循环资源为化石燃料和核燃料。对环境影响的例子包括水电站、露天采矿导致栖息地的丧失，化石燃料的燃烧对空气的污染） |

2. 加拿大小学科学课程的学习评价标准

加拿大安大略省《1—8年级科学与技术课程标准》（2007年修订版）专门提出了学生成绩的评价与评估要求。学生成绩的评价主要包括各个年级学生必须掌握的知识与技能，分别从了解和理解、思考和探究、交流、应用四个方面评估，每个方面都有较为详细和具体的描述，同时成绩的水平被划分为四级。这一举措有助于教师依据标准开展评价和开发评估工具。学生成绩评定等级如表8-5所示。

表8-5 加拿大安大略省1—8年级科学与技术课程学生成绩评定等级

| 维度 | 水平一 | 水平二 | 水平三 | 水平四 |
|---|---|---|---|---|
| 知识与理解：在每一年级获得具体学科的内容并理解其意义和重要性 | | | | |
| 知道有关内容（如事实，术语，定义，一些工具、设备和材料的安全使用） | 知道有限的内容 | 知道一些内容 | 知道相当多的内容 | 知道全部的内容 |

续表

| 维度 | 水平一 | 水平二 | 水平三 | 水平四 |
|------|--------|--------|--------|--------|
| 理解有关内容（如概念、观点、理论、原理、程序、过程） | 理解有限的内容 | 理解一些内容 | 理解相当多的内容 | 理解全部的内容 |
| 思考和探究：运用批判性和创造性思维以及探究和问题解决技能和（或）过程 | | | | |
| 运用启动和计划编制技能与策略（如明确问题，拣出难点，提出假设，排出日程，选择策略和资源，制订计划） | 有限地运用启动和计划编制技能与策略 | 有效地运用启动和计划编制技能与策略 | 相当有效地运用启动和计划编制技能与策略 | 非常有效地运用启动和计划编制技能与策略 |
| 运用过程技能和策略（如开展和记录，收集证据和数据，观察，安全地使用材料和设备，维持平衡，校正） | 有限地运用过程和技能策略 | 有效地运用过程和技能策略 | 相当有效地运用过程和技能策略 | 非常有效地运用过程和技能策略 |
| 运用批判性／创造性思维过程、技能和策略（如分析、解释说明、问题解决、评价、基于证据形成和证实绪论） | 有限地运用批判性／创造性思维过程、技能和策略 | 有效地运用批判性／创造性思维过程、技能和策略 | 相当有效地运用批判性／创造性思维过程、技能和策略 | 非常有效地运用批判性／创造性思维过程、技能和策略 |
| 交流：通过各种形式传达意图 | | | | |
| 以口头、视觉和／或书面形式（如图像、模型）组织和表达一些想法和信息（如清晰的表达，有逻辑性的组织） | 有限地组织和表达一些想法和信息 | 有效地组织和表达一些想法和信息 | 相当有效地组织和表达一些想法和信息 | 非常有效地组织和表达一些想法和信息 |
| 以口头、视觉和／书面形式与不同的对象（如同伴、成年人）进行不同目的（如通知、劝说）的交流 | 有限地与不同的对象进行不同目的的交流 | 有效地与不同的对象进行不同目的的交流 | 相当有效地与不同的对象进行不同目的的交流 | 非常有效地与不同的对象进行不同目的的交流 |
| 在口头、视觉和书面形式的交流中使用相关学科的惯例、词汇和术语（如符号、公式、科学的标注、国际单位） | 有限地使用相关学科的惯例、词汇和术语 | 有效地使用相关学科的惯例、词汇和术语 | 相当有效地使用相关学科的惯例、词汇和术语 | 非常有效地使用相关学科的惯例、词汇和术语 |
| 应用：在各种情境中利用知识和技能 | | | | |
| 在常见情境中应用相关知识和技能（如应用概念和方法，使用器材和技术应用科学的调查技能） | 有限地将知识与技能应用到不熟悉的情境中 | 有效地将知识与技能应用到不熟悉的情境中 | 相当有效地将知识与技能应用到不熟悉的情境中 | 非常有效地将知识与技能应用到不熟悉的情境中 |
| 将知识和技能（应用概念和方法，使用器材和技术应用科学的调查技能）应用到不熟悉的情境中 | 有限地将知识与技能应用到不熟悉的情境中 | 有效地将知识与技能应用到不熟悉的情境中 | 相当有效地将知识与技能应用到不熟悉的情境中 | 非常有效地将知识与技能应用到不熟悉的情境中 |

3. 澳大利亚小学科学课程的学习评价标准

2016 年《澳大利亚课程：科学》对学生的学业成就标准要求包括成就描述和学生表现样本。成就描述规定了学习的质量（知识的程度、理解的深度和技能的掌握），表明学生开始下一阶段学习所需要的准备。教师在对比学生表现与成就标准时，可参考学生表现样本。每个表现样本都包含相关的评估任务，以及学生的反应和注释。《澳大利亚课程：科学》1~3 年级学生的成就描述如表 8-6 所示。

表 8-6 《澳大利亚课程：科学》1~3 年级学生的成就描述

| 年级 | 年级结束时学生的表现 |
|---|---|
| 1 | 学生描述在日常生活中遇到的对象和事件，及材料和物质相互联系的影响；确定一定范围的栖息地；描述当地环境的变化，建议如何通过科学保护环境<br>学生做出预测，研究日常现象；根据指导对自己的观察进行记录和分类，并与他人分享 |
| 2 | 学生描述物质、材料和生物的变化；识别特定的材料和资源有不同的用途，描述在日常生活中应用的例子<br>学生提出与他们经验相关的问题，预测调查的结果；用日常的测量方法观察并进行比较；根据指导进行记录，并与他人分享 |
| 3 | 学生利用自己关于地球运动、材料和热传递的认识，对日常观察到的现象进行解释；描述常见生物的特性；阐述如何使用科学调查解决问题，并确定在哪些日常生活中人们应用科学知识<br>学生用他们的经验来提出问题，预测调查的结果；使用正规的测量方式，以有助于回答问题的方式收集和呈现数据和结果；对发现的问题提出可能的原因；描述在调查中是如何考虑安全和公正的；使用图形和其他表达形式交流自己的想法 |

交流与讨论

通过以上介绍，你认为中外小学科学课程标准有哪些共性与差异？

# 第二节　中外小学科学教材的比较

　　小学科学教材是指教师和学生在小学科学教学活动中所利用的一切素材和手段，包括小学科学教科书、教师参考书、学生练习册等书面印刷材料，也包括小学科学教学录像带、光盘、教学软件等。在一般情况下，教材即指教科书。它是实现小学科学课程标准所规定的课程目标和课程内容的重要载体，是学生在学校获得科学基础知识、发展探究能力、提高科学素养的重要工具，也是小学科学教师进行教学的主要依据。各国在进行小学科学课程改革的同时，也出版了丰富多彩、特色鲜明的小学科学教材。比较中外小学科学教材的编写特色，对于促进小学科学教师理解科学教材编写思想，熟悉小学科学教材的体系与结构，挖掘小学科学教材的功能，更好地利用国内外优秀小学科学教材资源、灵活使用小学科学教材，促进我国小学科学教材编写改革，提高小学科学教学质量具有重要价值。

交流与讨论

学习小组交流查阅国内外研究小学科学教材的相关文献及其整理情况。
你认为可以从哪些方面对中外小学科学教材进行比较研究？

## 一、中外小学科学教材比较的框架

　　从已有的教材研究文献来看，教材比较的内容一般涉及教材的编写体例、内容结构、栏目、文字表述、习题、实验、图表、阅读材料等，通常是教材的表层结构。所谓教材的表层结构是教材设计者依照中小学生的认知发展规律进行内容编排而赋予教材的表现形式。教材的表层结构反映了教师怎样教和学生怎样学，体现了教材的教学特性，在很大程度上引导着教师的教学方式和学生的学习方式。教材比较还包括教材蕴含的知识结构、能力结构、情感态度与价值观结构等方面，这些通常是教材的深层结构。教材的深层结构反映了课程的目标与内容，决定了教师教什么、学生学什么等，体现了教材的内容特性。此外，教材比较还涉及分册设计、版面设计、教材的配套衔接等，有人把这些称为教材的宏观结构，而把教材的深层结构与表层结构统称为教材的微观结构。由此，我们可以建立中外小学科学教材比较的内容框架（图 8-1）。

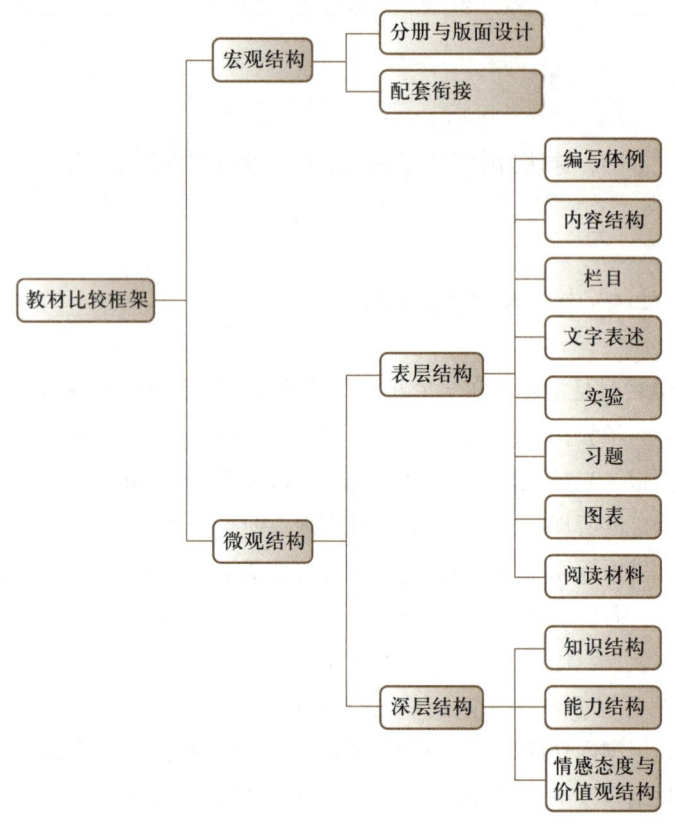

图 8-1　教材比较的内容框架

## 二、中外小学科学教材的宏观结构比较

下面择取比较框架中的几个重要方面进行比较。

### （一）比较的小学科学教材样本

1. 中国小学科学教材

选择教育科学出版社出版的《科学》教材（以下简称"教科版《科学》"）。该教材主编为中国教育科学研究院副研究员郁波。目前使用的 1—2 年级《科学》教材根据《小学科学课程标准》编写，2017 年 6 月出版。3—6 年级《科学》教材根据《小学科学课程标准（实验稿）》编写，2002 年 1 月以后陆续出版。2019 年秋季全面使用根据《小学科学课程标准》编写的新教材。该套教材是全国使用省份较多的小学科学教材之一。

2. 美国小学科学教材

选择 Macmillan / McGraw-Hill 出版的一套供加州使用的小学科学教材。1996 年，美国《国家科学教育标准》正式出台，2004 年，依据《国家科学教育标准》，加利福尼亚州颁布了《加州公立学校科学课程标准》。在其指导下，2008 年 Macmillan / McGraw-Hill 出版了一套加州科学教材——《加利福尼亚科学》。该教材在美国本土使用较为广泛，是美国小学科学课程的主流教材之一，具有一定的代表性。

（二）教材的分册与版面设计比较

我国教科版《科学》教材供 1—6 年级使用，每个年级分上、下册，共 12 册。1—2 年级每册共 2 个单元，每个单元 6~7 个主题，涉及生命科学、物质科学、地球与宇宙科学、技术与工程领域，16 开设计。美国加州科学教材供 K—5 年级使用，每个年级 1 册，共 6 册，涵盖从幼儿园到小学的科学教育内容。每册均包括生命科学、物质科学、地球与宇宙科学三个领域的内容，每一个领域 2~3 章，每一章 3~4 课。通过比较发现，美国小学科学教材的内容与版面比我国小学科学教材要多。

（三）教材的配套衔接比较

我国教科版《科学》教材有丰富的配套教材，包括教师教学用书、学生活动手册、天天练同步教辅读物。《教师用书》的书后附有教师备课系统（光盘）。书中对每课的学习重点、难点进行了提炼，对教材内容进行了细致的分析与讲解，并给出具有实际操作性的教学建议和教学流程示范。每课后面还给出了与该课内容、知识点等相关的拓展资料。附在书后的教师备课系统（光盘）中有与教学内容相匹配的图片、视频、音频等，教师可以直接在课上展示、播放。该套教材对教师备课和教学有很大的帮助作用。《学生活动手册》与学生用书配套使用，包括课堂活动记录、拓展活动、学习评价表。《5·3 天天练：小学科学》是同步的小学科学教辅。该套教材遵循科学思想，体现认知规律，立足教学实际，诠释课程标准中的基本理念，突出测评目标；内容以《小学科学课程标准》为指针，贴近"课时精练 + 单元综合"的教学实际需求，内容新颖，选择典型题目，难度适宜，引领学生自主积累，快乐拓展，有效提升学科素养。

美国加州科学教材的配套资源有实验室活动手册、科学阅读与写作。实验室活动手册主要是与主教材内容相关的实验、观察、探究等实验活动资料，训练学生的科学探究技能，掌握科学方法。科学阅读与写作主要是与教材内容相关的思考练习题，训练学生的科学知识理解与应用能力以及语言表达与写作能力。

## 三、中外小学科学教材的微观结构比较

### （一）教材表层结构的比较

#### 1. 教材编写体例比较

我国 2017 年以后出版的教科版 1~2 年级小学科学教材在编写体例上与旧版本小学科学教材相比有一些变化。其编写体例大致为：科学家这样做—书目录—单元名称图—主题—聚焦问题—探索活动—研讨—拓展……—科学阅读。其中，"科学家这样做"简要介绍科学方法或者科学家的研究活动。小学科学教材的这种编写体例实际上体现了科学探究的基本环节和要素。

2008 年美国加州科学教材，编写体例大致有：Scientific Method（科学方法）、Be a Scientist（成为一位科学家）、Life Science（生命科学）、Earth Science（地球科学）、Physical Science（物质科学）、Activities（活动）、Reference（参考附录）、Safety tips（安全提示）8 个模块。其中，"成为一位科学家"主要介绍什么是科学以及介绍探究技能和科学方法。"活动"主要是与章节内容相关的探究活动和探究技能学习。从教材编写的各个学科领域结构上看，美国加州科学教材按学科领域—章—课—章回顾与测试 4 级编排。具体编写体例大致为：学科领域主题图—章主题图—章目录—与主题相关的文学作品—课主题—问题—探索（探究）活动—阅读与学习（问题形式）—探究技能训练—科学阅读—科学中的数学…—一课—章回顾与测试。纵观 1~5 册，每册教材章的体例基本相同，处理比较灵活。

通过比较发现，美国加州科学教材涉及生命科学、地球与宇宙科学、物质科学三大领域，非常重视科学方法和科学探究，注意科学与其他学科的关系。我国教科版新编的小学科学教材借鉴了国外小学科学教材编写的经验。但小学低年级科学教材的每一册并没有完全反映科学的三大领域内容。科学方法训练与探究活动的丰富性相对欠缺。

#### 2. 教材栏目的比较

教材栏目是教材中不可或缺的重要组成部分。小学科学教材选择了哪些栏目，以何种形式来编排这些栏目，都能体现出该教材编写团队的科学教育理念及要突出培养的科学素养等教育期望。小学科学教材栏目的设置，使教材科学知识内容按照一定的顺序逐渐深入，符合学生的认知发展规律，较之平铺直叙的知识内容更富有趣味性，能强化对学生科学思维的培养，促进其科学探究能力的提高。在小学科学教材中，栏目的编排对学生科学知识的学习及探究能力的提高都具有潜移默化的重要影响。同时，教材栏目的多样化既丰富了教材的设计内涵，也有利于教师更好地组织教学。

2008 年出版的美国加州科学教材对教材栏目的设计也十分讲究，形式多样，具有鲜明的特色。设计有三种类型栏目：（1）单元（领域）栏目。在每一册教材的教学内容结束之后，分别设置了 Ranger Rick 和 Careers in Science 两个栏目。Ranger Rick 与美国国家野生生物联合会所发行的自然杂志儿童读物同名，摘取与

教学内容相关的杂志内容，拓展学生的科学知识。Careers in Science 介绍了许多与科学技术相关的职业，为学生解释相关职业的概念、工作内容及专业要求，鼓励学生学好科学，将来选择相关职业。（2）章栏目。即教材的章内容中设置的栏目。这一类栏目根据功能不同又包括导入类栏目、拓展类栏目、回顾类章栏目三种。导入类栏目，比如，Literature-poem（文学 – 诗歌），设置在章的首页，用来导入该章的新课内容，通过诗歌这种文学作品形式吸引学生对章节主题内容的学习兴趣。Talk about It（谈一谈）设置在诗歌下方，提出与通过诗歌导入的章主题内容相关的一两个问题，引导学生在本章知识内容教学前进行思考。拓展类栏目，I Read（我阅读）运用版面较大的图片、总结归纳性的文字及具有启发性的问题来巩固学生对本章知识的理解和记忆。回顾类章栏目，共设置了四个小栏目。Vocabulary（词汇）对整个章节所有重要的词汇进行梳理，结合相关图片及填空题，来考查学生对知识重难点的掌握情况。Science Skills and Ideas（科学技能及想法）进一步训练学生开展科学探究，拓展科学思维。Performance Assessment（表现性评价）利用综合性实践作业评价学生对本章所学的内容与科学探究技能真实的掌握情况。Test Practice（测评）设置单选题来考查学生的知识掌握情况。（3）课文栏目。即教材每一章的每一课正文中设置的栏目。主要有：一是 Look and Wonder（观察并思考），设置在课文首页标题的下方，提出与课主题内容相关的问题，引发学生结合生活经验及已有的知识进行思考，从而导入新课内容。二是 Explore-Inquiry Activity（探索 – 探究活动），提出问题进一步引发学生思考，给出相关的科学方法步骤及探究技能，引导学生对自己的预测进行验证，为学生的探究活动指明方向。其中，You need（你需要）附属栏目设置在 Explore-Inquiry Activity 框中右上角，结合探究活动展开，将所需要的物品以文字搭配图片罗列，为学生的探究准备提供便利。三是 Read Together and Learn（齐读并学），是本课知识内容教学的第一部分，对该课的重要词汇进行梳理、教学，有助于后续知识内容的展开学习。其中，Read a Photo / Diagram / Chart（阅读一张照片 / 图解 / 图表）附属栏目设置在课程内容教学的过程之中，引导学生结合照片 / 图解 / 图片的辅助，对所学知识进行更深入、全面的理解。四是 Think, Talk and Write（思考，交流及写作），通过 1~2 个相关题目，让学生结合本课所学的知识思考问题，并用自己的语言文字进行表达，起到对学生掌握情况进行考察、评价的作用。五是 Focus on Skills-Inquiry Skill Builder（聚焦技能 – 探究技能建造者）/ Be a Scientist-Inquiry Investigation（做一个科学家 – 探究调查），设置在每一课的教学评价之后，结合本课的教学内容，对学生的科学探究技巧进行强化，有助于培养其科学思维。六是 Reading / Writing in Science（科学文章阅读 / 写作），设置在课的内容教学之后，让学生结合课外的阅读材料来拓展知识，提高语言组织、表达能力，丰富课内外科学知识。七是 Math in Science（科学中的数学），将科学和数学联系起来，注重学生对跨学科知识的学习与应用。八是 Remember（记住），依据需要灵活设置，在学生进行探究活动及知识学习的过程中给出启发性的提示，辅助其更高效地思考。相关栏目设置情况如表 8-7 所示。

表 8-7  美国加州小学科学教材栏目设置情况

| 栏目类型 | 具体栏目 | 栏目主要内容 | 栏目功能 |
|---|---|---|---|
| 单元（领域）栏目 | 儿童读物 | 美国自然杂志儿童读物中与教学内容相关的内容 | 拓展阅读面和科学知识 |
| | 科学职业 | 介绍与科学有关的职业 | 鼓励学生学好科学，将来选择相关的职业 |
| 章栏目 | 导入 | 通过文学－诗歌反映与本章内容有关的问题 | 引起学生思考，激发兴趣 |
| | 拓展 | 设置图片、归纳性文字、启发性问题 | 巩固学生对知识的理解 |
| | 回顾 | 设置词汇、科学技能与想法、表现性评价、测评等 | 梳理重要术语、训练科学探究技能、科学思维，考察知识掌握情况 |
| 课文栏目 | 观察并思考 | 结合学生生活经验，提出相关问题 | 引起学生思考，导入新课 |
| | 探究活动 | 提供探究需要的科学方法及探究技能，给出相应的实验物品图片 | 为学生的探究活动指明方向，提供材料准备 |
| | 齐读并学 | 课文的重要术语、照片、图片；设置思考问题，要求学生用语言、文字表达；强化探究技能；科学文章阅读；科学中的数学等 | 帮助学生理解知识和掌握探究技能；评估学习效果；提高学生表达与交流能力；拓展知识；促进跨学科的科学学习及应用 |

由上述分析可知，美国加州科学教材通过功能各异的栏目及其附属栏目的系统化设置，来激发学生的学习兴趣，对引导学生进行科学探究，辅助其更有效地理解和运用所学知识，掌握科学方法，提高科学素养，培养科学思维具有重要价值。

我国《小学科学课程标准》颁布之前的 3～6 年级《科学》教材，除了各单元末尾的"资料库"以外，没有设置其他栏目。2017 年《小学科学课程标准》颁布以后出版的教科版《科学》教材在栏目设置上有新的变化，基本上在每一单元之后都设计有"科学阅读"栏目，主要是对相关知识、技能的拓展性学习。每一个主题（课）的正文中设置有："聚焦"栏目，提出能够启发学生思考，激发其好奇心与求知欲的探究问题；"探索"栏目，主要是学生的探究活动或者设计与制作活动；"研讨"栏目，主要是对从观察、实验等探究活动中获得的信息进行思维加工，进行解释，得出结论或者提出进一步思考、探索的问题；"拓展"栏目，通过进一步的探究活动、查阅资料、制作等活动，引导学生拓展对知识的理解或者对科学探究技能的应用。

通过比较可以看出，我国小学科学教材的栏目设计有新的特点，但是与美国加州科学教材相比，栏目设置的多样性、灵活性还有一定的差距。

3. 教科书的插图比较

插图是教材必不可少的重要组成部分。教科书的插图不仅能够弥补文字的不足，还能突出主题思想来辅助教学。取材真实的图片反映出科学的真实性，与所学内容的关联性强，能有效地辅助学生更好地学习和理解科学知识。增强教材教学的艺术感染力，激发学生的科学学习兴趣。

据初步统计，我国教科版《科学》一年级上、下册教材共有大小插图 232 张，主要类型有摄影插图和绘画插图两大类。其中绘画插图主要是儿童在教室外的观察学习活动情景。美国加州一年级科学教材共有 524 张，主要类型有摄影插图和绘画插图两大类。其中，绘画插图有流程图、韦恩图、气泡图、统计图等类别。

通过统计与比较发现，中美两套小学科学教材内插图丰富，画质清晰，数量大，涉及面宽，图片皆来源于真实生活。教材中色彩鲜明的插图能让低年级儿童对大自然有直观的感受，激发他们的学习兴趣。贴近生活的图片，降低了陌生感，易被学生接受。插图的相关性强，多数插图旁还配有文字说明，按照学生的现有知识水平进行解释，既有助于其理解科学知识，也有助于其在点滴之中提高语言的综合运用能力。但是相比之下，我国的教材插图数量与类别还有待进一步改善。

（二）教材深层结构的比较

1. 知识结构比较

以我国教科版一年级科学教材内容和美国加州一年级科学教材内容为例作一比较，如表 8-8 所示。

表 8-8　中国教科版与美国加州一年级科学教材内容比较

| 中国教科版一年级科学教材 | | | 美国加州一年级科学教材 | |
|---|---|---|---|---|
| 上册 | 植物 | ① 我们知道的植物<br>② 观察一棵植物<br>③ 观察叶<br>④ 这是谁的叶<br>⑤ 植物是"活"的吗<br>⑥ 校园里的植物 | 第 1 章<br>植物及它们的需求 | ① 随处可见的植物<br>② 植物需要什么<br>③ 植物的组成部分 |
| | | | 第 2 章<br>动物及它们的需求 | ① 随处可见的动物<br>② 动物需要什么<br>③ 动物如何获得食物 |
| | 比较与测量 | ① 在观察中比较<br>② 起点和终点<br>③ 用手来测量<br>④ 用不同的物体来测量<br>⑤ 用相同的物体来测量<br>⑥ 做一个测量纸带<br>⑦ 比较测量纸带和尺子 | 第 3 章<br>动物和植物在一起 | ① 陆生动植物的栖息地<br>② 水生动植物的栖息地<br>③ 植物和动物相互需要<br>④ 食物链 |
| | | | 第 4 章<br>天气 | ① 描述天气<br>② 太阳的暖度<br>③ 简单的天气测量 |
| | | | 第 5 章<br>季节 | ① 冬天<br>② 春天<br>③ 夏天<br>④ 秋天 |
| 下册 | 我们周围的物体 | ① 发现物体的特征<br>② 谁轻谁重<br>③ 认识物体的形状<br>④ 给物体分类<br>⑤ 观察一瓶水<br>⑥ 它们去哪里了<br>⑦ 认识一袋空气 | 第 6 章<br>固体、液体、气体 | ① 描述物质<br>② 固体<br>③ 液体<br>④ 气体 |
| | 动物 | ① 我们知道的动物<br>② 校园里的动物<br>③ 观察一种动物<br>④ 给动物建个"家"<br>⑤ 观察鱼<br>⑥ 给动物分类 | 第 7 章<br>变化着的固体、液体和气体 | ① 物质的加热<br>② 物质的制冷<br>③ 物质的混合 |

从表 8-8 可以看出，中国和美国的小学科学教材在知识结构上有一定的差异。中国教科版一年级小学科学教材分为上、下册，内容主要涉及生命科学、物质科学两大领域，按照植物学、测量、物质、动物学的逻辑结构编排，符合一年级学生的认知特点和生活经验。美国教材涉及生命科学、物质科学、地球与宇宙科学三大领域。从三大领域的知识容量看，生命科学的内容多于其他领域的内容；内容按照生命科学（植物学、动物学）、地球与宇宙科学、物质科学的顺序编排。我国教科版小学科学教材比较重视学生学习的特点，注意生活化的科学知识学习；美国加州科学教材更注重知识的逻辑性，知识结构更清晰。

**交流与讨论**

请归纳中、美小学科学教材知识结构的异同。

### 2. 能力结构比较

这里的能力主要是指科学探究能力，指通过探究活动培养并在科学探究活动中表现出来的个性心理特征。这里通过比较中、美一年级科学教材的科学探究活动设计来比较分析中美科学教材的能力结构是如何建构的。

我国教科版一年级科学上、下册教材分别在开篇都设计有"科学家这样做"，说明观察、分类方法在科学研究中的重要作用；在每一个主题正文的教学内容中，以训练观察、比较、测量、记录、分类等科学方法为重点，让学生体会聚焦问题、探索发现、讨论分析的科学探究基本过程；培养学生提出问题、收集证据、比较分析、表达交流的初步的科学探究能力。教材按照单元主题分别设计了 26 个探究活动，有配套使用的学生活动手册，增强了对探究活动实施的支持。

美国加州一年级科学教材在教材正文开端单列了 Be a Scientist（成为一位科学家）模块，专门用来介绍什么是科学、探究技能及科学方法，凸显对探究活动的重视；教材各个领域的教学内容将学生比作科学家，从科学家的角度来介绍探究技能与科学方法，由此引发学生对科学探究的学习兴趣；按照操作的顺序，运用图文的形式对科学探究技能（包括观察、预测、交流、测量、排序、对比、分类等）进行阐释说明，对科学方法的每个步骤（比如观察并提出问题、制订方案、实施方案、记录数据、二次实验、得出结论并交流等）举例说明；探究活动分布在生命科学、地球与宇宙科学、物质科学三大学习领域的每章、每课之中。全册共设计了 38 个专门的系统探究活动，其中，每章有 5~6 个，每课有 1~2 个。教材还对科学探究活动进行了分类，包括 Explore Activities（探索活动）、Inquiry Skill Builder（探究技能建造者）及 Inquiry Investigation（探究调查）。总体来说，整册教材的探究活动设置合理，凸显层次性和连贯性，贴近学生的实际生活，难度适中，可操作性强，具有明确的指向性和科学顺序，符合低年级儿童的身心发展规律。三类探究活动凸显了对学生科学思维的培养，有利于培养学生科学探究的初步能力。

交流与讨论

通过以上介绍，谈一谈：中美两国小学科学教材在培养科学探究能力方面有什么异同？我们的教材编写可以从中借鉴什么？

### 3. 情感态度与价值观结构的比较

情感态度与价值观是小学科学课程的重要目标，主要体现在科学态度，以及科学、技术、社会与环境两个方面。根据对中、美两套小学科学教材的对比分析不难看出，两套小学教材都十分重视情感态度与价值观的培养。

我国教科版一年级科学教材中精美丰富的插图、科学观察活动、各类栏目等设计，对激发学生科学学习的求知欲，培养学生的科学学习兴趣，以及乐于探究、热爱家乡、热爱学校、爱护动物、保护环境、实事求是、严谨认真的科学态度等具有重要的支持作用。

美国加州一年级科学教材中丰富多彩的栏目、精美丰富的插图及文学作品、层次化的科学探究活动设计，对培养学生对科学的好奇心、求知欲，激发其科学学习兴趣，培养其科学探究意识，帮助其体会科学探究本质、科学思想，培养热爱家乡、种族平等、爱护动物、保护环境的积极情感，树立科学的职业导向具有重要的促进作用。

交流与讨论

（1）通过以上介绍，你认为中外小学科学教材有哪些共性与差异？

（2）除了以上教材比较的角度，你觉得还可以从哪些方面进行比较？

## 第三节　国际小学科学课程改革及其发展趋势

当今是一个科学技术飞速发展的时代，科学技术的发展深刻地影响着人类社会的文明与进步，也深刻地影响着人们的工作与生活。一个国家的科学技术水平决定且反映了其综合国力与竞争力水平。因此，自进入 21 世纪以来，世界主要发达国家和地区纷纷开展了基础教育阶段的科学教育改革，其中作为科学教育改革的顶层设计的科学课程标准修订成为最重要的关注点。下面简要介绍近年来国际上一些发达国家小学科学课程改革的新进展，并在此基础上探讨其发展新趋势。

视频：
国际小学科学课
程改革及其趋势
（上）

### 一、发达国家小学科学课程改革新进展

#### （一）美国的小学科学课程改革

1996 年，美国国家研究理事会（NRC）颁布了《国家科学教育标准》（*National*

*Science Education Standards*，简称 NSES）。该标准是美国教育史上第一个关于科学教育的全国性标准，为各州科学教育标准的制订提供了全面的指导，极大地推动了美国中小学生科学素养的发展。同时，这一标准也给国际科学教育带来广泛的积极影响。

2001 年，美国前总统布什提出了《不让一个孩子掉队》（*No Child Left Behind of Act*）的教育法案，法案要求各州必须对科学课程进行基于标准的考试，并在全国范围内推行"国家教育进展评估（NAEP）"。2010 年 9 月，奥巴马政府发表报告《准备并激励：为了美国的未来进行 K—12 科学、技术、工程和数学教育》（*Prepare and Inspire: K-12 Science, Technology, Engineering, and Math Education for America's Future*），整合了美国近 20 年关于科学教育的建议，提出了新的联邦行动项目，以应对当时科学教育遇到的重大挑战，延续了美国政府对科学教育一贯的重视和关注。

2009 年，卡内基基金会发表了《机会均等：为美国公民和全球经济改革数学和科学教育》（*The Opportunity Equation: Transforming Mathematics and Science Education for Citizenship and the Global Economy*）的研究报告，呼吁开发统一的科学教育框架与标准。报告对美国科学和数学教育落实低于标准的状况表示担忧，声称如果放任不管，将让数以百万计的年轻美国人在全球经济的博弈中措手不及。美国推动新一轮科学课程改革有外在因素，如美国国际经济竞争优势减弱，美国学生在国际科学测评中的表现不尽如人意等；也有内在的因素，如美国对国际课程标准的比较研究形成了一系列报告和成果；全美数学和语言艺术统一标准运动兴起等。

2011 年 7 月，美国国家研究理事会发布了《K—12 科学教育框架：实践、跨学科概念与核心概念》（*A Framework for K-12 Science Education: Practices, Crosscutting Concepts, and Core Ideas*），它重构了相互联系、相互作用的科学教育系统，将之分成三个维度：科学与工程实践（science and engineering practices）、跨学科概念（cross-cutting concepts）、学科核心概念（disciplinary core ideas），其关系如图 8-2 所示。

拓展阅读：
美国《K—12 科学教育框架》内容维度及其内容

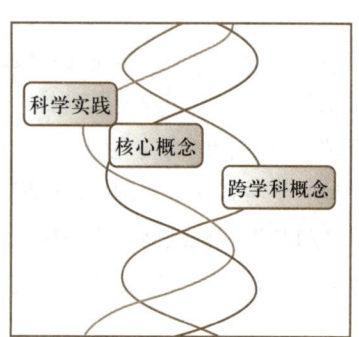

图 8-2　美国 K—12 科学教育框架三维关系图

框架强调科学教育与工程教育的整合，强调科学学习应以核心概念为主线，实现科学与工程实践、跨学科概念和核心概念三者之间的紧密结合，提出了"学习进阶"理念，强调学习的连贯性与渐进性，为美国制订新的国家科学教育标准奠定了重要基础。

2013 年 4 月，美国发布了《新一代科学标准》(*Next Generation Science Standards*，简称"NGSS")，该标准是各州与多组织协作共同努力的成果，标准制订者充分考虑了各州的参与，最终又回归于服务各州（For States，By States）。《新一代科学标准》包括四个学科领域，分别为物质科学（Physical Sciences，简称 PS）、生命科学（Life Sciences，简称 LS）、地球与空间科学（Earth and Space Sciences，简称 ESS）、工程、技术与科学应用（Engineering，Technology，and Applications of Science，简称 ETS）。《新一代科学标准》有按主题编排和按学科核心概念编排两种模式。从按主题编排的文本来看，《新一代科学标准》中的每一个主题内容都由三部分组成，从上至下依次为表现期望（Performance Expectations）、基础盒子（the Foundation Boxes）和联系盒子（the Connection Boxes）。表现期望说明学生在经过该阶段的学习后应了解的知识和应掌握的技能，并详细阐述了表现期望实现的具体科学情境和学生应表现出的外显行为。基础盒子分为三个维度：科学与工程实践（Science and Engineering Practices）、学科核心概念（Core Ideas）、跨学科概念（Crosscutting Concepts）。

（1）科学与工程实践：《新一代科学标准》将"工程、技术与科学应用"列为学科领域之一，这是美国科学教育史上的第一次，凸显了其对工程教育和技术教育的重视。美国国家研究理事会认为，从事科学实践可以帮助学生理解科学知识是如何发展的，这种直接的参与能使学生接触到广泛地用于调查、模拟和解释世界的方法。从事工程实践同样可以帮助学生理解工程师的工作及工程和科学之间的联系。参与这些实践还可以帮助学生理解关于科学和工程的跨学科概念和学科核心概念。同时，通过科学与工程实践的讨论和反思，学生可以体会到科学探究本身的价值，包括逻辑思维，精度、开放性、客观性、质疑和透明的研究过程，以及诚实报告结果的重要性。

科学与工程实践的内容主要包括：提出（科学）问题和定义（工程）问题；开发和使用模型；规划和实施调查；对数据进行分析和解读；使用数学和计算思想；构造（科学）解释和设计（工程）解决方案；参与证据论证；获取、评价和信息交流。这八个部分不是独立的，它们彼此之间有重叠和联系。同时，科学与工程实践的指导原则强调实践是期待学生去做的方面，不是教授方法或课程。

（2）学科核心概念：核心概念指单个学科领域中极其重要的关键概念。核心概念可以为新知识的获取提供组织结构，为学生储备基本的核心知识，使他们能够自己获取更多的知识。聚焦于核心概念的学习可以培养学生评价与选择科学信息的能力，使他们在完成学业后仍能继续进行科学学习、应用甚至创造新的科学知识。《新一代科学标准》有关小学科学（K—5 年级）的核心概念在不同年级均有分布，

拓展阅读：
NGSS 有关小学科学（K—5 年级）的核心概念分布

反映出逐步深化的特点，体现了学习进阶的设计理念。

（3）跨学科概念：跨学科概念指能够应用于所有科学与工程领域的通用概念。《新一代科学标准》中的"跨学科概念"共有 7 个，其在表现期望中的示例如表 8-9 所示。

表 8-9　《新一代科学标准》中跨学科概念的示例

| 跨学科概念 | 表现期望 |
| --- | --- |
| 模式 | （1-ESS1-1）：通过观察太阳、月亮和星星来描述可以预测的模式 |
| | （4-PS4-1）：开发一个波的模型来描述振幅和波长的模式，及波能使物体移动 |
| 因果关系 | （1-PS4-3）：计划并调查，确定用不同材料制成的物质置于光束下的影响 |
| | （4-ESS2-1）：进行观察和 / 或测量，提供关于风化的影响，被水、冰、风或植被侵蚀的速度的证据 |
| 规模、比例和数量 | （5-ESS1-1）：支持太阳和星星的目测亮度是由于其相对于地球的距离的论点 |
| 系统和系统模型 | （K-ESS3-1）：使用模型来表示不同植物或动物（包括人类）的需要和他们栖息地之间的关系 |
| | （3-LS4-4）：阐述解决环境改变引起该地动植物发生变化这一问题的价值 |
| 能量与物质 | （2-PS1-3）：物体可拆分为小的部件和组合成更大的部件，或改变形状 |
| | （5-LS1-1）：支持植物主要从空气和水中获取生长所需物质的观点 |
| 结构与功能 | （2-LS2-2）：发展一个简单的模型模拟动物分散植物花粉或种子的功能 |
| 稳定与变化 | （2-ESS2-1）：比较多种减缓或阻止风和水改变地貌的设计方案 |

跨学科概念为学科核心概念的学习提供了基本的认知支架，不仅可以凸显不同学科的共同特质，而且有助于学生形成对于科学的整体认识，从而进一步体会概念和知识的科学性、迁移性。

《新一代科学标准》中有关科学本质的教育内容不再作为独立的维度进行教授和学习，而是融合渗透整个科学课程中去。《新一代科学标准》指出：科学是用于解释自然世界的方式，是实践和知识的组合；科学学习的一个重要方面就是学习工程实践和科学学科知识的发展。《新一代科学标准》提出的科学与工程实践、学科核心概念和跨学科概念的整合为科学本质的教学和学习奠定了基础，也就是说，科学本质的学习需要开展更多的活动和调查。《新一代科学标准》关于科学本质的概念一共有八个，每一个概念都按照学习进程进行相应的设定，见表 8-10。其中，前四个概念同科学与工程实践密切相关，后四个则与跨学科概念相联系，在表现期望中也给出了关于科学本质学习的成果描述。

表 8-10　美国《新一代科学标准》中 K—5 年级关于科学本质的概念及理解

| 概念类别 | K—2 年级 | 3—5 年级 |
|---|---|---|
| 科学调查使用各种方法 | 科学调查始于问题；科学家使用不同方法研究世界 | 科学方法取决于问题；科学调查使用一系列的方法、工具和技术 |
| 科学知识基于经验证据 | 科学家观察世界时寻找模式和规律 | 科学发现基于认知模式；科学家使用工具和技术进行精确测量 |
| 科学知识可通过新证据修正 | 当发现新证据时，科学知识会发生改变 | 基于新证据，科学解释会发生改变 |
| 科学模型、定律、机制和理论解释自然现象 | 科学家用图纸、草图和模型沟通想法；科学家寻求有联系的因果关系来解释自然现象 | 科学原理基于一系列的科学证据和许多测试；科学解释用以描述自然现象的机制 |
| 科学是一种认知方式 | 科学知识帮助我们了解世界 | 科学既是知识，也是过程，且可增加新知识；科学是一种可被许多人应用的认知方式 |
| 科学知识的假设在自然体系中存在秩序和一致性 | 科学假设自然现象同过去一样在当前发生；许多现象都在重复 | 科学假设与自然系统的模式相一致；在宇宙中，科学的基本法则具有普遍性 |
| 科学是人类事业 | 人们进行科学实践已有很久历史；不同背景的人们都可以是科学家和工程师 | 不同文化和背景的人们都能选择科学家和工程师的职业；科学家和工程师在团队中工作；科学影响日常生活；创造力和想象力对科学非常重要 |
| 科学提出关于自然和物质世界的问题 | 科学家研究自然和物质世界 | 通过实证回答的科学发现是有限的 |

以上表明，《新一代科学标准》实现了"基础盒子"三个维度的有效整合，即科学实践发展学生研究自然世界的能力，通过工程设计解决实际的问题；通过聚焦于核心概念来掌握四个科学领域的知识内容；通过跨学科概念进一步理解和联系科学知识。此外，部分内容融合了科学本质教育，及主题内容与工程、技术和科学应用的联系。

拓展阅读：《新一代科学标准》工程实践和科学实践的区别

《新一代科学标准》体现了美国小学科学课程改革的一些新特点，如下所列：

（1）整合性，整合是此次改革的一大亮点，包括横向整合和纵向整合。

（2）一致性，新标准的内容以"表现期望"的形式呈现，实现了内容标准、教学标准、评价标准的一致性，为教学效率的提高奠定了坚实的基础。

（3）梯度性，根据学生的认知特点和规律设计学习进阶，帮助学生形成深入的理解。

（4）突出 STEM 教育与 STSE 教育，强调科学、工程、技术和环境教育。

（二）英国的小学科学课程改革

2013 年 9 月，英国教育部公布了《英国国家课程：1—2 关键阶段科学学习纲要》( *Science programmes of study：key stages 1 and 2 National curriculum in England* )。

新的国家小学科学课程从 2014 年 9 月开始实施。

英国将小学阶段划分为三个关键阶段（Key Stage，简称 KS）：1~2 年级（KS1）、3~4 年级（Lower KS2）、5~6 年级（Upper KS2）。

英国新的国家小学科学课程学习计划十分具体，对每一年级的科学知识和概念都进行了描述，并强调学生深刻理解每一概念的核心模块对下一学习阶段至关重要。除此以外，学习计划还要求学生能够用语言描述相关流程和关键特征，拓展与科学相关的专业词汇，准确使用技术术语；要求学生在进行科学学习时应用数学知识等。小学科学课程学习计划包括三个学科领域，即生命科学、物质科学、地球与宇宙科学。

拓展阅读：英国国家小学科学的各年级课程内容

值得关注的是该学习计划设置了"科学地工作"（Working Scientifically）栏目，说明了每个年级应理解的科学本质、过程和方法，并指出该部分将通过实质性的教学内容进行传递，不再作为一个独立的系列教授。这一举措凸显了科学探究与具体教学内容的整合，即在教学过程中，将科学探究内化为一种学习实践，帮助学生习得科学知识，而不仅仅了解科学探究有哪些环节。

学习计划在说明和指导中给出了例子，示范如何将"科学地工作"嵌入生物、化学和物理的内容中，并且注重科学探究的主要特点，让学生学会使用各种方法来回答关于科学的问题。小学阶段的科学调查包括：随着时间的推移进行观察；模式探索；识别；分类分组；对比的和直接的测试（控制调查和研究）；搜寻和使用二手资料。学生将通过收集、分析、展示数据来寻求问题的答案。

例如，5~6 年级"科学地工作"包括以下方面：规划不同类型的科学探究来回答问题，包括必要时区别和控制变量；采用一系列科学设备进行测量，提高准确度和精度，需要时可重复读数；逐渐采用复杂的科学图和标签、分类图、表、散点图、条形和线形图记录数据和结果；使用测试结果来预测，进一步建立对比的和直接的测试；以口头和书面形式报告和呈现探究的结果，包括结论、因果关系，并解释结果的信度；确定用来支持或反驳观点的科学证据。

对比英国《国家科学课程》（1999）KS1—KS2 中的科学探究要求，我们可发现新学习计划对探究结果的呈现方式、探究思维的深度提出了新要求，不仅仅是通过观察的现象和测量的数据验证假设得出结论，还要求分析其中的科学思想和过程的相关性。这也反映出英国科学教育开始注重在低年级发展学生的独立性和批判性思维。

英国新一轮小学科学课程改革继续秉承灵活自由的原则，给予学校和教师更多的选择权进行校本课程的开发、教学和评价。此次改革在强调培养学生科学素养的同时，也注重发展学生的综合素质，如在科学教育中强调学生运用语言和数学的能力。其特点主要表现在：

（1）科学课程目标明确化。新文件明确给出了科学课程的目标，为课程的开发和实施明晰了方向。

（2）学习内容整合化。其横向整合表现在科学探究与具体学科内容整合，纵向整合表现在对关键阶段 KS2 的学习内容进行了细分，更为注重深入的理解和应用。

（3）评价体系创新化。新一轮课程改革移除了成绩目标及其水平描述，尝试建立一个相对独立的评估系统。

（4）课程资源配套化。英国教育部门和科研机构共同协作，开发了一系列支持新科学课程的教学资源和材料，为课程的实施提供了有力的保障。

### （三）澳大利亚的小学科学课程改革

2016 年，澳大利亚联邦教育部颁布了《澳大利亚课程：F—10 科学》（*The Australian Curriculum：F-10 science*）。科学课程通过六大核心概念（Key Ideas）整合，这些核心概念代表了科学世界观的关键方面。这些核心概念旨在支撑科学知识在不同年级水平保持连贯性和发展性，同时为学生科学理解中的概念发展脉络建立框架，支持科学探究技能关键方面的发展，并有助于学生领会科学本质。这六大科学核心概念包括：模式，有序和组织；形式和功能；稳定性和变化；系统；规模和测量；物质和能量（图 8-3）。

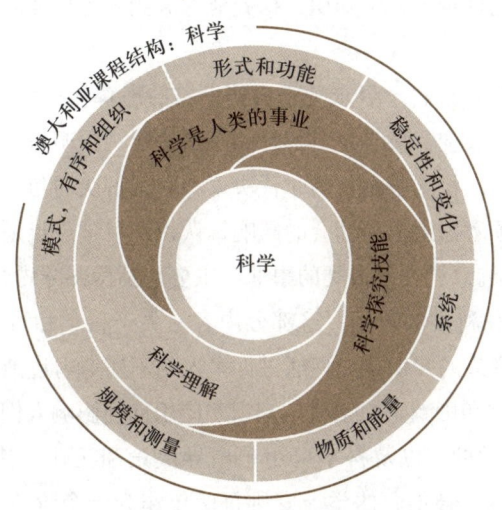

图 8-3　澳大利亚小学科学课程的核心概念

小学科学课程包含三个维度：科学理解（Science Understanding）、科学是人类的事业（Science as a Human Endeavour）和科学探究技能（Science Inquiry Skills）。每个维度又分为不同的基础部分。每一年级都附有年级水平描述（Year Level Descriptions）和成就标准（Achievement Standards）。年级水平描述主要有三个功能。首先，强调三个维度相互联系的本质，在进行科学教学计划设计时需整合三个维度的内容。其次，强调适合该年级阶段的统领概念。最后，对每一年级的内容进行概述。成就标准则指出学生经过学校教育后在某个特定的方面所应达到的学习成果。《澳大利亚课程：F—10 科学》的基本结构如表 8-11 所示。

表 8-11 《澳大利亚课程：F—10 科学》的基本结构

| 年级水平描述 | | | |
|---|---|---|---|
| 维度 | 科学理解 | 科学是人类的事业 | 科学探究技能 |
| 基本内容 | 生命科学<br>化学<br>地球与空间科学<br>物理学 | 科学本质和科学发展<br>科学的应用和影响 | 质疑和预测<br>计划和实施<br>处理和分析数据及信息<br>评价<br>交流 |
| 年级成就标准 / 学生表现样本 | | | |

拓展阅读：
《澳大利亚课程：
科学》1—6 年级的
"科学理解"内容

《澳大利亚课程：F—10 科学》认为科学理解是当个人选择并集合适当的科学知识来解释和预测现象，以及将这些知识应用于新的情境时所用的证据。科学知识指由科学家建立的事实、概念、原理、定律、理论和模型。其中 1~6 年级"科学理解"涉及生命科学、化学、地球与空间科学、物理学四个领域。

澳大利亚科学课程改革将"科学是人类的事业"作为一个独立的维度提出来，将科学史观和科学伦理观与科学知识、探究能力放到同等重要的地位，这一点值得我们关注。

该文件指出人类通过科学寻求关于自然世界的理解和解释，当新证据出现时，理论和科学知识可以改变，科学是对解释的不断构建；强调将科学发展作为了解和实践的特有方式，强调科学所担负的时代决策和问题解决的角色；强调在进行科学实践和应用时，必须考虑道德和社会的影响，认识到科学进步是许多不同文化背景的人共同努力的结果。"科学是人类的事业"主要包括两部分内容：

（1）科学本质和科学的发展。这部分内容是关于科学和科学本质知识的独特鉴赏，包括目前已形成的知识是如何通过许多人的不懈努力逐渐积累起来的。

（2）科学的应用和影响。探索科学知识和应用如何影响人们的生活和工作，社会又是如何影响科学的，以及科学可用来指导决策和实践。其中，"科学是人类的事业"和"科学探究技能"的学习安排每两年作为一个阶段。但同一阶段不同年级的具体内容又是递进的，在安排教学计划时，学校和教师需参考成就标准中的期望和年级水平，确保两年里完成这部分内容。课程的三个维度是整合在一起的，其教学也采用了整合的方法。教学和学习计划的组织顺序与详细内容由教师来决定。

《澳大利亚课程：F—10 科学》在"科学探究技能"领域中，提出科学探究涉及识别和提出问题，计划、执行和对调查进行反思，处理、分析和解释证据，沟通结果。这个过程需要评估调查的想法、解决问题、得出有效的结论和发展基于证据的论点。调查则包括一系列活动，包括实验测试、实地调查、定位和利用信息资源调查，以及通过建模和模拟等手段，具体方法的选择取决于调查的背景和主题。因此，掌握科学探究技能很重要。《澳大利亚课程：F—10 科学》共包含五种探究技能：质疑和预测、计划和实施、处理和分析数据及信息、评价、交流（表 8-12）。

表 8-12 澳大利亚科学课程"科学是人类的事业"和"科学探究技能"不同年级的描述

| 内容 | | 1~2 年级 | 3~4 年级 | 5~6 年级 |
|---|---|---|---|---|
| 科学是人类的事业 | 科学本质和科学发展 | …… | …… | …… |
| | 科学的应用和影响 | …… | …… | …… |
| | | ⇒ | ⇒ | ⇒ |
| 科学探究技能 | 质疑和预测 | | | |
| | 计划和实施 | …… | …… | …… |
| | 处理和分析数据及信息 | …… | …… | …… |
| | 评价 | …… | …… | …… |
| | 交流 | …… | …… | …… |

《澳大利亚课程：F—10 科学》终结了多个科学标准并存的混乱局面，标志着澳大利亚小学科学课程改革进入了新纪元。此次改革具有鲜明的特点，表现在：

（1）突出联系的广泛性。澳大利亚科学课程有三大跨课程主题，"土著居民和托雷斯海峡岛民的历史和文化"将科学学习与当地的环境和人文历史紧密联系起来，体现了澳大利亚的本土特色。"澳大利亚与亚洲的关系"以国际视野凸显了不同地域的相关性。"可持续发展"联系当前和未来与生活相关的问题，引导学生将科学学习与周围世界紧密联系起来。

（2）凸显科学学习的价值性。新小学科学课程将科学学习视作学生发展批判性、创造性思维和培养自我挑战能力的过程，注重发掘这一过程自身的价值。

（3）体现了整合性。以六大核心概念为框架，实现不同学科领域的整合，并按照科学理解发展的脉络支撑科学知识在不同年级水平保持连贯性和顺序性。同时，强调科学本质教育，在科学知识、探究学习中融入科学史观和科学伦理观的教育。

（4）强调教学的灵活性。新课程赋予学校和教师更多的自由，提倡教学方法的多样化。

（5）关注学生的差异性。新课程要求根据学生的学习进展进行个别教学或小组教学，帮助学生为下一阶段的学习做好准备。

（四）加拿大的小学科学课程改革

2007 年，加拿大安大略省颁布了修订的科学课程标准《科学与技术：1~8 年级》（*The Ontario Curriculum Grades 1-8：Science and Technology*）。该科学课程标准十分注重培养科学与技术素养，在秉承 20 世纪 90 年代科学课程理念的基础上有所拓展，突出 STSE 教育和课程整合。首先，注重科学和技术素养的培养，突出 STSE 教育。修订后的标准依然将发展学生的科学和技术素养作为课程的根本要求，尤其强调对科学本质和技术本质的深入理解；将环境教育纳入科学和技术教育的范畴，结合学生现实生活中的问题和情境，将科学、技术与社会、环境联系起来。其次，通过"基本概念"（Fundamental Concepts）和"大概念"（Big Ideas）统整课程目标和主题内容。"基本概念"是指获得所有的科学技术知识所需要的、最关键的一些要点，相当于构建知识框架中的支点，为获得更多更深的知识提供支持。这些基本概念还能够帮助学生将科学技术知识与从其他学科（如数学、社会学）中获得的知识整合起来。这些基本概念包括：物质、能量、系统和相互作用、结构和功能、可持续和可控性、变化和连续性。而"大概念"是指超越于零散的事实和技能而集中在概念、原理和过程上，是学生忘掉一些学过的具体事物之后仍然能长期保留的广泛而重要的理解。获得大概念需要学生理解基本概念，发展探究和解决问题的技能，并能将这些概念和技能与课堂外的世界相联系，运用到生活实际中去。课程标准中的重要概念描述了每个年级强调的基本概念的各个方面，例如，3 年级理解生命系统系列中的基本概念之一是系统和相互作用，两个与之相关的大概念包括：植物是人类基本的食物来源，人类需要保护植物以及它们的生长环境。也就是说，学生在学习了植物的生长和变化以及生长变化的特点之后，认识到人类的食物基本来源于植物，人类应该保护植物及其生长环境。基本概念、大概念与总体期望、具体期望的关系显示了基本概念、大概念围绕课程的三大目标对课程内容和期望进行整合的框架（图 8-4）。

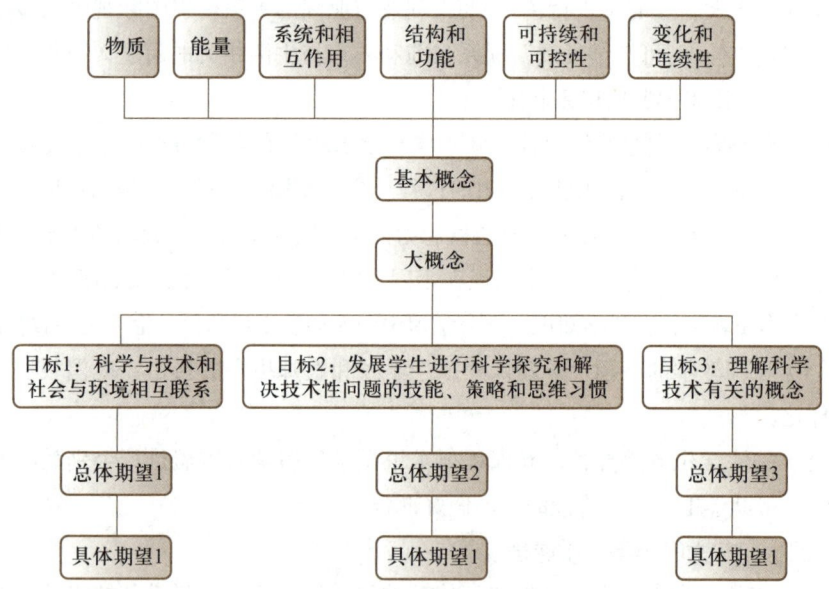

图 8-4　加拿大小学科学课程"基本概念、大概念与总体期望、具体期望"的关系

修订的科学标准课程在内容领域方面共包括四个系列：理解生命系统（Understanding Life Systems）、理解结构与机械（Understanding Structures and Mechanisms）、理解物质与能量（Understanding Matter and Energy）、理解地球与宇宙系统（Understanding Earth and Space Systems），并且分别在 4 年级和 5 年级增加了"环

境和生物群落""能源和资源的保护"的内容主题，反映出环境教育意识的加强。
标准确定的小学各年级的科学与技术内容主题如表 8-13 所示。

表 8-13　加拿大小学科学各年级的科学与技术内容主题

|  | 理解生命系统 | 理解结构与机械 | 理解物质与能量 | 理解地球与宇宙系统 |
|---|---|---|---|---|
| 1 年级 | 生物的特征和需要 | 材料、物体和结构 | 生活中的能量 | 昼夜和季节的交替 |
| 2 年级 | 动物的生长和变化 | 运动 | 液体和固体的性质 | 环境中的空气和水 |
| 3 年级 | 植物的生长和变化 | 稳定的结构 | 引起运动的力 | 环境中的土壤 |
| 4 年级 | 环境和生物群落 | 滑轮 | 光和声 | 岩石和矿物 |
| 5 年级 | 人体组织系统 | 力 | 物质的性质和变化 | 能源和资源的保护 |
| 6 年级 | 生物多样性 | 电和用电装置 | 空气性质、飞行原理 | 宇宙 |

　　该科学课程标准在技能领域方面，期望学生像科学家一样参与探究活动，在技能领域共给出了四个环节：探索、形成、胜任、精通，即引导学生先探究科学概念、验证理论，从而形成一定的知识与技能基础，再运用所学理论分析和解决实际问题。同时，技能领域也有更具体细致的划分，主要包括科学实验技能、科学调查技能、技术问题解决技能。这些能力的实现基本上包含四个环节：启动和规划（Initiating and Planning）、执行和记录（Performing and Recording）、分析和解释（Analysing and Interpreting）、交流（Communicating）。在探究过程中这些环节没有先后之分，往往需要紧密结合和多次使用，这也说明探究不是一个直线的过程。

　　该课程标准在秉承原有理念的基础上有所发展，如在科学与技术课程中强调安全教育；注重学生批判性思维以及语言和计算运用等综合能力的培养；强调学生、家长和教师角色作用的同时，还限定了校长和社区合作者的责任。除此以外，该课程标准还体现出以下三大特点：

　　（1）强调 STSE 教育，注重科学、技术、社会与环境之间的联系。

　　（2）整合课程目标和内容主题，首次提出通过"基本概念"和"大概念"进行整合，体现出科学和技术的内在统一性，使学生能够形成整体的科学概念体系，有助于学生跨越不同的学科界限，加深对科学知识的理解，体现出"跨学科""大教育"的理念和特点。

　　（3）评价标准更全面、具体，对学生科学与技术学习成果的评价标准做了清晰的阐述，明确提出评估和评价的主要目的是促进学生的学习。

　　（五）日本的小学科学课程改革

　　2017 年 3 月，日本文部科学省公布了新修订的幼稚园、小学和初中阶段的"学习指导要领"。其中，小学理科课程的目标、内容体系、学习要求及评价方式也随新的教育理念的提出发生了新的变化。

　　小学理科课程特别强调以强化"学习理解"和培养小学生的理解能力为指向，并提出了三个方面的具体要求：[①]

　　（1）强化对所学知识的理解，尤其是能够展示习得的知识。

　　（2）重视解决问题能力的养成，一方面看学生是否具备"基于差异点或共同点来预见问题能力"，另一方面看是否具备"能够基于已学的内容或生活的经验，提出有依据的猜想或假设的发现能力，以及能够基于猜想或假设发现解决问题的方法的能力，并能够表现出进行缜密思考的能力"。还强调在解决问题的过程中，注重实证性、再现性和客观性，形成"科学看待问题与思考问题的方式"。

　　（3）重视把培育热爱自然的情怀目标与各学年的"生命·地球"联系起来，给爱护生物和尊重生命的态度应有的位置。

　　此外，日本在这次修订的小学"学习指导要领"中，强调要进一步重视"体验性学习活动"，尤其是野外考察活动、生物饲养活动、植物栽培活动等，而且还提出要把道德教育充实在各科目的教学之中。例如，针对小学理科提出的道德教育的具体要求是：通过栽培和饲养等体验活动来培养热爱自然和尊重生命的情感，以及对自然环境的保护做贡献的态度，并通过观察、实验来培养预测和解决问题的能力以及道德判断的能力，把尊重真理作为一种重要的态度来培养。可以说，这也是这次日本修订小学"学习指导要领"时力图凸显的一个特点。

　　2017 年日本的小学理科课程仍然按 3~6 年级来设置，各年级的学习内容也继续采取学习主题的设置方式，在"物质·能量"和"生命·地球"两大领域下共设置了 31 个学习主题，各年级的学习领域及内容主题构成如表 8-14 所示。

表 8-14　日本小学理科课程 3~6 年级的学习领域及内容主题构成（2017）[②]

| 年级 | 学习领域及内容主题 | |
| --- | --- | --- |
| | 物质·能量领域 | 生命·地球领域 |
| 3 年级<br>（7 个主题） | ① 物体与重量<br>② 风力与弹力的作用<br>③ 光与声音的性质<br>④ 磁铁的性质<br>⑤ 电路 | ① 身边的生物<br>② 太阳与地形 |
| 4 年级<br>（8 个主题） | ① 空气与水的性质<br>② 金属、水、空气与温度<br>③ 电流作用 | ① 人体与运动<br>② 季节与生物<br>③ 雨的落向及在地面的形态<br>④ 天气的形态<br>⑤ 月亮与星星 |

---

① 资料来自日本文部科学省的《小学校学习指导要领解说·理科编》。
② 资料来自日本文部科学省的《小学校学习指导要领》。

续表

| 年级 | 学习领域及内容主题 | |
| --- | --- | --- |
| | 物质·能量领域 | 生命·地球领域 |
| 5 年级<br>（7 个主题） | ① 物质溶解的方式<br>② 振动（振子的运动）<br>③ 电磁力 | ① 植物的发芽、生长和结果<br>② 动物的繁衍<br>③ 水流与土地的变化<br>④ 天气的变化 |
| 6 年级<br>（9 个主题） | ① 燃烧的构成条件<br>② 溶液的性质<br>③ 杠杆定律<br>④ 电的利用 | ① 人体与运动<br>② 植物的呼吸与水通道（导管）<br>③ 生物与环境<br>④ 土地及其变化<br>⑤ 月亮与太阳 |

日本这次修订小学理科课程仍然继承了过去的做法，采取从"学习领域—支柱性概念—基本概念—具体知识"分层构建知识学习体系的模式。新课程在"能量、粒子、生命、地球"四个支柱性概念下编选了 13 个基本学习概念，如表 8-15 所示。

表 8-15　日本小学理科课程的学习领域、支柱性概念及基本概念构成（2017）[1]

| 校种 | 学习领域 | 支柱性概念 | 基本概念 |
| --- | --- | --- | --- |
| 小学 | 物质与能量 | 能量 | ① 能量的获取方式；② 能量的转换与保存；③ 能源的有效利用 |
| | | 粒子 | ① 粒子的存在形式；② 粒子间的作用力；③ 粒子的保存性；④ 粒子及其能量 |
| | 生命与地球 | 生命 | ① 生命的构造与机能；② 生命的连续性；③ 生命与环境的关系 |
| | | 地球 | ① 地球内部与表面的变动；② 地球的大气与水循环；③ 地球与天体的运动 |

该理科课程在内容的构建上有两个比较突出的特点：一是注重把学习的具体内容与学习的方式联系起来，让小学生在学习过程中既学习知识，也掌握探究技能，特别是观察、实验的技能；二是强调培养小学生学会用"科学看待问题和思考问题的方式"进行缜密思考与表达的能力，特别强调培养小学生能够基于学习对象的主要差异点和共同点而发现问题的能力和主动解决问题的态度。

在课程评价方面，该理科课程强调在评价过程中注重资质与能力评价的均衡，力求学习指导与评价的一体化，并要求采用多样化的方式来实施评价，尤其强调要注意根据学生在各种活动中的表现，如发表论述、报告以及小组合作中的交流、作品制作等情况进行评价，而不只是关注笔试的结果。

纵观 2017 年日本新修订的小学理科课程，尽管在课程的内容构成方面变化幅

---

[1] 资料来自日本文部科学省的《小学校学习指导要领解说·理科编》。

度不大，但在课程理念、目标、内容，实施要求等方面有了明显的变化。从总体来看，是向着更加明确具体、更易操作实施、更有利于提高培养成效的方向发展。

交流与讨论

请比较《小学科学课程标准》与《小学科学课程标准（实验稿）》，新标准有哪些变化？新标准反映了国际小学科学课程改革的哪些特点与趋势？

视频：
国际小学科学课程改革及其趋势（下）

## 二、国际小学科学课程改革发展的新趋势

通过以上对美国、英国、澳大利亚、加拿大、日本等国家的小学科学课程的最新改革现状分析，我们可以发现国际小学科学课程改革发展呈现出如下新趋势。

### （一）凸显理论研究对小学科学课程改革的指导作用

自进入 21 世纪以来，认知科学、学习科学、神经科学等研究取得了长足的进展。这些研究为美国《新一代科学标准》的研制奠定了重要的理论基础。比如，神经科学研究发现了以海马体为重心神经元连接的丰富性、兴趣与智力的相关性以及大脑潜力的空间比我们原来了解的要大；儿童在学习中的大脑运作并非全部以逻辑的方式进行记忆和储存；学习者的学习实际上也是修正大脑、训练大脑的过程，这就意味着教师要改变过去那种灌输科学知识的教学方法，尤其需要以巧妙运用大脑机制使孩子学得更好的原则来改进教学方略。这些原则包括：学习即探索；整合新信息与旧知识；以动机驱动好奇心；有效学习需要互动、反馈、强化和摄入；儿童缺乏长时间等待的耐心，希望即刻获取教益；学习是动用整个大脑包括所有感官等的活动。

再比如，有关学习科学研究的新成果揭示了人们是怎样学习的，怎样能够理解和掌握概念，得出了一些十分重要的结论。

美国的《新一代科学标准》围绕"我们如何对世界的复杂性进行建构和模式化"这一问题，充分体现了科学教育中学习、记忆、系统和功能融合的特点。《新一代科学标准》采用心理学、生理学等多学科对大脑学习和记忆研究的新成果，将科学知识系统设计得更加适合学生学习、理解、记忆，促进其感知和思维的发展。此外，《新一代科学标准》也是建立在大量的有关科学教育的研究成果上的。比如，学习进阶、概念转变、建模教学以及探究教学等。

### （二）高度重视科学核心概念，关注跨学科概念

历次课程改革都存在学习内容是"少而精"，还是"泛而浅"的争议。如果新课程要凸显学科的重要概念，就应该适当减少学习内容，将有限的学习时间放在对一些重要概念的学习和理解上。正如《科学教育的原则和大概念》的序所述："科学教育不应该传授给孩子支离破碎、脱离生活的抽象理论和事实，而应当慎重选择一些重要的科学观念，用恰当、生动的教育方法，帮助孩子们建立一个完整的对世

界的理解。"①

强调科学大概念或者科学核心概念，旨在引领课堂教学聚焦于学生对学科重要知识的理解和应用，而非对细枝末节的内容和考试题目的记忆、背诵，推进小学科学教学向"少而精"的方向发展。

美国《新一代科学标准》提出科学教学要聚焦于核心概念。该标准避免选择大量的主题，以便给教师和学生更多时间去更深入探究每一种观念；减少细节，使得学生有机会参与科学调查论证以及获得对物质世界的更深入的理解；减少每个年级所应该学习的概念，也使得学习哪些知识最值得花时间变得更加清楚，避免在没有概念的背景下学习过多的细节。因此，《新一代科学标准》以某一个学科领域内的学科核心概念为重点。在小学阶段（K—5）每个年级下分 3~4 个主题，该阶段结束后共涉及 16 个主题中的 12 个核心概念。

拓展阅读：
美国《K-12科学教育框架》中的核心概念及其细化

再如我国《小学科学课程标准》的课程内容包括物质科学、生命科学、地球与宇宙科学、技术与工程四大领域，从这四大领域中选择了适合小学生学习的 18 个主要概念构成本课程的学习内容，其中，物质科学领域 6 个，生命科学领域 6 个，地球与宇宙科学领域 3 个，技术与工程领域 3 个。这四大领域的 18 个主要概念被分解成 75 个学习内容，分布在三个学段的课程内容中。

科学跨学科概念是在科学、数学和技术领域中出现的一些重要概念，这些概念超出学科的界限，在说明事物、创造理论以及进行观察和设计时发挥着重要的作用。这些概念就是跨学科概念。例如，"能量"这一重要概念，在物理、化学和生物学科中各有不同的内涵。全面系统地理解这些重要概念，需要各个学科之间的交叉渗透，也需要各个学科反复强化并建立有效的联系。并且反复使用这些概念进行教学，可以强化学生对学科核心概念的理解。

拓展阅读：
跨学科概念及其价值

（三）强调科学课程的整合性

进入 21 世纪，"整合"作为基础教育阶段科学课程改革的核心理念已是共识，加强科学课程的整合性是国际小学科学课程改革的重要特征和趋势。无论是美国 2011 年发布的《K—12 科学教育框架：实践、跨学科概念和核心概念》，还是在此基础上发布的《新一代科学标准》，都彰显了科学课程的整合，实现了学科核心概念、跨学科概念、科学与工程实践三大领域的整合。

（四）重视工程与技术教育

在现代社会，工程与技术已经渗透到国防、生产、生活的各个方面，如航天、航母、汽车、计算机和因特网等。每个公民不仅要具备科学素养，也要具备一定的工程与技术素养，以应对日常生活和工作的需要；在国家层面，工程与技术水平是一个国家综合国力和国际竞争力的重要体现。工程与技术教育承担着提高公民的工程素养和培养工程与技术人才的重要任务。因此，近年来，国际科学教育改革十分重视对青少年开展工程与技术教育。其中，美国的《K—12 科学教育框架：实践、

---

① 温·哈伦. 科学教育的原则和大概念 [M]. 韦钰，译. 北京：科学普及出版社，2011：中文版序.

跨学科概念和核心概念》《新一代科学标准》对工程教育的重视达到了一个空前的高度，对世界各国的科学教育改革产生了巨大影响。

美国国家研究理事会认为，从事工程实践、科学应用以及认识科学与工程之间的相互作用关系是科学学习的重要内容。为此，《K—12 科学教育框架：实践、跨学科概念和核心概念》和《新一代科学标准》都把"科学与工程实践"作为科学教育的三个内容维度之一，并且把"工程、技术与科学应用"作为四个学科领域之一，细分了科学与工程的八个实践，并确定了该领域的两个核心概念，即工程设计及工程、技术、科学和社会之间的联系，强调科学教育与工程教育应密切联系和整合。在《K—12 科学教育框架：实践、跨学科概念和核心概念》正文中，"工程"（engineering）一词共出现了 358 次，而在 1996 年出版的《美国国家科学教育标准》（National Science Education Standards）的正文中，"工程"一词仅出现了 2 次。[①]

美国《K—12 科学教育框架：实践、跨学科概念和核心概念》和《新一代科学标准》的颁布，表明当前美国科学教育发生了重要转变——科学的学习与工程的学习相伴随，其最突出的特点是把工程教育融入科学教育结构中，把工程设计和科学研究置于课堂教学中的同等高度，把工程的核心概念置于与其他主要科学核心概念同等重要的地位，使人们能够在学习和目标评价中对工程和科学一视同仁。

《K—12 科学教育框架：实践、跨学科概念和核心概念》和《新一代科学标准》之所以高度重视科学教育与工程和技术教育相整合，基于两个方面的原因：一方面，工程与技术教育可以增强学生对科学以及科学与工程之间关系的理解。通过参与工程实践活动，学生可以检验他们所学的科学知识，运用所学的科学知识解决实际问题，从而提高他们的科学实践能力和创造能力，也增强对科学内容的掌握以及对科学、工程技术的兴趣。另一方面，科学教育与工程教育的整合是《K—12 科学教育框架：实践、跨学科概念和核心概念》和《新一代科学标准》对 STEM 教育的一个响应。美国越来越清醒地认识到提高其国民的科学、技术、工程和数学综合素养对于提升国家竞争力的作用。

我国《小学科学课程标准》将"技术与工程"单独作为一个学习领域，凸显了技术与工程教育的价值和 STEM 教育理念的渗透，顺应了国际科学教育改革的趋势，体现了我国科学教育发展的需要，标志着我国小学科学课程改革与发展出现了一个里程碑式的突破，使我国小学科学教育与国际先进的科学教育接轨，迈向了新时代。

（五）基于学习进阶设计课程内容与学习目标

近十年来，学习进阶研究在国际上得到高度重视，其研究思路和成果也为高质量的科学课程设计提供了有力支持。

美国国家研究理事会对学习进阶给出的定义如下：学习进阶是对学生连贯且逐

① 周玉芝. 美国新版 K-12 科学教育框架对我国基础教育阶段科学教育改革的启示 [J]. 课程·教材·教法，2012 (6): 120-124.

渐深人的思维方式的描述。在较大时间跨度内（如6~8年），学生学习和研究某一主题时，这些思维方式依次进阶。

"学习进阶"理念强调学习的连贯性与渐进性，认为科学教学应该从学生对周围世界的好奇心以及对自然运行规律的初始概念开始，帮助他们在原来的基础上逐渐建构知识和发展能力。学习进阶能够有计划地帮助学生学习核心概念的不同内涵与水平层次，从而为学生较系统而深入地理解科学核心概念奠定扎实的基础。

（六）运用"表现期望"建构课程评价体系

"表现期望"是在美国《K—12科学教育框架：实践、跨学科概念和核心概念》和《新一代科学标准》中提出来的一个全新概念，是指当学生完成科学知识学习的过程之后，通过让学生自行设计，实施能够验证所学内容的实验，教师对学生实验的过程和结果的相关数据进行评价，来检验学生科学知识的学习效果和内化程度的一种评价方法。表现期望用来阐明期望学生在完成该阶段后应该知道的和能够做到的。《新一代科学标准》对表现期望提出了明确要求：所有的学生都应展现他们对全部表现期望的达成！

在现行的多数课程标准中，学习要求主要通过内容标准来表述，再另行附加教学标准和评价标准。这实际上导致内容标准、教学标准和评价标准被人为割裂开来。而表现期望意在传达一个"大概念"，这些"大概念"不仅使实践、跨学科概念和核心概念中的内容结合起来，还实现了内容标准、教学标准和评价标准的统一。表现期望的设计，还赋予了科学与工程实践和跨学科概念的学习具体科学情境，使能力的培养和跨学科整合理解能够真正落实。

交流与讨论

谈一谈国际小学科学课程改革的新趋势对我国下一阶段小学科学课程改革的启示。

## 思考与实践 ||||||||||||||||||||||||||||||||||||||||

拓展阅读：
国际重要科学教育
研究期刊

（1）通过互联网或者期刊，进一步查阅一些国家小学科学课程标准的相关资料，列表总结中外小学科学课程标准的异同。

（2）通过中外小学科学课程标准比较，谈谈我国《小学科学课程标准》的特点与改进方向。

（3）通过互联网或者期刊，进一步查阅一些国家小学科学教材的相关资料，总结中外小学科学教材的异同。

（4）进一步开展对我国各个版本小学科学全套教材与美国加州科学全套教材的比较研究，总结中、美两国小学科学教材各自的优点与不足，提出我国小学科学教材编写修订的建议。

# 参 考 文 献

[1] 中华人民共和国教育部. 义务教育小学科学课程标准 [S]. 北京：北京师范大学出版社，2017.

[2] 刘恩山. 义务教育小学科学课程标准解读 [M]. 北京：高等教育出版社，2017.

[3] 江山野. 简明国际教育百科全书·课程 [M]. 北京：教育科学出版社，1991.

[4] 王策三. 教学论稿 [M]. 北京：人民教育出版社，1985.

[5] 施良方. 课程理论：课程的基础、原理与问题 [M]. 北京：教育科学出版社，1996.

[6] 钟启泉. 现代课程论 [M]. 上海：上海教育出版社，2003.

[7] 彭蜀晋，林长春. 科学课程与教学论 [M]. 北京：高等教育出版社，2005.

[8] 钟启泉，崔允漷，张华. 为了中华民族的复兴　为了每位学生的发展：《基础教育课程改革纲要（试行）》解读 [M]. 上海：华东师范大学出版社，2003.

[9] 廖哲勋. 课程学 [M]. 武汉：华中师范大学出版社，1991.

[10] 叶立群. 课程教材改革探索 [M]. 北京：人家教育出版社，1997.

[11] 中华人民共和国教育部. 全日制义务教育：科学（3~6 年级）课程标准（实验稿）[S]. 北京：北京师范大学出版社，2001.

[12] "科学探究性学习的理论与实验研究"课题组. 探究式学习：含义、特征及核心要素 [J]. 教育研究，2001（12）：52-56.

[13] 任长松. 探究式学习：学生知识的自主建构 [M]. 北京：教育科学出版社，2005.

[14] 靳玉乐. 探究教学的学习与辅导 [M]. 北京：中国人事出版社，2002.

[15] 美国国家科学资源中心，国家科学院，史密森协会. 面向全体儿童的科学：改进小学科学教育的指南 [M]. 李勇，译. 北京：科学普及出版社，2005.

[16] 美国科学促进协会. 面向全体美国人的科学 [M]. 中国科学技术协会，译. 北京：科学普及出版社，2001.

[17] 美国国家研究理事会. 美国国家科学教育标准 [M]. 戢守志，金庆和，等，译. 北京：科学技术文献出版社，1999.

[18] 刘克文，李川. PISA 2015 科学素养测试内容及特点 [J]. 比较教育研究，2015，37（7）：98-106.

[19] 林崇德. 21 世纪学生发展核心素养研究 [M]. 北京：北京师范大学出版社，

2016.

[20] 邵朝友，周文叶，崔允漷. 基于核心素养的课程标准研制：国际经验与启示 [J]. 全球教育展望，2015，44（8）：14-22+30.

[21] 彭蜀晋，林长春. 科学教育论 [M]. 成都：四川人民出版社，2002.

[22] 黄晓. 体现科学本质的科学教学：基于 HPS 的视角 [M]. 北京：人民出版社，2014.

[23] 王祖浩，王磊. 义务教育化学课程标准（2011 年版）解读 [M]. 北京：高等教育出版社，2012.

[24] 阿瑟·A. 卡琳，乔尔·E. 巴斯，特丽·L. 康坦特. 教作为探究的科学 [M]. 张军霞，等，译. 北京：人民教育出版社，2008.

[25] Alan Zollman. Learning for STEM Literacy: STEM Literacy for Learning[J]. School Science and Mathematics, 2012, 112（1）.

[26] 范斯淳，游光昭. 科技教育融入 STEM 课程的核心价值与实践 [J]. 教育科学研究，2016，61（2）：153-183.

[27] 谢幼如. 教学设计原理与方法 [M]. 北京：高等教育出版社，2016.

[28] 温·哈伦. 科学教育的原则和大概念 [M]. 韦钰，译. 北京：科学普及出版社，2011.

[29] National Research Council（NRC）. Taking science to school: learning and teaching science in grades K-8[M]. Washington: National Academics Press, 2007: 113.

[30] 皇甫倩，常珊珊，王后雄. 美国学习进阶的研究进展及启示 [J]. 外国中小学教育，2015（8）：53-59+52.

[31] 崔鸿. 中学生物课程标准与教材分析 [M]. 北京：科学出版社，2012.

[32] 李亦菲，俞林军. 小学科学 [M]. 北京：北京师范大学出版社，2009.

[33] 王素英. 小学科学探究实践：上册 [M]. 北京：首都师范大学出版社，2012.

[34] Wallace J, Louden W. Curriculum change in science: riding the waves of reform. //Fraser B J, Tobin K G. International handbook of science education[M]. London: Kluwer Academic Publishers, 1998: 471-485.

[35] 李雁冰. 科学探究、科学素养与科学教育 [J]. 全球教育展望，2008，37（12）：14-18.

[36] 陈琴，庞丽娟. 科学探究：本质、特征与过程的思考 [J]. 教育科学，2005（2）：1-5.

[37] 吴术强，孙丽伟，侯晓梅. 小学科学教材中"物质科学"内容的比较与分析 [J]. 物理教学探讨，2013，31（11）：9-12.

[38] 李扬. STEM 教育视野下的科学课程构建 [D]. 金华：浙江师范大学，2014.

[39] 陈玉琨. 教育评价学 [M]. 北京：人民教育出版社，1999.

[40] Newton J, Kasten S. Two models for evaluating alignment of state standards and assessments: competing or complementary perspectives? [J]. Journal for Research in

Mathematics Education, 2013, 44（3）: 550-580.

[41] 段戴平，李广洲，倪娟. 科学课程标准与中考试题的一致性研究 [J]. 化学教育，2014，35（13）: 37-42.

[42] Fortus D, Krajcik J S. Curriculum coherence and learning progressions[J]. International Handbook of Science Education, 2012: 783-798.

[43] 赵中建. 美国课程标准的标准研究 [J]. 全球教育展望，2005（6）: 37-41.

[44] 高凌飚. 基础教育教材评价：理论与工具 [M]. 北京：人民教育出版社，2002.

[45] 方红峰. 论教材选用视野中的教科书评价 [J]. 课程·教材·教法，2003（7）: 19-24.

[46] 王凯. 美国课程标准之评价标准的比较、评价与借鉴 [J]. 比较教育研究，2004（1）: 38-43.

[47] 刘丽群，沈良. 教科书评价指标的设计思路与操作策略 [J]. 教育测量与评价（理论版），2011（10）: 28-31.

[48] 黄海旺，王海英. 小学科学教材与教学现状及对策 [J]. 课程·教材·教法，2007（6）: 70-76.

[49] 胡军. 加拿大 1—8 年级科学与技术课程标准（2007 修订版）研究 [J]. 课程·教材·教法，2008（6）: 92-96.

[50] 闫蒙钢，朱小丽，孙影. 美国 STC 教材与我国小学科学教材的比较 [J]. 比较教育研究，2009，31（2）: 68-72.

[51] 王磊，黄鸣春，刘恩山. 对美国新一代《科学教育标准》的前瞻性分析——基于 2011 年美国《科学教育的框架》和 1996 年《国家科学教育标准》的对比 [J]. 全球教育展望，2012，41（6）: 83-87.

[52] National Research Council. A Framework for K-12 Science Education: Practice, Crosscutting Concepts, and Core Ideas [S]. Washington, D. C. : the National Academies Press, 2011.

**读者意见反馈**

为收集对教材的意见建议，进一步完善教材编写并做好服务工作，读者可将对本教材的意见建议通过如下渠道反馈至我社。

咨询电话　400-810-0598

反馈邮箱　zz_dzyj@pub.hep.cn

通信地址　北京市朝阳区惠新东街4号富盛大厦1座
　　　　　高等教育出版社总编辑办公室

邮政编码　100029